核心素养导向的课堂教学重构丛书

丛书主编　汪明义
　　　　　李松林

核心素养导向的

高中历史课堂教学重构

陈辉　主编

高等教育出版社·北京

内容提要

本套丛书聚焦"新课标、新教材、新教学、新高考",力求重构核心素养导向的高中课堂教学。

本书依据《普通高中历史课程标准（2017年版2020年修订）》，阐述新时代背景下高中历史课堂教学重构思路。绪言从整体上介绍了学科核心素养导向的课堂教学改革。第一章阐述了课程标准的新变化；第二章阐述了核心素养导向的教学目标设计；第三章聚焦教学内容的优化；第四章至第六章从教学方式创新、历史教学实践和学业质量评价的层面，帮助教师解决课堂教学的难点问题。本书有助于教师发展专业素养，从而促进学生历史学科核心素养在课堂教学中得以发展。本书可作为中学历史教师的培训教材和教学研修资源，也可作为高等院校相关专业师范生的教材，还可供中学历史教学研究者参考使用。

图书在版编目（ＣＩＰ）数据

核心素养导向的高中历史课堂教学重构 / 陈辉主编
. --北京：高等教育出版社，2023.6
（核心素养导向的课堂教学重构丛书 / 汪明义，李松林主编）
ISBN 978-7-04-058123-2

Ⅰ.①核… Ⅱ.①陈… Ⅲ.①中学历史课–课堂教学–教学研究–高中 Ⅳ.①G633.512

中国版本图书馆 CIP 数据核字（2022）第 028135 号

Hexin Suyang Daoxiang de Gaozhong Lishi Ketang Jiaoxue Chonggou

策划编辑	栾少宁	责任编辑 傅雪林	特约编辑 栾少宁	封面设计	赵 阳
版式设计	杨 树	责任校对 刁丽丽	责任印制 刘思涵		

出版发行	高等教育出版社		网　　址	http://www.hep.edu.cn
社　　址	北京市西城区德外大街4号			http://www.hep.com.cn
邮政编码	100120		网上订购	http://www.hepmall.com.cn
印　　刷	三河市骏杰印刷有限公司			http://www.hepmall.com
开　　本	787mm×1092mm　1/16			http://www.hepmall.cn
印　　张	14			
字　　数	260千字		版　　次	2023年6月第1版
购书热线	010-58581118		印　　次	2023年6月第1次印刷
咨询电话	400-810-0598		定　　价	39.00元

丛书编委会

汪明义　四川师范大学校长
李松林　四川师范大学教育科学学院院长
侯邦平　四川师范大学教务处处长
刘　敏　四川师范大学文学院院长
莫智文　四川师范大学数学科学学院院长
曹曦颖　四川师范大学外国语学院院长
汪洪亮　四川师范大学历史文化与旅游学院院长
李志全　四川师范大学教师培训学院院长
靳　彤　四川师范大学基础教育研究院院长
田　间　成都四中校长
易国栋　成都七中校长
陈东永　成都市天府中学校长
胡　霞　成都九中校长

本书编委会

主　编　陈　辉

编　委（以姓氏音序排列）

陈　辉　黄　勇　李　桦　李松林　梁晓东　刘松柏

马云飞　任卫东　王本书　杨友红　张程远　张华中

目　录

绪　言　　　学科核心素养导向的课堂教学改革

继"三维目标"之后，学科核心素养成为高中课堂教学改革向纵深推进的新导向。作为知识与技能、过程与方法、情感态度与价值观三维教学目标的进一步整合和凝练，学科核心素养是正确价值观、必备品格和关键能力的有机融合体，是学生个体自身发展和社会发展所需要的广泛适应力，并集中表现为学生个体面临特定问题情境时各种具体素养成分的综合性运用。作为高中课堂教学改革的新导向，学科核心素养蕴含着哪些新的教学理念？在教学实践中，什么样态的课堂更利于培育学生的学科核心素养？

一、学科核心素养的课堂改革新导向

纵观中国基础教育课堂教学 70 余年的发展演变历程，改革是贯穿其中的一个主旋律。只是在不同时代、不同阶段，基础教育课堂教学改革的内涵和要求各不相同。仅就课堂教学目标而言，我国基础教育课堂教学大致经历了从"双基"到"三维目标"再到"核心素养"三个大的发展阶段。

（一）核心素养导向的课堂教学改革新阶段

从新中国成立一直到 20 世纪末，基础教育课堂教学强调"双基"。20世纪 80 年代初期开始注意到需要、动机、兴趣、情感、态度等非智力因素的重要性，20 世纪 90 年代开始关注学生的主体性发展，但是从总体上看，一线教师的课堂教学实践主要还是在"双基"框架下进行。应该说，"双基"教学在很大程度上确保了课堂教学的规范性和实效性。

进入 21 世纪，我国启动了第八次基础教育课程改革，从课堂教学的目标追求来看，在"双基"的基础上，增加了"过程与方法"和"情感、态度与价值观"两个方面，形成"三维目标"体系，反映了对人的认识的升华。教育面对的是完整的人，强调"三维目标"教学，其实强调的是课堂的多方面育人，强调的是学生作为人的多方面发展。

2014 年，教育部《关于全面深化课程改革落实立德树人根本任务的意见》提出"落实立德树人工程"的十大关键领域，在国家课程改革的文件中明确使用"核心素养"一词，确定了以学生核心素养发展为导向的课程改革思路，标志着中国基础教育进入核心素养教育的新时代。素养本身蕴含着人的本质规定性和全面完整性，核心素养又反映着学生适应自身终身发展和现实社会发展必需的正确价值观、必备品格和关键能力。正因如此，核心素养教育成为全面落实立德树人根本任务的根本途径。为了适应核心素养教育的时代要求，高中课堂必须聚焦学生的学科核心素养发展。

（二）学科核心素养的课堂教学改革新路向

学科核心素养究竟蕴含着高中课堂教学改革的哪些新路向？基于国内教育界的已有探索，我们分别从学科核心素养的情境性、高阶性、整体性与实践性四个方面，来揭示学科核心素养的课堂改革新路向。

1. 问题情境教学

作为一种具有广泛适应力和实践性的素养，学科核心素养生根发芽的地方究竟在哪里？学科核心素养的用武之地又在哪里？答案指向一个关键：问题情境。一方面，学生学科核心素养中的关键能力、必备品格和价值观最终都是在具体的问题情境中，并通过实际问题的解决才能加以确证；另一方面，学生的学科核心素养又主要是在具体的问题情境中通过问题解决学习才能更加有效地发展起来。因此，从根本上讲，问题情境本身所具有的上述两方面决定了它是学科核心素养发展的最佳场域。凭借问题情境的这两方面，能够有效地沟通知识与事物的联系、知识与行动的联系、行动与思维的联系以及事物与自我的联系，同时能够促进学生发展知识建构能力、问题解决能力，形成正确价值观、必备品格和关键能力。

根据学科核心素养的情境性，学科课堂应当大量采取问题解决教学，引导学生在问题解决中学习。落实到具体的学科课堂教学中，其前提则是将书本知识设计成等待学生去分析和解决的学科问题。

2. 高阶思维教学

问题情境是学科核心素养发展的场域。离开了问题情境，学科核心素养将失去它的生根发芽之地。以此为基础，学生学科核心素养的发展还需要两个基本条件：一是学习的过程质量；二是学习的结果质量。在结果质量方面，深度理解和实践创新无疑是决定学科核心素养发展的两个基本指标，前者指向学生对事物本质内涵和深层意义的理解，后者指向学生对知识的综合灵活运用。由此产生的问题便是：如何引导学生达成对事物本质和意义的深度理解？如何引导学生达成对知识的综合理解与整体把握？如何引导学生达成对知识的实践性运用和创造性运用？显然，单纯通过"传递—接受"的教学方式，单纯凭借知识记忆和机械训练，难以促进学生达成对知识的深度理解和实践创新。那么，促进学生深度理解和实践创新的学习过程究竟具有什么样的特质？无论是深度理解，还是实践创新，都取决于学习的过程质量。高质量的学习过程需要高阶思维的参与。

根据学科核心素养的高阶思维特性，学科课堂教学应当大量运用高阶思维。从分析的意义上讲，高阶思维可以用三个字加以理解：一是"深"，即更具深刻性的思维，包括反思思维与批判思维；二是"合"，即更具整合性的思维，包括整体思维与辩证思维；三是"活"，即更具灵活性的思维，包括实践思维与创新思维。

3. 核心统整教学

学科核心素养中的"核心"含有凝聚、整合和统摄的作用机制。作为学科素养中的核心，学科核心素养对具体学科素养成分（知识、技能、品格、经验等）发挥着凝聚、整合和统摄的作用。同时，学科核心素养也是各种具体学科素养交互整合作用的结果。如果说具体的学科知识和学科技能都可以一个一个地通过记忆、训练而获得，那么，学科核心素养则只能在各种知识、技能、品格、经验等学科素养的整体把握和综合运用中才能建构和发展起来。就其存在方式而言，学科核心素养存在于各种具体学科素养的交融之处；就其发展方式而言，学科核心素养是在各种具体学科素养交互整合的过程中建构和发展起来的；就其表现方式而言，学科核心素养是各种具体学科素养的整合性运用。一言以蔽之，整体生成是学科核心素养发展的基本样态。

根据学科核心素养的整体性，学科课堂应当尽量采取整合性教学。"核心"本身就意味着"整合"，"整合"必然依靠"核心"。落实到具体的学科课堂教学之中，教师需要紧紧抓住核心目标、核心知识和核心问题，实施基于大概念、大主题、大任务的整合性教学。

4. 实践参与教学

如果说问题情境是学科核心素养发展的场域，高阶思维是学科核心素养发展的机制，整体生成是学科核心素养发展的样态，那么，实践参与则是学科核心素养发展的根本途径。形象地说，实践活动是学科核心素养发展的"熔炉"。我们知道，"熔炉"常常比喻能锻炼人各方面素质的场合或岗位，是最有利于锤炼人的能力和品格的地方。在学科课堂条件下，这里的"熔炉"指的是联系现实的实践活动，设计出更具挑战性的复杂问题，也就是结构不良问题和劣构问题。为什么课堂会缺失思维的碰撞、智慧的启迪？为什么课堂中的学生始终难以发展出强的知识建构能力、问题解决能力？其中一个重要的原因便是学生碰到的问题大多是结构良好的习题式问题。而在结构不良的复杂问题情境中，学生才有可能沟通知识与知识之间的内在联系，探究具有开放性的实践问题，进而获得充分的实践创新空间。

根据学科核心素养的实践性，学科课堂需要采取实践参与教学。实践参与教学的实质是为学生设计出更具综合性、实践性与开放性的复杂问题。而在范围上，基于课时的实践参与、基于单元的实践参与及跨单元的实践参与则是实践参与教学的三种操作方式。

二、学科核心素养导向的新课堂教学观

从深层次理解，学科核心素养不仅描述和刻画着学生新的发展样态和发展质量，而且还蕴含着以整合为核心的知识观，包括知识与事物的整合、知识与知识的整合、知识与行动的整合以及知识与自我的整合，由此生长出新的课堂教学观。

（一）情境性：把知识放回问题情境之中

核心素养的生成与发展都高度依赖问题情境。反过来，某种核心素养是

否形成，它又必须回到具体的问题情境，并通过实际的问题解决加以确证。作为一种广泛适应力，核心素养是个体在应对现实问题情境所表现出来的综合性力量，它既不是一个空洞的抽象物，又不是一个独立的存在物。核心素养从孕育、生成到表现，都天然地蕴含于问题情境之中。从这个意义上讲，问题情境乃是核心素养生成与外显的基本场域。正如有学者指出：核心素养始于生活情境，用于生活情境，永远活于生活情境中。所有核心素养不是终点或产品，而是一个过程，在过程中不断生成，因其发挥的特定时空脉络而实质化。

核心素养与问题情境的这种内在关联性意味着：学校知识教学需要凸显知识的情境性，让学生在书本知识与实际事物的整合中学习。实际上，不仅核心素养蕴含于情境之中，任何知识都是存在于一定的时间、空间、理论范式、价值体系、语言符号等情境因素之中。任何知识的意义都不仅是由其本身的陈述形式来给定的，更是由其所位于的整个意义系统来赋予的；离开了这种特定的境域或意义系统，既不存在任何的知识，也不存在任何的认识者和认识行为。[①] 诚然，知识具有一定的普遍性。倘若不能得到某种意义上的"普遍的可证实性"以及建立于其上的"普遍的可接纳性"，这种知识的合理性和稳定性也会遭到质疑。问题在于，学校知识教学如果过度信奉和追求这种"非人格性"和"公共可传递性"的普遍性知识，将知识从特定的社会和文化情境中强制性地剥离出来，就会导致知识的形式化学习和抽象化学习。知识的形式化学习和抽象化学习斩断了知识与事物的现实联系，破坏了知识与情境的血肉关联，破坏了知识向核心素养转化生成的场域和通道。在知识的形式化学习与抽象化学习中，学生直接与知识的外壳和形式发生关系，获得的是大量缺乏实际内容与活性力量的惰性知识。这样的知识向内难以化为学生的内在修养，向外则难以化为学生的外发力量，从而成为核心素养生成和发展的否定性力量。

根据核心素养对知识的情境性要求，学校知识教学需要在沟通知识与事物联系的基础上，将知识放回到"需要类似思维"的真实（准真实）问题情境之中。正是问题情境，能够有效地沟通知识与事物的联系、知识与知识的联系、知识与行动的联系、行动与思维的联系以及事物与自我的联系，从而成为核心素养生成与发展的最佳场域。将知识放回问题情境之中的关键，是将尚缺乏内涵、活性和力量的书本知识改造设计成鲜活、灵活且具有一定挑战性的真实（准真实）问题，其实质是让学生在问题解决中学习。

根据中小学教师的实践经验，高质量的问题设计有两种操作模式：一是课题化问题，即重在引导学生去发现和研究的问题。例如，在讲到热传递相

---

① 石中英.知识性质的转变与教育改革［J］.清华大学教育研究, 2001（2）: 29-36.

关知识时，提问："为什么冻肉放在冰水里解冻比放在热水里快呢？"引发学生去思考生活中的"常识"。二是项目式问题，即重在引导学生去探究和创作的问题，例如，可以在学完声学、电学等知识后，布置项目式任务"探究雷声为什么常常是轰隆隆的"。唯有在问题情境之中，并通过问题解决学习，学生才能更好地发展三个更具核心素养品质的广泛适应力：一是学会知识建构，包括知识的发现、探究与整合；二是学会问题解决，包括解决问题的实践能力与创新能力；三是学会身份建构，主要是特定角色身份所具有的情感、态度与价值观。

> **课题化问题设计实例**
> 案例：在学生学习完"曲线运动和万有引力"相关知识后，教师布置学习任务，让学生去收集资料，探究嫦娥一号是如何发射升空和变轨的。
> **项目式问题设计实例**
> 案例：在"圆周运动的实例分析"一课中，由于新建铁路时，铁道工程师发现了一颗千年稀有古树，为了保护该古树，需要重新设计该处的火车轨道方案，以绕开该古树。那么，如何设计这个转弯轨道，才能使火车在转弯时能够安全地行驶？

（二）整体性：基于大概念的整合性教学

作为一个整体性和有机性概念，核心素养描述和刻画的是个体人格的整体生成状况。如果说包括知识与技能、过程与方法、情感态度与价值观在内的各种具体素养成分都以相对分离、零散的状态存在于个体身上，那么，核心素养则是各种具体素养成分的协同联动与交互整合。尽管我们可以从分析的意义上将核心素养人为地拆分为若干部分，但个体身上的核心素养恰恰又是正确价值观、必备品格和关键能力的有机集合。如果说知识、技能，甚至是能力和品格等各种具体素养还可以一个一个地分别加以获得，那么，核心素养则是包括知识、技能、能力和品格在内的各种具体素养成分深度融合的产物。当个体面对实际的问题情境时，核心素养又表现为各种具体素养成分的整合性运用。从知识论的视域来看，各种知识都同时对核心素养的生成与发展发挥着作用，但核心素养又不是各种知识简单累积的结果。只有当各种知识交互整合，汇聚为一个强有力的有机整体时，核心素养才得以"炼制"出来。

遵循核心素养的这种整体生成与发展逻辑，学校知识教学需要凸显知识的整体性，让学生在知识与知识的整合中学习。实际上，无论是单个的知识还是人类知识的总体，都是一个富有组织结构的整体性存在。离开知识的整体结构，任何知识都会失去它的完整意义和深层力量。对此，狄尔泰把作为人类生命表达的知识体系分为概念、判断、思想体系，关涉目的的行为和行为与精神性的关系三个层次。[①] 也就是说，人类创造的任何知识都包含三层意蕴：一是用文字、数字、图形等呈现的显性知识符号；二是知识得以创生所运用的方法、思想与思维；三是驱动人进行知识创生的价值旨趣。[②] 核心素养则是不同层面、不同类型和不同水平的知识之间深度融合的结果。然而，现实中常见的知识点教学往往割裂了知识与知识的内在联系，导致学生较少在一个连续的整体中去建构知识，难以沟通知识与知识之间的纵横联系，由此获得了太多庞杂、零散且低位、浅层的知识。这种知识学习状况在很大程度上制约着学生的整体认知与深度理解，难以使知识转化为一种能够适应更大范围和更高层次问题情境的广泛迁移力，与核心素养的整体生成逻辑背道而驰。

根据核心素养对知识的整体性要求，学校知识教学要采取一种更具整合性的实践途径，实践中的核心问题教学、单元整体教学、群文联读、整本书阅读、项目式学习、STEAM 课程、全科整合等都是在这个方面所做出的积极努力，而大概念则为这种整合性的知识教学提供了一种新的理念与方法。与更零散、更低位和更浅层的小概念相比，大概念处于更高层次、居于中心地位和藏于更深层次，兼具认识论、方法论和价值论三重意义，因而它是更能广泛迁移的活性观念。大概念能够"向上"整合下位概念，"向中"整合外围概念，"向下"整合表层概念，"向外"整合实践经验，从而实现知识与知识的有效整合。不仅如此，在书本知识与核心素养之间的交互关系中，大概念还发挥着中介连接和双向转化的作用：一方面，大概念将书本知识与核心素养两个本来不同的范畴连接起来，从而成为书本知识与核心素养之间的重要桥梁；另一方面，大概念既把外部活动经验向内转化为兼具认识论、方法论和价值论三重意义的认知结构，又把内部认知结构向外转化为具有广泛迁移作用的问题解决能力。因此，以大概念为核心展开知识的整合性教学是培育核心素养的重要途径，确定大概念（选择与论证大概念）—外显大概念（表征与描述大概念）—活化大概念（设计问题情境）—建构大概念（设计学习活动）—评价大概念（设计评价框架与细则），则是以大概念为核心展开整合性教学的一种设计模式。

学科大概念实例

案例 1：在"能量守恒与转化定律"一课中，"能量守恒与转化定律"这一大概念把机械能、内能、电磁能、核能和化学能等各种具体形式的能量统整起来，以建立完整的知识结构，并形成保护和节约能量的正确价值观。

---

① 威廉·狄尔泰. 历史中的意义［M］. 艾彦，逸飞，译. 北京：中国城市出版社，2002：74-75.
② 李润洲. 知识三重观视域的核心素养［J］. 教育发展研究，2016，36（24）：37-44.

案例2：在"万有引力"一课中，"万有引力定律"这一大概念能把相互分散的牛顿三定律与开普勒三定律等核心内容整合起来，且能解释"苹果落地""地球围绕太阳转"等现象，从而实现知识与知识、知识与行动的整合。

（三）实践性：让学生在实践参与中学习

如果说问题情境是核心素养生成的基本场域，那么，实践参与则是核心素养生成的根本机制。说到底，任何核心素养都是在具体的实践活动中生成与发展起来的，而且它本身就是必备品格和关键能力在成功解决问题过程中的实践性运用。正是在实践活动中，个体不仅认识和改造着世界，同时认识和改造着自我；个体不仅成就着世界，同时成就着自我。唯有在成就世界的过程中，外部事物才能成为个体认识与改造的对象，事物的本质属性和价值意义才得以向个体敞开；唯有在成就自我的过程中，个体才能以自身潜能的发展和自我的实现为形式，既增进和助长自己的本质力量和生命智慧，又追寻、领悟和获得自我的生命意义。换句话说，实践活动不仅是核心素养的现实来源，而且是核心素养的生成与建构过程。因此，在核心素养的生成与发展逻辑中，学习不是简单的获得知识，而是学习者参与真实情境中的实践，与他人及环境相互作用的过程[①]；学习不是理论向实践的转化，而是理论与实践的平等共生，甚至是实践优先于理论。在这里，知识的意义、价值连同个体的核心素养都是学习者通过实践参与，在与环境以及其他个体互动的过程中生成的。

核心素养的这种实践意蕴要求学校知识教学突显知识的实践性，让学生在实践中理解知识的内涵和意义。作为应对复杂情境的一种广泛适应力，核心素养的生成与发展恰恰根植于知识的实践脉络之中。同时，知识不仅来源于实践，而且本身就蕴含着丰富的实践意义。任何知识都不是与我们的生存实践毫无关联地独立存在，它本身就是我们生存实践的一种方式。正如海德格尔所说：知识具有生存论层面的深刻根源，所有的知识都与我们的生存实践存在着种种不同的因缘与意蕴关系。[②] 如果学校知识教学割裂知识与实践的这种因缘与意蕴关系，将知识从实践脉络中抽离出来，作为一种抽象的表象或符号加以传递，那么知识就不可能与学生的生活世界真正相遇。在这里，学生获得的只能是形式上的表层化理解，所获得的知识自然难以成为学生建构知识、解决问题和自我创造的资源和工具，因而也难以生成发展出学生的核心素养。面对核心素养教育的时代诉求，传统知识观的根本问题就在

[①] 姚梅林.从认知到情境：学习范式的变革［J］.教育研究，2003（2）：60-64.
[②] 海德格尔.存在与时间［M］.陈嘉映、王庆节，译.北京：生活·读书·新知三联书店，2006：97.

于将知识视作表象或符号，忽视了知识与实践的内在联系。[①] 回归知识的实践特性，重建知识的实践意蕴，学校知识教学才能真正成为学生核心素养生成与发展的肯定性力量。

根据核心素养对知识的实践性要求，学校知识教学需要将知识与行动整合起来，让学生在实践参与中学习。在西方，杜威甚至将行动置于认识的中心地位，主张确立一种参与者的知识观，代之以旁观者的知识观。在杜威看来，知识不仅是我们现在意识到的东西，而且包含我们有意识地运用知识去了解现在所发生的事情的心理倾向。通过行动，有意识调动知识去解决困惑的问题，进而考量我们自身和我们所在生活的世界之间的关联。[②] 当面对充满不确定性的复杂情境和实践活动时，我们需要的是真正具有行动力的知识，而不是形式化的惰性观念。对此，苏联教育家阿莫纳什维利指出，儿童单靠动脑，只能理解和领会知识；如果加上动手，他就会明白知识的实际意义；如果再加上心灵的力量，那么认识的大门都将在他面前敞开，知识将成为他改造事物和进行创造的工具。[③] 在中国，先哲们早就提出"学以致用""知行合一""教学做合一"等思想主张。遗憾的是，我们在认识上秉持着理论先于实践、理论优于实践的思想观念，在实践中则普遍坚持着"先学后用"的教学范式，割裂了理论与实践、知识与行动之间的内在联系。核心素养的生成与培育，则需要我们确立理论与实践共生，甚至是实践先于理论的思想认识，采用"知行合一""学用合一""实践中学"的教学范式。

学科实践活动设计实例

案例1：在高一物理"圆周运动的实例分析"一课中，教师设计了一项实践任务：为了绕开一棵新发现的千年稀有古树，需要重新设计该处的火车轨道方案。以此，让学生站在铁道工程师的立场，设计古树旁轨道的转弯方案，使火车能够安全地行驶。

案例2：在学习"静电的利用和防护"时，教师引导学生了解避雷针的结构和基本原理，撰写一篇关于生活中静电危害和预防的报告。

（四）个人性：从自我体验到深度理解

尽管我们可以从一般意义上对核心素养的共同构成进行界定，但在个体身上，核心素养的生成路径、存在样态和表现方式又具有高度的个性化特

① 苏鸿.课程知识的实践意蕴与核心素养教育［J］.课程·教材·教法，2017，37（5）：52-58.

② DEWEY J. Democracy and education: an introduction to the philosophy of education［M］. New York: The Free Press, 1916: 344.

③ 阿莫纳什维利.孩子们，你们生活得怎样？［M］.朱佩荣，高文，译.北京：教育科学出版社，2002：59.

征。从具体的生成逻辑上看，核心素养终究是个体自我建构的产物，而且个体的核心素养也始终处在不断的自我建构之中。从知识观的视域来看，知识只有进入个体的自我世界，真正成为个体身心的有机组成部分，才能向内汇聚和积淀为个体的内在修养，向外发展和表现为个体的实际能力。唯有与个人信念、经验深度融合，知识才有可能具备迁移、行动的力量，成为核心素养生成的知识基础。[①] 更为明确地讲，在知识与核心素养的互动关系中，个人知识是核心素养生成与发展的基础，核心素养则是个人对知识的理解、创造与运用。有学者指出：学生的个人知识是其素养的基础、前提和载体。没有个人知识，断无素养形成。学生的学科素养建基于其学科思想。学生的跨学科素养建基于其生活理解与体验。因此，尊重学生的个人知识是发展学生素养的关键。[②]

核心素养与个人知识的高度关联决定了学校知识教学需要凸显知识的个人性，强调学生对知识的自我理解。其实，任何知识都具有个人性，都是个人理解与生成的产物。波兰尼指出，人类有两种知识。通常所说的知识是用书面文字或地图、数学公式来表述的，这只是知识的一种形式。还有一种知识是不能系统表述的，例如我们有关自己行为的某种知识。[③] 其中，能够通过言语、文字或符号加以表达的知识常常是具有"可陈述性"和"可传递性"的公共知识，不能通过言语、文字或符号加以表达的知识则常常是"只可意会，不可言传"的个人知识。在这里，个人知识并非一种独立存在的知识形态，而是强调知识过程中的个体参与。任何知识的生成与运用都来源于个人的理解和创造，都依赖于个人的经验和认知，都渗透着个人的情感和旨趣。也就是说，任何知识都是个体参与的知识。正是知识的这种个体参与性，决定了知识的个人性。如何凸显知识的个人性，促进知识的自我理解，进而实现知识的个人价值？这是核心素养生成与发展的重要前提。

根据核心素养对知识的个人性要求，学校知识教学需要沟通知识与自我的联系，让学生在知识与自我的整合中学习，基于体验的深度理解则是其基本路径。首先，任何理解都必须以前理解作为基础，前理解是理解的逻辑起点和现实源头。简单来说，前理解主要包括三个方面的心理因素：一是个体先行具有的心理结构；二是个体先行领会的心理内容；三是个体先行确立的思维方式。所有这些心理因素，都会对学生的知识理解产生制约作用。其次，任何理解都必须经由多重对话与视域融合才能最终实现。由于前理解的影响，个体在实际的理解过程中容易局限于自己的视域，于是会产生"理解的偏离"这一风险。教师需要引导学生与文本、他人以及自身展开对话交

① 张良.核心素养的生成：以知识观重建为路径［J］.教育研究，2019，40（9）：65-70.
② 张华.论核心素养的内涵［J］.全球教育展望，2016，45（4）：10-24.
③ 郁振华.人类知识的默会维度［M］.北京：北京大学出版社，2012：17.

流，融合他人的视域和理解，不断地修正、拓展和超越自己对知识的理解。最后，任何理解都必须以自我的生命体验为前提。任何人都不能代替别人去理解，"一切理解都是自我理解"[①]。作为一种高度个性化的过程和结果，理解只能是理解人所体验到的东西。反之，唯有自我体验过的东西才能最终被自我理解。这意味着，体验在知识的理解中发挥着不可替代的作用。不仅如此，作为一种与自身生活、生命高度关联的整体建构活动，体验又为学生的自我反思提供了契机。正是通过反思，学生的体验和理解才得以升华，学生的知识结构、思维模式和经验体系才得以优化，并逐渐生成发展出具有广泛适应力的核心素养。

> **知识的深度理解实例**
>
> 　案例 1：在"过秦论"一课中，通过探究"贾谊政治主张实现的现实条件"这个问题，让学生感知贾谊政治主张的实质和历史关联性，并在深度理解"论从史出"和"史论结合"两个核心概念的基础上，建构起"唯物史观"和"文史互证"两个大概念。
>
> 　案例 2：某学生看见机场关于"严禁携带额定能量超过 160 W·h 的充电宝搭乘飞机"的规定，但自己的充电宝上写的是 10 000 mA·h，这两位单位究竟是什么含义？它们存在什么关系？这个充电宝是否可以带上飞机呢？

三、学科核心素养导向的课堂新样态

新版课程标准在课程目标、课程内容、质量标准和课程实施等方面都出现了新的变化，所有这些变化都必然引起课堂样态的实质性改变。如果说近年来的教学改革实践为课堂样态的实质性改变创造了很多可能，那么，聚焦学科核心素养的实践导向又使课堂样态的实质性改变变得尤其必要。如果要将学科核心素养的培育落到实处，学科课堂便需要经历一次样态的重构。

（一）动机样态：激活深层动机

作为内在修养与外发力量的有机融合体，学科核心素养的培育首先在于育"心"。正如农民为了把农作物养育好，必须把肥料浇灌到农作物的根部。同样的道理，教师为了把学生培育好，把学生的学科核心素养培育好，也必须抓住学生学习与发展的根本部分，即学生的心灵。落实到课堂中，教师做的一件重要事情便是触发和激活学生内心的深层动机，其关键就是找准学生的兴奋点和困惑处，进而设计出尽量精妙的学科问题，以触发和激活学生深

---

① 加达默尔.哲学解释学［M］.夏镇平，宋建平，译.上海：上海译文出版社，2004：46.

层的兴趣、情感与思维。如果不能触动和激活学生的深层动机，就无论如何都不可能培育好学生的学科核心素养。如果不能触动和引发学生的兴趣、情感与思维，课堂便会失去情感的体验、思维的碰撞和智慧的刺激，就会失去生命的活力和意义。

（二）知识样态：深入学科内核

在知识与素养的视域中，学科核心素养的发展取决于学生建构和获得的知识本身的质量。换句话说，学科核心素养的发展需要引导学生由表及里，深入学科内核学习。用一线教师的话说，就是要引导学生学到学科本质。相对于表层的教材知识，更高质量和更有营养的学科内核和学科本质到底又是什么样态的知识？针对目前教师在知识教学方面普遍存在的问题，学科内核（学科本质）需要着重从五个方面来加以把握：

（1）知识的产生与来源，即引导学生理解知识的来龙去脉。

（2）事物的本质与规律，即引导学生透过现象把握事物的本质特征与普遍规律。

（3）学科的方法与思想，即引导学生领悟学科专家发现知识和解决问题的学科思想方法。

（4）知识的关系与结构，即引导学生把握知识的三重关系：前后知识之间的顺序关系；左右知识之间的并列关系；上下知识之间的层次关系。

（5）知识的作用与价值，即引导学生理解知识的功能、作用以及知识背后所蕴含的情感、态度与价值观。

（三）学习样态：在问题解决中学习

什么样态的学习才更有利于学生的学科核心素养发展？我们的答案是：问题解决学习。问题解决学习是促进学生学科核心素养发展的基本学习模式。我们认为，今天的教师站在讲台面前应该记住一句非常重要的话：让学生在问题解决中学习！正因为如此，本次高中课程标准修订才格外强调学生的实践参与。强调学生的实践参与，并不是要让学生下地、进工厂，其实质是引导学生展开对问题的分析、探究与解决。在实践中，习题解答式、课题研究式与项目创作式是问题解决学习的三种基本方式。从学习方式上看，习题解答式强调学生的探究与解答，课题研究式强调学生的探究与发现，项目创作式强调学生的探究与创作。从学习成果上看，习题解答式强调答案的获得，课题研究式强调结论的发现，项目创作式强调作品的形成。我们的观点是：以课题研究式为主，以习题解答式为辅，鼓励采用项目创作式。

（四）发展质量：让学生达到"四个学会"

说到底，强调学科核心素养是要改变学生的发展样态，优化学生的发展质量。从这个意义上讲，学科核心素养背后蕴含着新的发展观：

（1）从被动发展到自主发展。一方面，学科核心素养说到底都是学生自己的素养；另一方面，学生建构着属于他自己的学科核心素养。无论是学生的关键能力还是必备品格，无论是学生的内在修养还是发展出来的能力，最终都是学生自主建构起来的。

（2）从眼前发展到持续发展。不管是"双基"教学还是"三维目标"教学，都容易让教师将目光集中于学生当前的课堂学习。而基于学科核心素养发展的教学，则要克服学科教学的发展局限，将学科教学的发展价值提升到学生的持续发展上来。

（3）从局部发展到整体发展。如果说知识可以一点一点地教，技能可以一个一个地练，但学科核心素养则是一个有机的整体，它的形成与发展取决于知识、技能、经验和品格等各种具体学科素养的交互整合状况。

在新发展观的导向下，强调学科核心素养乃是要着力帮助学生达到"四个学会"：一是学会知识建构，指向学生的终身学习与持续发展；二是学会问题解决，指向学生的实践能力与创新能力；三是学会身份建构，指向学生的情感、态度与价值观；四是学会高阶思维，具体包括更为深刻的反思思维与批判思维、更为综合的整体思维与辩证思维、更为灵活的实践思维与创新思维等。

第一章　　　核心素养导向的课程标准新变化

● 内容提要

* 高中历史课程改革过程中存在一些问题，当前中学历史教育又有了新挑战、新任务。应对《普通高中历史课程标准（实验）》（以下简称实验版课程标准）存在的问题进行批判、继承与发展。体现高中历史课程的基础性、多样性、选择性，体现国家意志，发挥历史课程立德树人的教育功能。

* 以立德树人为历史课程的根本任务，坚持正确的思想导向和价值判断，以培养和提高学生的历史学科核心素养为目标，是高中历史课程的三条最为重要的基本理念。培养和发展学生的历史学科核心素养，是这次修订高中历史课程标准过程中逐步形成的最为凸显和重要的理念。

*《普通高中历史课程标准（2017 年版 2022 年修订）》（以下简称新版课程标准）制定了学业质量标准，将每个核心素养分为 4 级水平。学业质量水平 1 为最低等级，水平 2 是高中毕业生在本学科应该达到的合格要求，水平 4 是学业水平等级性考试的命题依据。学业质量水平在划分时进行了纵向与横向的通盘考虑。

* 新版课程标准新增了对历史学科核心素养和学业质量的阐述；基于最新高中课程方案与核心素养的培养要求，调整了课程类型（必修、选择性必修和选修三类课程）和结构；课程内容和呈现方式发生变化；增加了教学示例、评价案例和考试命题建议；提出了相关实施建议。在具体课程内容的叙述中也增加了一些内容，改变了一些提法。

第一节 新版课程标准的新背景

课程标准是教材编写、教学、评估、课程资源开发与考试命题的依据，是国家管理和评价教育质量的基础性文件。2003 年，教育部印发的普通高中课程方案和课程标准实验稿在课程性质、课程基本理念、课程设计思路上借鉴了国际先进经验，综合了本国国情，坚持了正确的改革方向和先进的教育理念，基本建立起适合我国国情、适应时代发展的普通高中课程体系。新版课程标准修订前，2003 年版普通高中课程方案和课程标准实验稿已经指导了十余年普通高中课程改革实践，在促进教育理念更新，推动人才培养模式变革，提升教师队伍整体水平，推动考试评价制度改革，提升我国基础教育质量等方面均做出了重要贡献。

一、修订工作的总体背景

面对新时代提高全体国民素质和人才培养质量的新要求以及我国高中阶段教育基本普及的新形势，教育部启动了普通高中课程方案和各学科课程标准修订工作。修订工作的大背景主要有三点。

（一）体现国家意志，发挥历史课程立德树人的教育功能

根据党的十八大、十九大关于教育要落实立德树人根本任务的要求，以及教育部《关于全面深化课程改革 落实立德树人根本任务的意见》等文件精神，此次高中历史课程标准修订工作的主要目标是：学生通过历史课程的学习，形成历史学科核心素养，能够从历史的角度关心国家的命运，关注世界的发展，成为德智体美劳全面发展的社会主义建设者和接班人。

当今世界经济、科技迅猛发展，社会生活发生着深刻变化。新中国成立以来，先后经历了三次社会主要矛盾的重新认识。1956 年，中共八大首次提出，国内的主要矛盾是人民对于建立先进的工业国的要求同落后的农业国的现实之间的矛盾，主要任务是大力发展社会生产力。1981 年中共十一届六中全会提出，我国社会主要矛盾是人民日益增长的物质文化需要同落后的社会生产之间的矛盾。党和国家的工作重心必须转移到以经济建设为中心的社会主义现代化建设上。在党的十九大报告中，习近平总书记指出，中国特色社会主义进入新时代，我国社会主要矛盾已经转化为人民日益增长的美好生活需要和不平衡不充分的发展之间的矛盾。目前，我国已经全面建成小康社会，人民对精神文化的需求越来越高，在文化需要上追求"心灵感受"。因此，教师在教学中既要注重知识与技能的教育和传授，更要重视思想、精神上的教育和熏陶。

（二）高中作为基础教育的一个阶段，其课程应体现思想性、时代性、基础性、选择性和关联性

所谓基础性，就是课程要面向全体学生，依据学生发展核心素养，精选学生发展必备的基础知识和基本技能，打牢学生成长的共同基础。注重培养学生的学习兴趣、学习能力和探索精神，注重培养分析问题、解决问题的能力。合理控制学生的课业负担。普通高中历史课程包括必修、选择性必修和选修三类课程。其中，历史必修课程是全体高中学生必须修习的课程，是普通高中学生发展的共同基础课程，设《中外历史纲要》模块。课程内容分为中国古代史、中国近现代史和世界史三个部分。一般安排在高一年级。

所谓选择性，就是课程要适应国家人才培养需要，在保证每个学生达到共同基本要求的前提下，充分考虑学生不同的发展需求，结合学科特点，遵循学习科学的基本原理，分类分层设计可选择的课程，满足学生不同学习需要，促进学生发展。在最新调整的课程类型和结构中，历史选择性必修课程是学生修完历史必修课程后，由学生根据个人兴趣和升学需求选择修习，设《国家制度与社会治理》《经济与社会生活》《文化交流与传播》三个模块。历史选修课程则是学生自主选择修习的课程，设《史学入门》和《史料研读》两个模块。

（三）针对实验版课程标准存在的一些问题，辩证地进行继承与发展

第八次基础教育课程改革走过了 20 年，历史课程改革取得了显著成就，一些理念更加明晰。例如，以历史唯物主义为指导，吸收人类优秀文明成果，弘扬爱国主义精神；坚持基础性、多样性；倡导探究性学习；落实知识与技能、过程与方法、情感态度与价值观的培养；等等。但也存在一些问题，如课程目标表述笼统，必修课程的结构设计不够合理，历史整体发展的时序性不强、内容较深且选择不够系统，必修与选修内容有重复等。本次课程标准修订坚持问题导向，总结经验，借鉴国内外优秀成果，突出中国特色，努力破解发现的问题和不足，进行继承与发展。

二、高中历史课程改革存在的问题

（一）实验版课程标准存在的问题

教育部为顺利启动课程标准的修订工作，了解实验区高中历史课程标准实施的经验，分析实验版课程标准文本存在的问题，对课程标准修订工作提出具体建议，委托北京师范大学历史学科调研组进行实验版课程标准实施现状调研。调研组根据调研报告，结合课程标准修订提出的新目标和新要求，对实验版课程标准存在的问题进行了梳理：课程性质、理念表述笼统，语意重复；内容标准与总目标不一致，无法支撑总目标；课程目标表述笼统，操作性差；内容标准中的行为动词没有清晰的界定，教师不好把握；内容标准宽泛，不好把握，造成课时不够；高中阶段的素质教育与高考的选拔性考试有矛盾；在课程内容与结构上，时序不清，逻辑性不强，把政治、经济、思想割裂开来，不符合学生认知规律，也不符合历史学科特点；必修模块的内容选择存在偏颇，在一定程度上损害了模块的教育价值；选修模块的设置过于理想化，与学生的兴趣存在差异，也不太符合中国国情；有些内容繁难偏，专业性太强，学生不易理解；初高中历史不能有效衔接。这些问题集中表现在以下三个方面：

1. 历史发展脉络的清晰度问题

部分高中历史教科书没有遵循课程标准提出的先中国史后世界史的编写思路，而是采取了"中国史与世界史混编"的编写思路，导致部分高中历史教师认为书中历史发展的脉络和线索不清楚，无形中增加了学生学习历史的难度。

2. 历史教学内容的重复问题

在实验版课程标准中，历史（Ⅰ）、历史（Ⅱ）和历史（Ⅲ）分别从政治、经济与社会生活、思想文化与科学技术等领域反映中国历史和世界历史的进程与概貌，避免了与初中历史课程内容的重复问题，但是又导致了"新"的内容重复。例如，关于新文化运动，是在历史（Ⅰ）中讲述五四运动时需要学习的内容，同时又是历史（Ⅲ）中的重要内容。又如，关于毛泽东思想，既是历史（Ⅰ）中的重要内容，也是历史（Ⅲ）中的内容。再如，关于邓小平理论，无论是在历史（Ⅰ）、历史（Ⅱ），还是在历史（Ⅲ）中，都是重要的学习内容。选修模块的设计也有重复的问题。例如，选修课程中的"历史上重大改革回眸""近代社会的民主思想与实践""20世纪的战争与和平"，与必修课程内容存在较多相同的内容。

3. 历史教学内容的总量与难度问题

关于总量问题，高中历史教师普遍反映历史教学进度偏紧，教学课时不足，说明历史教学总量可能偏大。出现这种现象的原因主要有两个：一是在总教学课时不变的情况下，实验版课程标准增加了世界史的学习内容；二是必修课程的学习要点较多。

历史教学内容的难度问题也是一个比较突出的问题。许多高中历史教师以历史高考的考核要求来指导常态历史教学；薄弱的初中历史教学没有为学生进入高中学习历史奠定坚实的基础；许多高中历史教师的专业发展水平比较薄弱。这三个关键因素必然导致高中历史教学内容难度偏大。同时，支持历史教师的专业发展机制又相当缺乏，尤其是在教育欠发达地区这一现象较为突出。实验版课程标准中确实也存在一些学习难度较大的内容。高中历史课程采取"模块"加"专题"的呈现方式，也在一定程度上增加了高中历史教学的难度。例如，历史（Ⅰ）第四专题"现代中国的政治建设与祖国统一"与历史（Ⅱ）第三专题"中国特色社会主义建设的道路"存在紧密联系；历史（Ⅰ）第九专题"当今世界政治格局的多极化趋势"与历史（Ⅱ）第八专题"当今世界经济的全球化趋势"存在紧密联系；历史（Ⅰ）第三专题"近代中国的民主革命"与历史（Ⅲ）第三专题"近代中国的思想解放潮流"存在紧密联系；历史（Ⅰ）第一专题"古代中国的政治制度"与历史（Ⅲ）第一专题"中国传统文化主流思想的演变"存在紧密联系。这些紧密联系的内容分布在不同的历史模块里，无形中增加了教学负担。又如，实验版课程标准中出现了许多专业化过强的学习内容，历史（Ⅰ）比较突出，如罗马法的主要内容、法兰西第三共和国宪法和《德意志帝国宪法》的主要内容等，都是高中历史教师在教学实践中难以把握的专业性较强的内容。再如，实验版课程标准中存在一些阐述比较模糊的学习内容，如历史（Ⅰ）中的"古代中国的政治制度"专题，要求"列举从汉到元政治制度演变的史实，说明中国古代政治制度的特点"。这一学习内容比较宽泛，表达又不清晰，无形中增加了高中历史教师思想上的困惑和教学上的难度。

要解决在高中历史教学实践中存在的问题，除了修订完善实验版课程标准以外，还要从加强初中历史教学，推进高考命题改革，加强各级历史教师培训的有效性和针对性，不断加强对高中历史教师的专业支持，加强历史教科书的审查工作，提高历史教科书编写质量等方面入手，多管齐下，只有这样才能有效解决问题。

（二）高中历史课程改革实施中存在的问题

根据教育部组织的调研以及相关研究结果，2004 年开始的高中课程改革在实施方面主要存在以下问题。

1. 一线教师对课程标准理念理解不到位

虽然教育管理者和教育实践者都对课程改革的理念表示认同和赞赏，也表示新课程改革对自身的教育理念有很大的改变。在访谈中，各省的学校领导、教师和教研员均表示各级行政部门和学校，无论是在培训的时间长度和内容深度上，还是在培训的覆盖面和培训后的巩固上，都表现出对课程标准的重视。但现实情况是他们对课程标准理念的认识只处于浅表层次，没有真正理解新的理念是什么及如何落实。部分教研员和教师对课程标准理念的理解有偏差，对教材观或课程资源观、教学方式与学习方式之间的关系理解不到位。

2. 现行教材的呈现方式不利于学生理解历史

据有关调查显示，大部分教师认为教材基本体现了课程标准的基本理念，但在呈现方式上还有一些不足。从培养和发展学生的历史学科核心素养的角度出发，在"教材是否有利于学生学"这个问题上，教师们的看法差异比较大，认为历史教材有利于丰富学生生活经验的教师仅为15%；认为历史教材结论性强，不利于学生独立思考与自主探究的教师有24.9%；认为历史教材可读性不强，不适合学生心理特征和认知水平的教师有20%。

该调查还发现，37.7%的学生认为教材选材比较难懂，这充分表明学生没有将理论与史实联系在一起进行思考。28.5%的学生认为课本内容知识跳跃性大。21%的学生认为教材时间跨度太大。这与高中教材分成三大板块，实行专题教学有关，会造成学生时序观不强，对历史的整体认知偏弱，只知事件而不识规律，只认名词而不解概念。

3. 教学方式没有发生根本转变

在教育部组织的调研中，被访谈的教师和教研员一致表示，教师的教学方式确实发生了变化，但总体没有根本转变。这又分两种情况：一种是课程改革之初曾经改变过，但后来又走回老路，这是大部分地区存在的一种情况；另一种是在课程改革之初就没有转变过，部分地区2011年刚实施课程标准，很多教师"穿新鞋走老路"。

据有关调查显示，相当多的学生认为教师采用得较多的课堂教学方式是单一讲授。70.8%的学生在"多久参加一次历史课外实践活动"这一问题上选择了"偶尔参加甚至不参加"。在教育部组织的调研中，当被问及教学方式不能发生根本转变的原因时，教师和教研员都认为是高考。社会、家庭、学校都以高考成绩作为衡量教学方式及其好坏的唯一标准。教师们的教学方式按照课程改革要求而改变，虽然场面热闹，但考试结果却不好，而且也影响教师的职业生涯发展。

在教学方法上，学生感兴趣的探究活动和研究性学习，因为对高考没有直接作用，所以教师组织活动的动力不大，或干脆直接放弃。教师们不无遗憾地说，课程标准的愿望是美好的，现实是残酷的。除了高考这一因素外，少数地区还提出了教师的专业素养、能力和学校的硬件设施不足等原因。有些地区有50%左右的历史教师不是历史专业出身，有些薄弱学校硬件投入不够，没有多媒体教学设备，很难使用新情境、新材料。

传统应试教育教学模式的惯性也是阻碍教学方式转变的重要原因。例如，更多教师备课还是靠经验，因为以前就在传统教育的旧框架下，现在放也放不开。同时，很多教师在教学目标上关注得更多的还是三维目标中的知识与能力目标，过程与方法目标的落实大多都被忽略了。长期在应试教育下培养出来的学生知识储备没有那么多，思维能力没有那么强，所以教师有时候在教学过程中多提几个问题、多引导一下，却不见效，总是"探究不起来"。

4. 评价方式仍以纸笔测验和关注结果为主

课程标准规定，学习评价要遵循既注重结果也注重过程的基本原则，灵活运用各种科学有效的评价手段，对学生的知识与能力、过程与方法、情感态度与价值观进行定量和定性相结合的评价。在课程改革之初，很多教师确实是按照课程标准要求进行评价操作的，但是后来就坚持不下去了。

调查结果体现了中国应试教育的主要特点：教学主导学习，分数往往重于情感，结果重于过程。教师和教研员认为是各种考试的压力导致了上述问题，同时还提出，实行多样化评价需要占用教师大量的时间和精力，而且学校并不鼓励教师推行多样化评价。例如，课本剧不能常态化，因为常态化要花费教师太多的时间。有教研员认为，转变教学方式的最大阻力是惯性和制度，教师要关注过程评价，但社会认同的是结果评价，因此很难实施。

5. 课程资源受当地条件制约，开发有限

实验版课程标准实施以来，大部分教师在教学中已经有了开发与利用历史课程资源的意识，如组织参观遗址、图片展等活动。但是，课程资源开发很有限，客观原因主要有三个：一是地方客观条件的限制，如没有图书馆或者图书馆资料不多，这种情况在农村较普遍。二是安全因素，为了保证学生安全，学校很少甚至不组织学生外出活动。三是考试等因素的制约，导致学校不重视课程资源开发。学生没有相应的能力和意识，没有相应的基础；教师课程意识不强，驾驭资源和获得资源的能力有限。

三、高中历史课程改革面临的挑战

在 21 世纪学生发展核心素养的背景下，高中历史课程改革面临着巨大挑战，主要有四个问题需要解决。

其一，在课程体系上，如何构建以学生发展为本的中学历史课程新体系。构建中学历史课程新体系必须从课程编制与设计、课程标准、课程目标、课程内容、课程实施、课程评价、课程改革发展趋势等方面展开研究。新一轮课程改革将构建怎样的高中历史课程体系，以适应学生发展核心素养的培养是一个较大的问题。

其二，在课程研究上，如何展开历史课程改革的系列研究。在历史课程改革的系列研究方面，上一轮课程改革缺乏系统研究、实践研究和对策研究。

其三，在课程实施上，如何摆正高考在课程实施中的地位。高考对课程改革的深入展开有很大的制约作用。摆正高考在整个课程体系中的位置，使课程实施走到正常的轨道上来，是课程改革面临的巨大挑战。

其四，在课程借鉴上，如何在借鉴国外经验的基础上构建本土历史课程文化。我国以往的课程改革吸收、借鉴国外经验的研究比较多，但是如何将国外经验转化为本土经验的研究比较少，没有能够很好地把国外理论与国内实践结合起来。

四、高中阶段的主要任务

目前高中阶段的教育主要有三个方面的任务：一是加快普及高中阶段教育，二是全面提高普通高中学生综合素质，三是推动高中多样化发展。

2020 年，我国高中阶段教育毛入学率达到 91.2%，根据国家普及高中阶段教育的目标要求，在不久的将来，99% 的适龄人口将接受高中阶段教育，其中约半数的学生应该在普通高中完成学业。在这样的背景下修订的课程标准，不仅要能够发挥立德树人的功能和作用，还要尽可能地满足数千万学生各不相同的发展需求，支持、引导普通高中规划和课程建设，实现学校的特色发展。

21 世纪经济全球化和知识经济的时代要求，新时代中国特色社会主义建设的可持续发展对人才培养的要求，学生个体发展的要求，我国普及高中阶段教育的任务，以及国内外课程改革的大趋势对我国的影响，是高中历史课程改革进一步推进的主要背景。《普通高中课程方案（2017 年版 2020 年修订）》是本次高中历史课程改革整体设计的依据，考试招生制度改革则成为本次高中课程改革的推动因素。

目前国际上历史课程改革发展趋势主要表现为：在课程目标上突出公民意识，强调学科核心素养，平衡知识与能力的关系，制定较为科学的能力分层体系。在课程结构与内容上，采取主题螺旋式课程结构，关注社会史、本土史，注重整合其他学科，必修和选修并行，渗透历史研究方法并凸显探究理念等特点。在课程实施上，不断深入教法与学法改革，历史教材的编写呈现出从历史教材走向历史学材、从教学资源走向教学工具、从单一学本走向系列教材的特征。

因此，我国高中历史教学需要围绕核心素养构建课程目标，优化课程内容，完善课程设计；改革教学方法，提升教学质量；推进评价改革，建立评价体系。

第二节　新版课程标准的新思想

我国新一轮普通高中课程改革不断深化，新版课程标准在以往课程改革的基础上不断创新与突破，在新的视野下提出了新思想、新要求，并呈现了新内容。高中历史教学必须清楚认识三个重要问题，即课程性质、课程价值和课程基本理念，它们是整个课程标准的灵魂。

一、课程性质的界定与内涵

课程性质是课程的归属，是一门课程在学科分类体系中属于哪种学科门类，具有哪门学科的基本特征。课程性质决定着学科的地位和作用、学科的建设、学科的任务、学科的内容与学科的结构。

（一）课程性质的基本界定

要理解高中历史的课程性质，必须明确历史学、历史学科、普通高中历史课程的联系与区别。三者都以历史为核心，有不少相同之处，但内涵和外延却有很大不同。历史学内涵最广，历史学科仅涵盖以大学、中学、小学教育为主的教育界以内的历史，普通高中历史课程为其中一种。普通高中历史课程既与历史学、历史学科的性质区分，又与其他基础学科性质相异。历史学考察的对象是与人类社会发展有关的一些物质与精神现象，其目的在于揭示人类社会发展的规律性和特殊性。而普通高中历史课程的研究对象是学生学习史学研究成果的过程，是历史学、教育学和心理学交叉研究的对象，其目的是发现学生学习历史的心理规律，促进学生全面发展。普通高中历史课程是历史学在高中教育阶段课程化的体现，因此，其属性自然而然要受到历史学属性讨论与变化的影响。对于历史学学科性质问题的认识，中外学者视角不同，观点各异。自唯物史观创立以来，历史学的研究就开始在科学的轨道上不断进步。目前学界关于于历史学学科性质的主要观点有"科学"说、"非科学"说、"人文知识"说、"艺术"说、"记忆库"说、"事件"说、"史料"说、"非独立学科"说、"活动"说、"学问"说、"一半是科学，一半是艺术"说、"综合"说、"超科学"说、"解释"说、"认识"说、"解构"说、"矛盾"说、"信息库"说。[1]也有学者指出历史学科具有史政性、史趣性、史忆性、史证性、史变性、史鉴性六大特质。[2]

新版课程标准明确指出，历史学是在一定历史观指导下叙述和阐释人类历史进程及其规律的学科。探寻历史真相，总结历史经验，认识历史规律，顺应历史发展趋势，是历史学的重要社会功能。历史学是人类文化的重要组成部分，在传承人类文明的共同遗产、提高公民文化素质等方面起着不可替代的重要作用。普通高中历史课程，是在义务教育历史课程的基础上，进一步运用历史唯物主义观点，以社会形态从低级到高级发展为主线，展现历史演进的基本过程以及人类在历史上创造的文明成果，揭示人类历史发展的基本规律和大趋势，促进学生全面发展的一门基础课程。这是关于历史学和普通高中历史课程性质的权威定义和表述。对比实验版高中历史课程标准关于

① 徐兆仁.历史学学科性质问题论略［J］.思想理论教育导刊，2005（5）：7-13.
② 薛伟强.中学历史学科特质述论［J］.历史教学（上半月刊），2016（1）：19-25.

课程性质内涵的论述和界定，新版课程标准更加突出普通高中历史课程与时俱进的性质，更加强调育人方面的教育性、工具性、人文性。

（二）课程性质界定的多重内涵

新版课程标准在课程性质部分，先论述了历史学的性质、功能和作用，直观地告诉高中历史教育工作者，高中历史学科和历史学既有区别也有联系，但其本质必须从历史学出发，高中历史学科要传递历史学的成果，体现历史学的性质，反映历史学的特点，凸显历史学的功能，发挥历史学课程化的作用，承载历史学的价值。

高中历史学科必须反映历史学的特点。普通高中历史课程的性质与历史学的特点密不可分。历史学是在一定历史观指导下叙述和阐释人类历史进程及其规律的学科。其研究对象是客观存在的历史，但在历史学研究过程中，必然涉及研究者的主观认识，这种认识是在一定的史观指导下进行的，其主要表现为叙述和阐释。基于此，高中历史学科必须反映历史学的特点，包括多维度的时空意识，历史内容的过去性，史与论的高度统一性，学科知识的综合性和复杂性，科学性和人文性的统一。[1] 此外，历史学还具有前瞻性、当代性、文学性、主客观统一性的特点。[2] 还有学者基于对高中历史教材的理解提出了高中历史的学科性质：趣味性和形象性，条理性和层次性，严谨性和发散性，启发性和探究性，科学性和实践性。[3] 教师应基于这些特点，提高认识，开展好高中历史教学。

较之实验版课程标准，新版课程标准在课程性质的论述部分，除强调历史学的性质、功能和作用外，还在原有基础上再次强调了高中历史课程的重要性、基础性，并对育人和教学提出了新要求。同时开门见山地指出中学历史课程承载着历史学的教育功能，普通高中历史课程更应承担起这一重要使命。普通高中历史课程在实施的过程中要自觉发挥课程内容应有的功能与作用，只有发挥好其在立德树人过程中的应有之义，才能彰显历史学科在高中阶段的重要地位。另外，普通高中历史课程性质的界定仍然强调基础性和递进性。比较两个版本的课程标准，我们会发现，新版课程标准明确指出在义务教育历史课程的基础上，更加要求高中历史课程要注重递进性和层次性，遵循学科规律，考虑学生每个阶段的身心发展特点。高中阶段是学生全面发展的重要时期，高中历史课程承担着重要的任务，既要承前，也要启后。高中历史课程内容不能初中化，但也不能完全抛弃学生义务教育阶段所学的历史课程内容，这就要求广大历史教育工作者必须在义务教育历史课程

---

① 　徐蓝、朱汉国.普通高中历史课程标准（2017年版2020年修订）解读［M］.北京：高等教育出版社，2020：36-37.

② 　陈志刚，郭艳红.从历史学科特点析历史教学的本质［J］.淮北煤炭师范学院学报（哲学社会科学版），2007（3）：132-135.

③ 　王晓燕.就高中历史学科性质谈课堂教学设计［J］.吉林教育，2012（28）：64.

的基础上继续深化，不断夯实学生既有既得的学科核心素养，实现新的飞跃和突破。这种基础性和递进性的要求恰是高中历史课程重要性与地位的体现和基础。此外，普通高中历史课程性质包含教学育人的新要旨。课程的性质决定了学科教学的根本任务，实验版课程标准在高中历史课程教学育人方面提出了四点要求，即通过高中历史课程的学习，使学生了解人类社会发展的基本脉络，总结历史经验教训，继承优秀的文化遗产，弘扬民族精神；学会用马克思主义科学的历史观分析问题、解决问题；学习从历史的角度去了解和思考人与人、人与社会、人与自然的关系，进而关注中华民族以及全人类的历史命运；通过高中历史课程的学习，培养学生健全的人格，促进个性的健康发展。而新版课程标准的育人目标，除了促进学生历史视野的拓展、民族精神的弘扬、国际视野的具备之外，更强调引导学生历史思维的发展，学科核心素养的提高，对社会主义核心价值观和中华优秀传统文化的理解和认同，以及对以改革创新为核心的时代精神的认识。这是新时代对学生的新要求，也是新时代课程教学立德树人价值更加具体的新要旨。

二、课程价值的基本定位

课程价值是在教育实践中为满足人的需要和社会发展而形成的一种意义关系，对课程价值进行探讨既是学科发展的内在要求，也是实践进步的必然结果。对高中历史课程的学科价值进行定位，既是对历史学学科化价值追问的回应，也是对学科研究对象的意义确认。历史学是人文社会学科的重要基础，在促进人的全面发展等方面，有其独特而重要的价值。而作为历史学学科化体现的普通高中历史课程具有与之相应的独特育人价值。要厘清和认识普通高中历史课程的学科价值，首当其冲的是深刻分析历史学的功能与作用，然后再探讨和定位高中历史课程学科价值的核心要点。

（一）历史学的功能与作用

明镜所以照形，古事所以知今。欲知大道，必先知史。历史学有何价值？古今中外众说纷纭，但对其价值的肯定却是殊途同归。习近平总书记曾多次强调，"历史是最好的教科书，也是最好的清醒剂""领导干部要多读一点历史，从历史中汲取更多精神营养""历史是一个民族、一个国家形成、发展及其盛衰兴亡的真实记录，是前人的'百科全书'，即前人各种知识、经验和智慧的总汇"。习近平总书记的历史观使我们更全面地认识到，历史学不仅能促进人的发展，而且对国家和民族的发展也具有非常重要的作用。

新版课程标准对历史学的价值和定位是：探寻历史真相，总结历史经验，认识历史规律，顺应历史发展趋势，是历史学的重要社会功能。历史学是人类文化的重要组成部分，在传承人类文明的共同遗产、提高公民文化素质等方面起着不可替代的重要作用。其中，历史学蕴含的学术价值、认识价值、教育价值和借鉴价值等可见一斑。在历史学的价值中，学术价值和认识价值是基础，教育价值是核心，借鉴价值是目的。

（二）历史课程的价值要点

新版课程标准对高中历史课程的定位和价值是：学生通过高中历史课程的学习，进一步拓宽历史视野，发展历史思维，提高历史学科核心素养，能够从历史发展的角度理解并认同社会主义核心价值观和中华优秀传统文化，认识并弘扬以爱国主义为核心的民族精神和以改革创新为核心的时代精神，具有广阔的国际视野，树立正确的世界观、人生观、价值观和历史观，为未来的学习、工作与生活打下基础。据此，我们认为高中历史课程拥有历史学所具备的学术价值、认识价值、教育价值和借鉴价值。在课程标准的定位中，以教育价值最为典型，曾有学者将历史课程的教育价值概括为科学价值、政治价值、理智价值、伦理价值、借鉴价值、思维价值和审美价值等七项。[1] 根据新版课程标准的阐述，普通高中历史课程的教育价值具体表现为知识教育功能、思维教育功能和公民教育功能。知识教育功能，即积累基础知识、基本技能和基本概念，加强学生的人文积淀和历史意识；思维教育功能，即培养学生的历史思维能力，使其具有高阶思维、逻辑意识、批判意识和实证意识；公民教育功能，即帮助学生形成良好的情感、积极的态度、正确的价值观和健全的人格，使其具有责任意识、家国意识和全球意识等。

无论哪个学科，其最重要的价值就是育人，这是学科安身立命的根本。高中历史课程在促进人的发展和推动社会进步方面有着不可替代的作用，这是历史课程学科价值的基础与本质。

三、课程基本理念的阐释

（一）以学科核心素养为要的基本理念

新版课程标准指出，以立德树人为历史课程的根本任务，坚持正确的思想导向和价值判断，以培养和提高学生的历史学科核心素养为目标，是高中历史课程的基本理念。

培养和发展学生的历史学科核心素养，是这次修订历史课程标准的过程中逐步形成的最为突出的、重要的理念。历史学科核心素养是学生在接受历史教育过程中（学习历史过程中）逐步形成的具有历史学科特征的正确价值观、必备品格和关键能力，是历史知识与历史见识、能力和方法，以及情

[1]　林丙义，郭景扬.中学历史课程教材改革评介［M］.北京：高等教育出版社，1994：20-25.

感态度价值观等素养的综合体现。历史课程改革将培养和提高学生的历史学科核心素养作为主要目标，使学生通过历史课程的学习逐步形成具有历史学科特征的正确价值观、必备品格和关键能力。在课程结构设计、课程内容选择、课程实施等方面都要始终贯穿培养学生历史学科核心素养这一任务。

历史课程要将培养和提高学生的历史学科核心素养作为重心，使学生通过历史学习逐步形成具有历史学科特征的正确价值观、必备品格和关键能力。课程目标的确定、课程内容的编制、课程实施的措施、课程评价的标准、课程教材的编写等，都要始终贯穿发展学生历史学科核心素养这一任务。

新版课程标准以培养和提高学生的历史学科核心素养为目标，体现在很多方面。例如，在课程目标上，将核心素养的达成度作为具体目标；在课程结构设计上，在体现基础性的同时，构建多视角、多类型、多层次的课程体系，拓宽学生的历史视野，发展学生的历史素养，增强学生的历史洞察力；在课程类型上，分别设置必修课程、选择性必修课程和选修课程，使学生更为自主地选学所需课程，促进其自主发展和全面发展；在课程内容结构上，将历史学科知识与历史认识过程相结合；在课程内容选择上，注重展现人类优秀文明成果和历史发展趋势，精选基本、重要的史事，为学生提供认识和借鉴历史经验教训的材料，以便更好地帮助学生获得更多的历史启迪；在历史观层面上，让学生初步理解、运用唯物史观，为学生提供多角度、开放性的思维训练；在课程呈现方式上，为学生提供多种类型的学习材料，以发展学生的历史学科核心素养；在学业质量上，以学生核心素养的达成度为水平划分；等等。

将培养和提高学生的历史学科核心素养作为高中历史课程的目标，对今后的课程实施具有指导作用。这主要是指有利于教学方式、学习方式和评价机制的转变，以及将教、学、评有机结合，促进学生自主学习、合作学习和探究学习，提高其创新意识和实践能力。特别是学生学习方式的转变，有助于增强学生学习的自主性、探究性、开放性、实践性等，从而使学生的历史学习由对知识的知晓转化为对知识的理解，由对史事的记忆转化为对历史的思考，由对知识的接受转化为对历史的探究，由对教材的复述转化为对历史的建构，由对升学的追求转化为对素养的培养。这为高中历史教学赋予了全新的观念和追求。

新版课程标准指出，历史课程要将培养和提高学生的历史学科核心素养作为目标，使学生通过历史课程的学习逐步形成具有历史学科特征的正确价值观、必备品格与关键能力。

这一课程目标是总体教育目标在历史学科教育过程中的具体化，是课程研制、教材编写和学业评价的准则和指南。普通高中历史课程通过凝练和把握历史学科核心素养，并将其贯彻于教学、教材编写、评价等各个环节，充分发挥历史课程在培育学生社会主义核心价值观方面的基础性作用，以贯彻落实立德树人根本任务。

（二）核心素养的研究与进展

20 世纪 90 年代以来，联合国教科文组织、欧盟、经济合作与发展组织等组织先后开展关于学生核心素养的调查研究，探讨受教育者应该具备哪些最基本、最核心的知识与技能、能力与见识、情感与价值观，才能满足自身发展需要，成功融入未来社会，促进人类社会健康发展。这已成为国际核心素养研究领域的基本共识。美国、英国、法国、德国、芬兰、日本、新加坡、韩国等都把培养 21 世纪国民核心素养作为影响和决定国家发展的前瞻性、战略性问题，积极研究开发国民核心素养框架体系。目前国际教育学界影响较大的核心素养学说和理念有五大支柱说、关键能力说、八大素养说，以及核心知识论、基础学理论、共同文化论、国际学生评估项目等。

2012 年 11 月，党的十八大报告指出：坚持教育为社会主义现代化建设服务、为人民服务，把立德树人作为教育的根本任务，培养德智体美全面发展的社会主义建设者和接班人。这标志着我国从民族振兴和社会进步的战略发展高度正式确立了 21 世纪中国教育发展的根本任务与战略方向，标志着中国教育的一个新的发展时期的到来。为此中国教育界正式拉开了以学生发展核心素养为主题的教育改革大幕。

2013 年，教育部借鉴国际课程改革经验，从我国的基础教育实际问题出发，确定了以学生发展核心素养为目标的课程改革方向。这被看作构建我国信息化时代课程体系的重要举措。

2014 年 3 月，《关于全面深化课程改革落实立德树人根本任务的意见》提出了研究制定学生发展核心素养体系和学业质量标准的重要任务，并要求各级各类学校要从实际情况和学生特点出发，把学生评价和学业质量标准落实到各学科教学中。

2016 年 9 月 13 日，由林崇德教授牵头研制的《中国学生发展核心素养》明确界定了学生发展核心素养的内涵和外延。

核心素养是指高于一般能力或一般素养的最重要的必备品格和关键能力。学生发展核心素养主要通过各个学科的教育教学来实现，是各个学科教育教学共同发生作用的综合呈现。核心素养具有六大基本特点：核心素养是最关键、最必要的共同素养；核心素养是知识、技能和态度等的综合表现；核心素养可以通过教育形成并获得发展；核心素养具有发展的连续性和阶段性；核心素养兼具个人价值和社会价值；核心素养的作用发挥具有整合性。因此，核心素养不仅是一个多元维度的复杂结构，是知识、能力和态度的统一，而且是 21 世纪人才培养标准，是新的人才培养质量观。[1] 学科核心素

---

① 徐蓝. 谈谈研制高中历史课程标准的一些体会［J］. 历史教学（上半月刊），2016（12）：14–15.

养是核心素养在特定学科的具体化和专业化，是学生学习一门学科之后形成的、具有学科特点的正确价值观、必备品格与关键能力，是学科育人价值的集中体现。故而历史学科核心素养是学生在学习历史过程中逐步形成的具有历史学科特征的正确价值观、必备品格与关键能力，是历史知识、能力、方法、情感态度与价值观等方面的综合表现。

四、历史学科核心素养

历史学科核心素养是在基于历史学科本质和历史教育本质的要求、基础教育学段历史课程目标不断探索的实践基础上，在借鉴国际优秀成果和有益做法上确定的。

历史学是一门在一定历史观指导下叙述和阐释历史进程及其规律的学科，是人类精神文明的重要成果，是一切人文社会科学的基础。历史课程是推行国家主流意识形态、培育民族和国家认同、凝聚历史价值观、完善人格品质、提升人生境界的重要手段，具有培养人文素养、重塑社会道德、涵养家国情怀的重要作用。学生通过高中历史课程的学习，能够进一步拓宽历史视野、发展历史思维，认清历史发展规律和发展大势，树立正确的世界观、人生观、价值观和历史观。

历史学科核心素养包括唯物史观、时空观念、史料实证、历史解释、家国情怀五个方面。唯物史观是诸素养得以达成的理论保证；时空观念是诸素养中学科本质的体现；史料实证是诸素养得以达成的必要途径；历史解释是诸素养中对历史思维与表达能力的要求；家国情怀是诸素养中价值追求的目标。通过诸素养的培育，达到立德树人的要求。

（一）唯物史观的概念界定、内涵阐释与培养目标

唯物史观是揭示人类社会历史客观基础及发展规律的科学的历史观和方法论。

人类对历史的认识是由表及里、逐渐深化的，要透过历史的纷杂表象认识历史的本质，科学的历史观和方法论是非常重要的。唯物史观使历史学成为一门科学，只有运用唯物史观的立场、观点和方法，才能对历史有全面、客观的认识。

通过历史课程的学习，学生能够了解唯物史观的基本观点和方法，理解唯物史观是科学的历史观；能够正确认识人类历史发展的总趋势；能够将唯物史观运用于历史的学习与探究中，并将唯物史观作为认识和解决现实问题的指导思想。

唯物史观在高中历史课程中既是理论、立场，又是目标、内容。它不仅是教材编写的指南，也是教师教学实践的指南；不仅是学生的学习目标，还是学生学习的内容。作为指导思想的唯物史观，贯穿教师教学实践与学生学

习的全过程，范围广阔；作为教学内容和教学目标的唯物史观，有着具体的教学规定性。[1]

（二）时空观念的概念界定、内涵阐释与培养目标

时空观念是在特定的时间联系和空间联系中对事物进行观察、分析的意识和思维方式。

任何历史事物都是在特定的、具体的时间和空间条件下发生的，只有在特定的时空框架当中，才可能对史事有准确的理解。

通过历史课程的学习，学生能够知道特定的史事是与特定的时间和空间相联系的；知道划分历史时间与空间的多种方式，并能够运用这些方式叙述过去；能够按照时间顺序和空间要素，建构历史事件、历史人物、历史现象之间的相互关联；能够在不同的时空框架下对史事作出合理解释；在认识现实社会时，能够将认识的对象置于具体的时空条件下进行考察。

（三）史料实证的概念界定、内涵阐释与培养目标

史料实证是指对获取的史料进行辨析，并运用可信的史料努力重现历史真实的态度与方法。

历史过程是不可逆的，认识历史只能通过现存的史料。要形成对历史的正确、客观的认识，必须重视史料的搜集、整理和辨析，去伪存真。

通过历史课程的学习，学生能够知道史料是通向历史认识的桥梁，了解史料的多种类型，掌握搜集史料的途径与方法；能够通过对史料的辨析和对史料作者意图的认知，判断史料的真伪和价值，并在此过程中增强实证意识；能够从史料中提取有效信息，作为历史叙述的可靠证据，并据此提出自己的历史认识；能够以实证精神对待历史与现实问题。

（四）历史解释的概念界定、内涵阐释与培养目标

历史解释是指以史料为依据，对历史事物进行理性分析和客观评判的态度、能力与方法。

所有历史叙述在本质上都是对历史的解释，区别只是在于解释的正误、深浅。人们通过多种不同的方式描述和解释过去，通过对史料的搜集、整理和辨析、辩证、客观地理解历史事物，不仅要将其描述出来，还要揭示其表象背后的深层因果关系。通过对历史的解释，不断接近历史真实。

通过历史课程的学习，学生能够区分历史叙述中的史实与解释，知道对同一历史事物会有不同解释，并能对各种历史解释加以辨析和价值判断；能够客观论述历史事件、历史人物和历史现象，有理有据地表达自己的看法；

---

[1]　李付堂、夏辉辉. 普通高中历史课程标准视野下唯物史观的教学分析［J］. 天津师范大学学报（基础教育版），2021（2）：11–15.

能够认识历史解释的重要性，学会从历史表象中发现问题，对历史事物之间的因果关系作出解释；能够客观评判现实社会生活中的问题。

（五）家国情怀的概念界定、内涵阐释与培养目标

家国情怀是学习和探究历史应具有的人文追求，体现了对国家富强、人民幸福的情感，以及对国家的高度认同感、归属感、责任感和使命感。

学习和探究历史应具有价值关怀，要充满人文情怀并关注现实问题，以服务于国家强盛、民族自强和人类社会的进步为使命。

通过历史课程的学习，学生能够在树立正确历史观基础上，从历史的角度认识中国的国情，形成对祖国的认同感和正确的国家观；能够认识中华民族多元一体的历史发展趋势，形成对中华民族的认同感和正确的民族观，具有民族自信心和自豪感；了解并认同中华优秀传统文化、革命文化、社会主义先进文化，了解中国各个历史时期的英雄人物，传承民族气节、崇尚英雄气概，认识中华文明的历史价值和现实意义；了解世界历史发展的多样性，理解和尊重世界各国、各民族的文化传统，具有广阔的国际视野，树立正确的文化观；认同社会主义核心价值观，认同走中国特色社会主义道路是历史的必然，树立中国特色社会主义道路自信、理论自信、制度自信和文化自信；能够确立积极进取的人生态度，塑造健全的人格，树立正确的世界观、人生观和价值观。

唯物史观是学习和探究历史的核心理论和指导思想；时空观念是了解和理解历史的基础，是认识历史所必备的重要观念；史料实证是学习历史和认识历史所特有的思维品质，是理解和解释历史的关键能力与方法；历史解释是在形成历史理解和认识的基础上叙述历史的能力，是检验学生的历史观和历史知识、能力、方法等方面发展水平的主要指标；家国情怀是学习历史和认识历史在思想、观念、情感、态度等方面的重要体现，是实现历史课程育人功能的重要标志。

（六）历史学科核心素养与其他学科的关联

历史学科核心素养与其他学科的关联如表 1–1 所示。

表 1–1　历史学科核心素养与其他学科的关联

历史学科素养	跨学科表现
唯物史观	可关联思想政治学科
时空观念	可关联地理学科
史料实证	可关联语文、地理、思想政治、数学、信息技术等学科
历史解释	可关联语文、地理、思想政治、数学等学科
家国情怀	可关联思想政治、语文、地理等学科

第三节　新版课程标准的新要求

新版课程标准研制了学业质量标准，明确了学生完成本学科学习任务后，学科核心素养应该达到的水平，各水平的关键表现构成评价学业质量的标准。这有助于引导教学更加关注育人目的，更加注重培养学生核心素养，更加强调提高学生综合运用知识解决实际问题的能力，帮助教师和学生把握教与学的深度和广度，为阶段性评价、学业水平合格性考试和等级性考试命题提供重要依据，促进教、学、评（考）有机衔接，形成育人合力。

学业质量是学生在完成本学科课程学习后的学业成就表现。学业质量标准是以本学科核心素养及其表现水平为主要维度，结合课程内容，对学生学业成就表现的总体刻画。依据不同水平学业成就表现的关键特征，学业质量标准将学业质量划分为不同水平，并描述了不同水平学习结果的具体表现。

一、什么是学业质量标准

学业质量标准是依据国家教育方针和课程培养目标，以教育质量观为基础所规定和设计的学生课程学习活动所应该达到的发展状态和发展水平，是学生在不同的课程领域学习活动中所表现出来的身心发展程度和状态，是学生通过课程学习过程在认知、技能、情感等方面所表现出来的变化程度和发展状态。也就是说，学业质量指向的是学生通过课程或学科的学习所发生的行为变化。这种变化涉及量和质两个方面。量的变化，即学生在学科学习中学习了多少；质的变化，即学生在学科学习中学得好不好。

学业质量标准是根据学科核心素养的要求制定的。它是教育质量的重要组成部分，反映了教育的发展功能和水平。

二、学业质量标准划分原则

首先，每个学科核心素养划分为 4 级水平，水平 1 为最低等级，水平 2 为高中毕业生在本学科应该达到的合格要求，水平 4 为最高等级，是学业水平等级性考试的命题依据。4 级水平在划分时进行了纵向与横向的通盘考虑。从纵向看，每个学科核心素养的水平 1 至水平 4 都具有连续性和递进性。高一级水平的表现涵盖前一级水平的表现。从横向看，五个学科核心素养的每一个层次处于同样的水平上；在五个学科核心素养的同一水平之间建立逻辑关系，形成学业质量标准的水平等级。

其次，根据历史课程的人文性质，对学科核心素养的水平划分具有一定弹性，低学段的学生也有可能达到高水平。水平的划分是最低要求，各水平之间并不设置障碍，一个学生达到高中毕业水平时，可以是水平2，也可能达到水平3或水平4。教师应鼓励优秀学生达到更高水平。参照新版课程标准中的历史学科核心素养水平划分（表1-2），我们可以清晰了解各个学科核心素养的水平要求。

表1-2 历史学科核心素养水平划分

学科核心素养	水平等级	学科表现
唯物史观	水平1	能够了解和掌握唯物史观的基本观点和方法，理解唯物史观是科学的历史观
	水平2	
	水平3	能够将唯物史观运用于历史学习、探究中，并将其作为认识和解决现实问题的指导思想
	水平4	
时空观念	水平1	能够辨识历史叙述中不同的时间与空间表达方式；能够理解它们的意义；在叙述个别史事时能够运用恰当的时间和空间表达方式
	水平2	能够将某一史事定位在特定的时间和空间框架下；能够利用历史年表、历史地图等方式对相关史事加以描述；能够认识事物发生的来龙去脉，理解空间和环境因素对认识历史与现实的重要性
	水平3	能够把握相关史事的时间、空间联系，并用特定的时间和空间术语对较长时段的史事加以概括和说明
	水平4	在对历史和现实问题进行独立探究的过程中，能将其置于具体的时空框架下；能够选择恰当的时空尺度对其进行分析、综合、比较，在此基础上作出合理的论述
史料实证	水平1	能够区分史料的不同类型；在解答某一历史问题时，能够尝试从多种渠道获取与该问题相关的史料；能够从所获得的材料中提取有关的信息
	水平2	能够认识不同类型的史料所具有的不同价值；明了史料在历史叙述中的基础作用；在对史事与现实问题进行论述的过程中，能够尝试运用史料作为证据论证自己的观点
	水平3	在探究特定历史问题时，能够对史料进行整理和辨析；能够利用不同类型史料，对所探究的问题进行互证，形成对该问题更全面、丰富的解释
	水平4	能够比较、分析不同来源、不同观点的史料；能够在辨别史料作者意图的基础上利用史料；在对历史和现实问题进行独立探究的过程中，能够恰当地运用史料对所探究问题进行论述

续表

学科核心素养	水平等级	学科表现
历史解释	水平 1	能够辨别教科书和教学中的历史解释；能够发现这些历史解释与以往所知历史解释的异同；能够对所学内容中的历史结论加以分析
	水平 2	能够选择、组织和运用相关材料并运用相关历史术语，对个别或系列史事提出自己的解释；能够在历史叙述中将史实描述与历史解释结合起来；能够尝试从历史的角度解释现实问题
	水平 3	能够分辨不同的历史解释；尝试从来源、性质和目的等多方面，说明导致这些不同解释的原因并加以评析
	水平 4	在独立探究历史问题时，能够在尽可能占有史料的基础上，尝试验证以往的说法或提出新的解释
家国情怀	水平 1	能够具有对家乡、民族、国家的认同感，理解并认同社会主义核心价值观和中华优秀传统文化，具有对祖国和人民的深情大爱；能够理解和尊重世界各国优秀文化传统
	水平 2	
	水平 3	能够把握中华民族多元一体的发展趋势，以及世界历史发展的进步历程，形成正确的世界观、人生观、价值观和历史观；能够表现出对历史的反思，从历史中汲取经验教训，更全面、客观地认识历史和现实社会问题；能够将历史学习所得与家乡、民族和国家的发展繁荣结合起来，立志为新时代中国特色社会主义建设、中华民族伟大复兴作出自己的贡献
	水平 4	

三、学业质量标准具体化为学业要求

学业质量标准如何具体化为学业要求呢？教师教完一个教学模块后应提出与模块内容相对应的"学业要求"。例如，学完必修课程，学生能够了解中国和世界上重要的历史事件、历史人物、历史现象等发生或存在的时间和地点、原因和结果（唯物史观、时空观念、历史解释）；能够知道考古发现、从古代到现代的各种文献是了解历史发展的重要证据，并能够开始使用资料作为证据来检验自己对历史问题的解答（唯物史观、史料实证、历史解释）；能够初步对中国历史和世界历史的发展建立多方面联系，以此解释历史，并能够对同类的历史事物进行比较、概括和综合（唯物史观、时空观念、历史解释）；能够掌握随着生产方式的变革所引起的世界历史从古至今、从分散到整体、从低级到高级的发展总趋势（唯物史观）；能够初步具

备用历史眼光分析现实问题的能力（历史解释）；感悟人类文明的多元性、共容性和不平衡性，具有民族自信心；能够以开放的心态，认识到世界各地区、各民族共同推动了人类文明的进步，初步具有世界意识（唯物史观、时空观念、家国情怀）。

第四节　新版课程标准的新表述

一、新版课程标准的重要变化

修订后的高中历史课程标准有以下重要变化。第一，在文本结构上，新增了对历史学科核心素养和学业质量的阐述。修订组以马克思主义为指导，凝练出唯物史观、时空观念、史料实证、历史解释、家国情怀五个方面的历史学科核心素养，并对核心素养进行了纵向的水平划分与横向的整合，形成了学业质量标准。第二，基于新的高中课程方案与核心素养的培养要求，调整课程类型和结构，将实验版课程标准的必修和选修两类课程，调整为必修、选择性必修和选修三类课程。第三，围绕历史学科核心素养的培养，课程内容和呈现方式发生了变化。必修课程设《中外历史纲要》模块，以通史的叙事框架，展示中国历史和世界历史发展的基本过程，共24个专题，突出时序性和对历史的整体认识，以小专题的呈现方式，引导学生通过对相关历史发展规律的认识，进一步了解和认识人类历史演变的基本脉络，以及丰富多样的历史文化遗产。注意选择性必修课程与必修课程的衔接，设《国家制度与社会治理》《经济与社会生活》《文化交流与传播》三个模块。各模块由若干学习专题构成，在各专题下的具体内容依照时序进行表述，呈现中外历史多方面的重要内容，引领学生从政治、经济与社会生活、文化等不同视角深入认识历史。选修课程对学生提出更高的专业要求，课程标准提供《史学入门》《史料研读》两个模块作为选修课程的参考，学校可选用、改编或新编。这两个模块由若干学习专题构成，学生通过了解史学的基本理论、知识与技能，以及通过实际的探究活动，增强深入学习历史的能力与素养。这三类课程具有关联性、层次性和渐进性，并与学业水平合格性考试和等级性考试有机衔接。第四，增加了教学示例、评价案例和命题建议。考虑到这次课程改革力度较大，为了好用管用，用有所益，每个模块的"内容要求"后面都设计了教学提示和教学活动示例；在"教学与评价建议"中提供了相应的案例；在"学业水平考试与命题建议"中提供了两个典型试题及说明；在附录2中提供了一个详细的教学与评价案例。第五，提出了实施建议，包括教学与评价建议、学业水平考试与命题建议、教材编写建议、地方和学校实施本课程的建议。

（一）高中历史课程内容设计

准确定位普通高中历史课程，全新打造课程内容。依据普通高中阶段历史课程的基础性、多样性、选择性特征，整体规划高中历史课程。

高中历史课程在内容编排上，既注意到与初中义务教育历史课程的衔接，同时，又注意到两者的区别，显现出高中历史课程与义务教育历史课程的不同，使学生在义务教育的基础上进一步掌握历史知识和技能，拓宽历史视野，强化历史思维，确立正确的历史观念。《义务教育历史课程标准（2011 年版）》中的教学内容按照时间顺序，以点线结合的方式组织和呈现，因此这次高中课程改革在内容上采用专题方式，并将课程分为不同层次。

（二）高中历史课程结构设计

高中历史课程结构设计如图 1–1 所示。

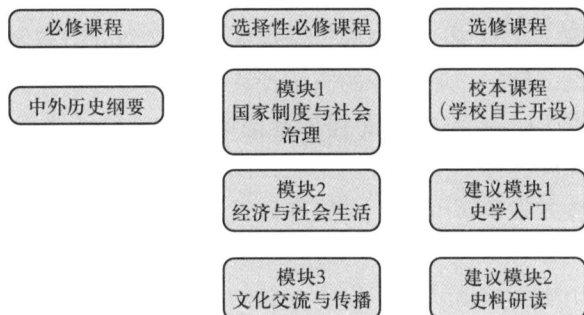

图 1–1　高中历史课程结构设计

（三）高中历史三类课程的关联

高中历史三类课程的关联如图 1–2 所示。

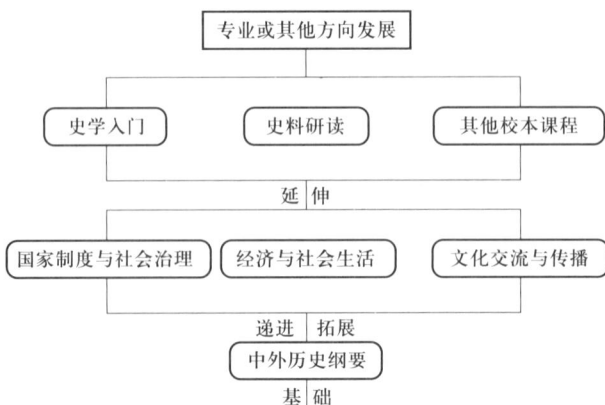

图 1–2　历史课程之间关联性、层次性和渐进性示意图

新版课程标准规定，历史必修课程是共同基础课，学生通过学习，掌握中国史和世界史的重要史事和发展脉络，基本形成对历史的整体认识。历史选择性必修课程是必修课程的递进与拓展，从三个主要领域呈现更为丰富多彩的历史内容，提高学生的学习兴趣，引领学生从多个角度认识历史的发展与变迁；历史选修课程是在必修课程和选择性必修课程基础上的进一步延伸，通过专业理论和专业技能的学习，强化学生的史学专业基础。通过这三类历史课程的学习，学生的历史学科核心素养不断得到提高。

（四）高中历史课程设置与考试的衔接

1. 必修课程

历史必修课程是全体高中学生必须修习的课程，是普通高中学生发展的共同基础课程。是学业水平考试的重要内容。教学时间为 1 学年。学生经必修课程学习，达到学业质量水平 2，即为合格，可获得 4 学分，可以毕业。

2. 选择性必修课程

历史选择性必修课程是学生根据个人兴趣、升学需求而选择修习的课程。每个模块 2 学分，教学时间为 1 学期。经考核合格，达到学业质量水平 3 或水平 4，可获得相应学分。选择性必修课程是学业水平等级性考试内容，计入高考成绩。

3. 选修课程

历史选修课程是学生根据专业发展（历史相关专业）或对历史有浓厚兴趣而选择修习的课程。每个模块 2 学分，教学时间为 1 学期。经考核合格，达到学业质量水平 3 或水平 4，可获得相应学分。考试成绩用于综合素质评价，供高校招生参考。

（五）高中历史课程的具体课程内容

1. 必修课程

依据《普通高中课程方案（2017 年版 2020 年修订）》规定，高中历史必修课程共 4 学分，为高中毕业要求。安排在高一学习，经考核达到学业质量水平 2，可以毕业。

历史必修课程设《中外历史纲要》模块（2 学期）。考虑到初中已经学过通史，因此设计了 24 个专题，注意与初中内容的衔接。例如，专题 15"古代文明的产生与发展"要求：知道早期人类文明的产生；了解各文明古国发展的不同特点，并分析、认识这些特点形成的不同时空条件；认识古代各大帝国的区域性影响和不同文明之间的早期联系。

2. 选择性必修课程

历史选择性必修课程是学生根据个人兴趣、升学要求而选择修习的课程，是必修课程的深化，每个模块 2 学分。因与高考有关，建议安排在高中二年级。

历史选择性必修课程设《国家制度与社会治理》《经济与社会生活》

《文化交流与传播》三个模块，适当考虑与实验版课程标准的衔接，但侧重点有所不同。例如，模块1《国家制度与社会治理》专题2"官员的选拔与管理"要求：了解中国古代官员选拔方式的更迭过程和不同阶段的特征，知道中央集权体制下古代中国的官员考核和监察制度；了解中国科举制与西方近代文官制度渊源关系，知道西方近代文官制度的特点，以及对近现代中国公务员制度的影响。

3. 选修课程

历史选修课程是校本课程，是学生根据专业发展自主选择修习的课程，可以强化学生的史学专业基础。建议安排在高中二年级或三年级，每个模块2学分。

历史选修课程设《史学入门》和《史料研读》两个模块，每个模块都由7个专题组成。例如，《史料研读》专题2"文献史料研读"要求：依据主要的文献史料类别，选择有代表性的史料进行研读；认识文献史料的价值，知道文献史料是史料中最重要的部分；了解搜集和运用文献史料研究历史的方法。所涉及的主要文献史料包括：史书；档案与文书；文集、笔记、书信与日记；地方史志；报刊；碑铭与简牍；族谱、契约、账簿等。

二、高中历史课程内容的变化

新版课程标准课程内容进一步精选了学科内容，重视以学科大概念为核心，使课程内容结构化，以主题为引领，使课程内容情境化，促进学科核心素养的落实。结合学生年龄特点和学科特征，课程内容落实习近平新时代中国特色社会主义思想，有机融入社会主义核心价值观、中华优秀传统文化、革命文化和社会主义先进文化教育内容，努力呈现经济、政治、文化、科技、社会、生态等发展的新成就、新成果，充实丰富培养学生社会责任感、创新精神和实践能力相关内容。

（一）新旧课程标准课程内容对比

新版课程标准和实验版课程标准对课程内容有不同的要求，通过课程内容结构和必修课程主要内容的对比，可明显看出课程内容的变化（表1-3、表1-4）。

（二）史学研究新成果的展现

中国古代史关于中国历史发展道路的探讨较为明显，主要集中于以下几个问题：早期文明的产生过程和早期国家的发展路径；王权或王制时代的出现及其国家形态和社会结构的变迁；王权或者王制时代向皇权或者帝制时代的转变；近代化的起点和特质；自然环境和人口对中国历史发展道路的影响；中国历史发展走向中的观念形态。

表 1-3 新旧课程标准课程内容对比

课程标准版本	必修课程	选修课程
《普通高中历史课程标准（2017年版2020年修订）》	《中外历史纲要》（上、下）	选择性必修课： 《国家制度与社会治理》 《经济与社会文化》 《文化交流与传播》 选修课： 《史学入门》 《史料研读》
《普通高中历史课程标准（实验）》	历史（Ⅰ）：政治史 历史（Ⅱ）：经济与社会生活史 历史（Ⅲ）：思想文化与科学技术史	《历史上重大改革回眸》 《近代社会的民主思想与实践》 《20世纪的战争与和平》 《中外历史人物评说》 《探索世界的奥秘》 《世界文化遗产荟萃》

表 1-4 新旧课程标准必修课程内容对比

《普通高中历史课程标准（2017年版2020年修订）》	《普通高中历史课程标准（实验）》
中外历史纲要 （1）早期中华文明 （2）春秋战国时期的政治、社会及思想变动 （3）秦汉大一统国家的建立与巩固 （4）三国两晋南北朝的民族交融与隋唐大一统的发展 （5）辽宋夏金多民族政权并立与元朝的统一 （6）明至清中叶中国版图的奠定、封建专制的发展与社会变动 （7）晚清时期的内忧外患与救亡图存 （8）辛亥革命与中华民国的建立 （9）中国共产党成立与新民主主义革命兴起 （10）中华民族的抗日战争 （11）人民解放战争	历史（Ⅰ） （1）古代中国的政治制度 （2）列强侵略与中国人民的反抗斗争 （3）近代中国的民主革命 （4）现代中国的政治建设与祖国统一 （5）现代中国的对外关系 （6）古代希腊罗马的政治制度 （7）欧美资产阶级代议制的确立与发展 （8）从科学社会主义理论到社会主义制度的建立 （9）当今世界政治格局的多极化趋势 历史（Ⅱ） （1）古代中国经济的基本结构与特点 （2）近代中国经济结构的变动与资本主义的曲折发展 （3）中国特色社会主义建设的道路

《普通高中历史课程标准 （2017 年版 2020 年修订）》	《普通高中历史课程标准（实验）》
（12）中华人民共和国的成立及向社会主义过渡	（4）中国近现代社会生活的变迁
（13）社会主义建设道路的探索	（5）新航路的开辟、殖民扩张与资本主义世界市场的形成和发展
（14）改革开放新时期与中国特色社会主义进入新时代	（6）罗斯福新政与资本主义运行机制的调节
（15）古代文明的产生与发展	（7）苏联社会主义建设的经验与教训
（16）中古世界的多元面貌	（8）当今世界经济的全球化趋势
（17）全球联系的建立	历史（Ⅲ）
（18）西方人文主义的发展与资本主义制度的确立	（1）中国传统文化主流思想的演变
（19）改革世界面貌的工业革命	（2）古代中国的科学技术与文化
（20）马克思主义的诞生	（3）近代中国的思想解放潮流
（21）世界殖民体系的形成与亚非拉民族独立运动	（4）20 世纪以来中国重大思想理论成果
（22）世界大战、十月革命与国际秩序的演变	（5）现代中国的科学技术与文化
（23）冷战与20世纪下半期世界的新变化	（6）西方人文精神的起源及其发展
（24）当代世界的发展特点和主要趋势	（7）近代以来世界科学技术的历史足迹
	（8）19 世纪以来的世界文学艺术

就近代史的研究范式问题，先有"革命"范式与"现代化"范式之争，现在，着眼于"民族复兴"的范式开始兴起。

就世界史而言，全球史已经成为学术界共同承认的撰写、研究世界史的范式。

这些史学界的成果在新版课程标准的撰写中得到了较大程度的体现。

（三）高中历史课程内容的新观点

1. 新版课程标准在设计国内民族交流融合这一问题时采用"民族交融"这一概念。如"三国两晋南北朝的民族交融与隋唐大一统的发展"部分，要求认识民族交融的新成就，民族交融强调民族之间的互相融合与互相影响。

2. "明至清中叶中国版图的奠定、封建专制的发展与社会变动"明确提出"知道南海诸岛、台湾及其包括钓鱼岛在内的附属岛屿是中国版图一部分"。

3. "改革开放新时期与中国特色社会主义进入新时代"这一部分，要求

"认识中国特色社会主义进入新时代的重要意义，认清我国新的历史方位，认识习近平新时代中国特色社会主义思想是全党全国人民为实现中华民族伟大复兴而奋斗的行动指南；形成对中国特色社会主义道路、理论体系、制度、文化的形成过程及意义的系统认识"。

4. 关于中华民族的抗日战争要求"认识中国共产党是全民族团结抗战的中流砥柱；认识中国战场是世界反法西斯战争的东方主战场，理解十四年抗战胜利在中华民族伟大复兴中的历史意义"，明确了十四年抗战的说法。

5. "当代世界的发展特点与主要趋势"这一部分中提出"牢固树立构建人类命运共同体意识"。

新版课程标准与实验版课程标准相比，涉及多方面的变化，修订内容在教材编写中有着具体呈现，主要表现为展示中国特色社会主义制度的特点和优越性，增强"四个自信"之制度自信，充分认识中国特色社会主义制度和国家治理体系的强大生命力和巨大优越性，确保实现"两个一百年"奋斗目标和实现中华民族的伟大复兴；加强教材对中国历代变法和改革的系统介绍，对深化学生认识人类历史发展规律，增强改革创新意识，坚定改革必胜的信心和决心具有重要影响；弘扬劳动精神和劳模精神，突出强调劳动在社会生产中的作用，形成人民群众创造历史的正确认识，为学生长大后辛勤劳动、诚实劳动、创造性劳动打下坚实基础；崇尚英雄、学习英雄、铭记英雄，系统介绍中华民族各历史时期的英雄人物，大力弘扬爱国主义精神和民族气节，激励学生用实际行动为实现中华民族伟大复兴贡献力量。[①]

综上所述，新版课程标准要求高中历史课程的设计要符合普通高中课程方案的规定，并考虑到与初中、大学相关专业的衔接，依据学生发展的多元需求、学分结构、课程内容选择原则等，既要为全体学生的终身发展打好共同基础，又要有助于学生的个性发展和专业发展；将历史课程结构的构建与学生历史学科核心素养的发展紧密结合起来，使课程类型及其布局有利于学生历史学科核心养的不断提升，使高中历史课程的育人价值得以更加充分的体现；注意吸收历史研究的新成果，使课程内容体现出历史学科的发展，在此基础上，精选基本的、重要的、典型的史事，并为学生提供认识历史的多个角度，注重引导学生对历史的探究；在充分吸取近年来历史课程改革成功经验的基础上，注意解决新问题，使课程结构的设计更有利于改革的不断深化，顺应国际历史教育改革与发展的趋势，体现鲜明的中国特色。这些要求是新版课程标准设计必修课程、选择性必修课程和选修课程的重要依据。

① 李卿.《普通高中历史课程标准（2017年版2020年修订）》新变化［J］.历史教学（上半月刊），2020（7）：12−18.

● 思考与讨论

    * 如何全面而深刻地理解课程标准修订的现实背景？

    * 如何正确理解普通高中历史课程的性质、价值及基本理念？

    * 五大历史学科核心素养的概念界定、内涵阐释与培养目标是什么？

    * 普通高中历史学业质量标准各水平之间的联系与区别是什么？学业质量标准如何落实？

    * 新版课程标准的新变化有哪些，如何理解这些新变化？

第二章　　　聚焦核心素养的教学目标设计

● 内容提要

  ＊ 学科核心素养是适应个人终身发展和社会发展所需要的正确价值观、必备品格和关键能力。高中历史学科核心素养的落实需要整合三维目标，结合自主、合作、探究等学习方式，充分发挥教师主导、学生主体地位。

  ＊ 培养学生历史学科核心素养是历史课程的基本理念之一，包含深厚的历史教育价值取向。学科核心素养各要素之间相互联系，与其他学科之间亦有联系。

  ＊ 中学生处于个体身心快速发展时期，其认知发展层层递进。在个人的知识结构中，事实性知识是基础，策略性知识是关键，程序性知识是能力生成的表现。

  ＊ 教学目标的设立需要紧扣课程标准、教材内容、学生实际、环境条件，遵循一定原则，基于学科核心素养创设合理的教学情境，促进学生的自主、合作和探究学习，对学生进行多元评价，努力实现教、学、评一体化。

第一节 学科核心素养的基本构成及实例

历史学科核心素养既是学科课程目标，又是学科课程实践操作的基本内容和评价依据，引领着历史课程改革的方向，指导着历史课堂教学改革实践。

一、历史学科核心素养的结构模型

历史学科核心素养是学生在学习历史过程中所养成的相对稳定的、不可或缺的、具有历史学科特征的最关键、最必要的"正确价值观、必备品格和关键能力"。[1]它是学生的历史知识、学科能力和以爱国主义为核心的情感、态度、价值观等多方面的整合，是每一位中学生在未来生活的基本技能，是适应个人终身发展和社会发展不可或缺的共同素养。新版课程标准把历史学科核心素养分为唯物史观、时空观念、史料实证、历史解释、家国情怀等五个方面（表2-1）。

表 2-1 历史学科五大核心素养类别及类型

类别	内涵
唯物史观	揭示人类社会历史客观基础及发展规律的、科学的历史观和方法论。 人类对历史的认识是由表及里、逐渐深化的，要透过历史的纷杂表象认识历史的本质，科学的历史观和方法论是非常重要的。唯物史观使历史学成为一门科学，只有运用唯物史观的立场、观点和方法，才能对历史有全面、客观的认识
时空观念	时空观念是在特定的时间联系和空间联系中对事物进行观察、分析的意识和思维方式。 任何历史事物都是在特定的、具体的时间和空间条件下发生的，只有在特定的时空框架当中，才可能对史事有准确的理解
史料实证	史料实证是指对获取的史料进行辨析，并运用可信的史料努力重现历史真实的态度与方法。 历史过程是不可逆的，认识历史只能通过现存的史料。要形成对历史的正确、客观的认识，必须重视史料的搜集、整理和辨析，去伪存真

[1] 朱汉国.历史学科核心素养释义〔J〕.历史教学（上半月刊），2018（3）：3-9.

续表

类别	内涵
历史解释	历史解释是指以史料为依据，对历史事物进行理性分析和客观评判的态度、能力与方法。 所有历史叙述在本质上都是对历史的解释，即便是对基本事实的陈述也包含了陈述者的主观认识。人们通过多种不同的方式描述和解释过去，通过对史料的搜集、整理和辨析，辩证、客观地理解历史事物，不仅要将其描述出来，还要揭示其表象背后的深层因果关系。通过对历史的解释，不断接近历史真实
家国情怀	家国情怀是学习和探究历史应具有的人文追求，体现了对国家富强、人民幸福的情感，以及对国家的高度认同感、归属感、责任感和使命感。 学习和探究历史应具有价值关怀，要充满人文情怀并关注现实问题，以服务于国家强盛、民族自强和人类社会的进步为使命

由于历史学科的特殊性，历史学科核心素养与其他学科核心素养具有一定的关联：唯物史观与思想政治学科有紧密的联系；时空观念与地理学科联系紧密；史料实证关联着语文、地理、思想政治、数学、信息技术等学科；历史解释关联着语文、地理、思想政治、数学等学科；家国情怀关联着思想政治、语文、地理等学科。认清历史学科核心素养与其他学科素养的联系，才能更好地发挥各学科培养和发展学生核心素养的整体功能。

二、依据学科核心素养要求设计教学目标的教学实例

以历史学科核心素养为导向设计教学目标，是历史课堂教学落实学科核心素养的前提。如果教师没有对历史课程目标进行认真研读，缺少对历史学习内容的深刻理解，就不可能制订出具有导向性、可操作性和可检测性的教学目标。所以，在进行历史学科教学目标设计时，必须充分理解历史学科核心素养的内涵，仔细研读历史课程标准要求，认真分析和准确把握《中外历史纲要》的结构体系和基本内容。下面以"辛亥革命与中华民国的建立"专题为例说明教学目标的设计过程。

首先，研究课程标准的内容要求，选择最有价值的教学内容。新版课程标准对本部分的要求为"了解孙中山三民主义的基本内容，理解辛亥革命与中华民国建立对中国结束帝制、建立民国的意义及局限性；了解北洋军阀的统治及特点；概述新文化运动的主要内容，探讨其对近代中国思想解放的影

响"①。本专题的关键内容：一是辛亥革命，包括革命的指导思想、概况、意义及局限等；二是北洋军阀统治的概况及特点；三是新文化运动，包括兴起原因、内容及作用。在此基础上，根据学情分析，确立"辛亥革命""新文化运动"为本专题教学重点，抓住关键问题，设计探究活动。

其次，研究课程标准的行为动词表述要求，明确教学目标指向。根据新版课程标准对本专题的要求，其句式表达为"了解……理解……""了解……""概述……探讨……"。要求教师在进行教学目标设计时，整体把握教学目标的内容要求和学习程度描述，提炼教学目标的核心价值，帮助学生进行意义建构、情感体验、价值内化。

最后，依据学情和教学内容，从学科核心素养角度进行细化，制订科学合理的教学目标。由此确立本专题的教学目标如表 2-2 所示。

表 2-2　"辛亥革命与中华民国的建立"专题教学目标

核心素养要点	教学目标
唯物史观	运用生产力与生产关系、经济基础与上层建筑关系的理论，客观辩证地认识辛亥革命发生的原因及产生的影响；运用社会存在决定社会意识，社会意识对社会存在具有反作用的理论，客观辩证地认识新文化运动兴起的历史背景及历史作用
时空观念	通过"三民主义""辛亥革命与中华民国建立""北洋军阀统治""新文化运动"的学习，编制辛亥革命与中华民国成立初期的大事年表，认识辛亥革命、新文化运动发生发展所处的特定时空环境，抓住其特定的时空背景和阶段特征
史料实证	通过收集有关"三民主义""辛亥革命与中华民国成立""新文化运动"的历史图片和文字材料，设置探究性问题，提高学生依据史料探究分析历史问题的能力
历史解释	引导学生运用本专题教材中的文献资料所提供的有效信息，分析中国20世纪初在政治、经济、思想文化等方面发生的巨大变化及对人们思想观念、社会生活等方面产生的影响，培养有效解读材料、自主分析归纳知识的能力
家国情怀	通过讲述孙中山提出三民主义、领导辛亥革命的历史功绩，让学生体会近代仁人志士敢于牺牲自我、促进社会进步的爱国精神，树立中国社会不断前进是历史发展潮流的历史观；通过对新文化运动所倡导的民主与科学的内涵和意义的学习与探究，使学生形成正确的世界观、人生观和价值观

---

① 中华人民共和国教育部.普通高中历史课程标准：2017 年版 2020 年修订［M］.北京：人民教育出版社，2020：14.

需要说明的是，基于学科核心素养的教学目标不能仅仅在学科知识的容量和难度上做文章，更应关注通过学习让学生形成哪些学科核心素养以及怎样培养这些学科核心素养，这也才是将课程三维目标整合为学科核心素养的真正意义所在。

第二节 学科核心素养的分解方法及实例

设计聚焦核心素养的教学目标需要理解学科核心素养。对学科核心素养进行分解有助于教师设计教学目标，指导教师教学全过程，落实核心素养培育。

一、历史学科核心素养的分解方法

以下将从目标结构多维分解法、构成要素降维分解法、构成要素元分解法三个角度阐释不同层次的分解方法。

（一）目标结构多维分解法

构成历史学科核心素养的诸要素，分别从课程的目标结构、内容结构、评价结构等方面，明晰了课程教学的目标导向性、过程操作性、课堂价值性和评价可行性。将历史学科核心素养作为课程目标，是对知识与技能、过程与方法、情感态度与价值观三维目标的整合和发展。三维目标虽然有课程实施的目标指向，但由于它的实质内容不够明确，缺乏可操作性，在教学实践中较难落实。而历史学科核心素养目标的确立，突出了对学生的基础性、过程性、发展性要求。它不仅涵盖了学科课程学习的知识性目标、能力性目标、方法性目标、价值性目标，而且将历史核心知识、关键能力和必备品格有机融入历史学科核心素养的诸要素之中，使目标既具体又有其实质内容，便于课程实施和评价。

从学科教学角度来看，学科核心素养的落地需要整合知识与能力、过程与方法、情感态度与价值观三维目标，以及自主、探究、合作等学习方式，充分发挥学生的主体作用和教师的主导作用，变学科教学为学科教育，变以讲为主的课堂为以学为主的课堂，变以教为中心为以学为中心，变知识传授为核心素养培育。只有这样才能避免历史学科核心素养只停留在理论探讨层面，很难在课堂教学中落地的情况。

（二）构成要素降维分解法

目前，降维的通常做法有三：一是细化历史学科核心素养五个方面及不同水平；二是拆解为具有历史学科特征的正确价值观、必备品格和关键能力；三是停留在三维目标时代的知识与能力、过程与方法、情感态度与价值观。历史学科核心素养作为核心素养的下位目标，是党的教育方针的具体化，是连接宏观教育理念、培养目标与具体教育教学实践的中间环节。

通过降维分解使教学目标不断具体化，从而形成一个完整的育人目标体系，该体系超越了学科内容知识，它包含了教育目标、学科课程标准、学期目标、单元目标、课时目标。在这个目标体系中，各个层面的目标之间构成一个相互联系、相互促进的系统。前一个目标是实现后一个目标的指向，后一个目标是前一个目标的继续和具体化。

历史学科核心素养的落实，需要对课程目标做细致的分解。一方面，历史学科五大核心素养是一个整体，但是，由于受教学时间的限制，在具体的教学实践过程中，对核心素养的落实总会有所侧重；另一方面，如何落实课程标准所规定的历史学科核心素养及其水平划分，就需要针对具体的学情和学习内容，对不同层次水平的核心素养进行目标分解和具体表述，[1] 使其更具有引导性、针对性、可操作性。

以历史解释素养目标为例，我们可以将其分解为四个层次。第一层次，理解历史事件和历史现象；第二层次，对他人的历史解释进行辨别、评价、阐释、验证；第三层次，模仿、迁移；第四层次，进行质疑，开展深入探讨，提出自己的观点或认识。

这四个不同层次的历史解释素养目标，体现了历史学科核心素养不同的水平层次，囊括了知识学习、技能学习、能力培养、情感体验、价值取向、思想观念等多方面育人目标，共同支撑着整体的学科核心素养体系。

（三）构成要素元分解法

学科核心素养导向下的课堂教学目标不同于三维目标下的教学目标，其设计思路和表达方式需要重新构建。[2] 每个学科核心素养从其内部结构来看，都是由不同的若干部分或要素组成的；从其外部关系来看，都是由别的因素促成的。对历史学科核心素养的分解，我们可以按照组成核心素养的各要素，以及各个要素的不同作用与功能来进行。新版课程标准明确指出："唯物史观是历史学科诸要素得以达成的理论保证；时空观念是诸素养中学科本质的体现；史料实证是诸素养得以达成的必要途径；历史解释是诸素养中对历史思维与表达能力的要求；家国情怀是诸素养中价值追求的目标。"但是，它们彼此之间既紧密联系又相互融合，共同形成了历史学科核心素养体系，超越了原来的三维目标，强调各组成部分的完整统一。

①　於以传.中学历史学科核心素养的目标化分解刍议［J］.基础教育课程，2020（3）：45-55.
②　姚晓岚.基于历史学科素养的教学目标设计［J］.新课程研究，2019（15）：82-84.

学科核心素养构成要素元分解法设计历史教学目标，对于选择教学内容、确定教学重点、选择教学方法、组织教学过程、进行教学评价等具有重要的导向作用。课堂教学必须紧紧围绕教学目标进行，才能最大限度地减少随意性、盲目性和模糊性，提高教学的方向性、针对性和有效性。

二、历史学科核心素养诸要素分解方法实例

历史学科核心素养是历史课程的核心价值，它是历史课程教学改革的目标导向、方法引领和内容规定。由于历史具有过去性、不可复制性等特殊性，因此，弄清历史学科核心素养诸要素的具体表达方式及其实现途径，就显得十分重要。以下将分别阐述不同学科核心素养的表达方式及其实现途径和实例。

（一）唯物史观

唯物史观科学揭示了人类社会是由低级向高级有规律地运动与发展的，它显现为历史过程，构成历史过程的各种社会现象也是运动与发展的，是我们认识历史、解释历史的科学历史观和方法论。唯物史观是历史学科核心素养诸要素的理论基础。

首先，在认识层面上，我们要明确唯物史观是一个博大精深的理论体系，它科学阐明了社会存在决定社会意识，社会意识对社会存在具有能动的反作用。生产力的发展决定生产关系的发展和变革，生产关系对生产力有反作用，生产关系一定适合生产力状况的规律。生产关系的总和构成社会的经济基础，经济基础决定社会的政治、法律制度，决定社会的各种思想观点和社会意识形态，即经济基础决定上层建筑，上层建筑一定要适合经济基础状况的规律。人民群众是社会物质财富、精神财富的创造者，人民群众是社会变革的决定力量，在社会变革中起主体作用。

其次，在操作层面上，我们要着力引导学生了解唯物史观的基本观点和方法，运用这些基本观点和方法去学习历史、探究历史，而不是让学生去机械地背诵这些观点和方法。

唯物史观素养的表达方式及其实现途径和实例如表2-3所示。

表2-3　唯物史观素养的表达方式及其实现途径和实例

类别	解读
表达方式	社会存在决定社会意识；生产力决定生产关系；经济基础决定上层建筑；社会意识对社会存在、生产关系对生产力、上层建筑对经济基础具有反作用；人民群众是历史的创造者；人类社会形态是由低级向高级发展等

续表

类别	解读
实现途径	了解唯物史观的基本观点和方法……理解唯物史观是科学的历史观；正确认识人类历史发展的总趋势；将唯物史观运用于历史的学习与探究中，并将唯物史观作为认识和解决现实问题的指导思想
示例：新航路开辟	生产力与生产关系角度：15 世纪以后，西欧各国的商品经济发展起来，要求扩大对外市场（根本原因）；西欧各国商品经济的发展和资本主义的萌芽，导致对黄金的需求量日益增加，很多欧洲人渴望追求财富获得利益（社会原因）。这些原因使新航路开辟成为必然。 　　社会存在与社会意识关系角度：传播天主教成为西欧各国开辟新航路的精神动力。文艺复兴运动兴起的人文主义是思想动力，推动了新航路的开辟；西班牙、葡萄牙统治者的支持是其主观条件。造船技术、航海技术的发展、指南针的应用、地圆学说的流行是其客观条件。这些成为新航路开辟的必要条件。 　　生产关系、上层建筑的反作用角度：开辟新航路引起了"商业革命"，刺激了西欧资本主义生产关系的发展；引起"价格革命"，加速西欧封建制度的解体，促进资本主义生产关系的进一步发展

（二）时空观念

　　"一切存在的基本形式是时间和空间，时间以外的存在和空间以外的存在，同样是非常荒诞的事情。"[1] 任何历史事物都是在特定的、具体的历史时间和地理条件下发生的。时空观念是指对事物与特定时间及空间的联系进行观察、分析的观念。[2] 对于中学历史教学而言，我们必须明确时空观念不仅仅是一种学习历史的方法，而是运用时间和空间方面的知识了解和认识历史现象的技能与方法和运用时空方法了解、观察和分析历史现象的历史意识和思维方式共同构成的时空观念素养系统。

　　具体地说，时空观念素养目标，就是要求我们在分析和探究历史的过程中，了解历史发展的时序性、多样性、阶段性、延续性等特征，并以历史纪年、历史时序、年代尺、阶段特征、历史大事年表、历史地图等多种形式呈现，让学生养成关注时间和空间的思维方式，按照历史时间顺序和地理因素，建构历史事件、历史人物、历史现象之间的相互关联性，在不同的时空框架下理解历史上的变化与延续、统一与多样、局部与整体、保守与进步，并对史事作出合理的解释。其表达方式及其实现途径和实例如表 2-4 所示。

---

[1]　马克思恩格斯选集：第 3 卷 [M].北京：人民出版社，2012：91.
[2]　朱汉国.历史学科核心素养释义 [J].历史教学（上半月刊），2018（3）：3-9.

表 2-4 时空观念素养的表达方式及其实现途径和实例

类别	解读
表达方式	一是时间表达方式：有时、刻、日、月、纪年（公元、年号、民国等）、年代、朝代、世纪等多种形式。有分期表达方式如史前、古代、近代、现代；先秦时期、秦汉时期、魏晋南北朝时期、隋唐时期、民国初期、古希腊罗马时期、文艺复兴时期、工业革命时期等；有使用两种以上的时间术语描述某一特定时间如 19 世纪末 20 世纪初、第一次世界大战前后、第二次世界大战前后等。 二是空间表达方式：有大空间如国家历史、区域历史、世界历史、全球历史的表达方式；有特定空间如核心区域、交流路线、行政区划、属地关系、古今地名的对应关系、区域文明以及重大历史事件的空间定位等表达方式
实现途径	了解年代、世纪、分期等时间的不同表达方式和核心区域、交流路线、行政区划等空间的不同表达方式；知道特定的史事是与特定的时间和空间相联系的，知道划分历史时间与空间的多种方式，运用这些方式叙述历史；懂得按照时间顺序和空间要素，建构事件、人物、现象的相互关联；梳理中外共时性大事，分析中外共时性问题；在不同时空框架下理解历史上的变化与延续、统一与多样、局部与整体，并据此对史事作出合理解释；用时间术语、分期方式，将认识的对象置于具体的时空条件下进行考察，论述自己对历史发展的认识
示例：工业革命的兴起和扩展	从时间角度：棉纺织业的技术革命（1765 年哈格里夫斯发明珍妮纺纱机）是工业革命开始的标志；动力的革新使其进入新阶段（1785 年瓦特改良蒸汽机）；交通运输业革命（1807 年富尔顿发明汽船和 1814 年史蒂芬孙蒸汽机车）；1840 年前后的机器制造业兴起标志英国工业革命完成。 从空间角度：英国首先开展工业革命，然后扩展到欧洲和北美洲，再后扩展到整个世界。 从时空结合角度：这一时期中外发生的历史事件有：英国工业革命完成，英国相继发动侵略中国的两次鸦片战争；英国宪章运动，工人阶级登上历史舞台；中国禁烟运动，太平天国运动等

（三）史料实证

史料就是指有助于认识历史、复原历史真实情况的一切资源，也就是关于人类文明发展的一切信息。史料是我们发现历史、解释历史的依据，认识历史和重建过去，都离不开史料。通过对史料的分析，学生具有史料实证的基本知识，明白哪些是一手史料，哪些是二手史料，能对获取的史料进行辨析，并运用可信的史料努力重现历史真实的态度和方法，以史料分类、史料辨析、史料运用、观点论证的形式进行呈现。史料实证对提升学生的历史学科核心素养、拓宽学生的历史人文视野、加深学生对历史知识的理解都有极大帮助，其表达方式及其实现途径和实例见表 2–5 所示。

表 2–5　史料实证素养的表达方式及其实现途径和实例

类别	解读
表达方式	史料分类：文献史料，包括史书、档案与文书、文集、笔记、书信与日记、地方史志、报刊、碑铭与简牍、族谱、契约、账簿等。实物史料，包括器物、历史建筑物、遗址遗迹。口述史料，包括回忆录与其他口述史记录、神话、传说等。图像史料，包括绘画、雕刻、照片、古地图等。音像史料，包括能反映不同历史内容的录音、录像及纪实性影视作品等。[①] 史料搜集：充分利用包括各类字典、词典、互联网，指引线索的目录、索引等，搜集历史史料。采取分类搜集、追踪搜集，通过平时阅读书籍报刊搜集，通过调查、采访搜集口碑史料，然后按性质或时间分门别类地进行整理。 史料辨析：辨别史料的真伪和可信程度，审视史料背后特定的历史语境，明确史料辨析对于历史研究的价值，而不是带着某种主观意向随意剪裁、歪曲史料，以偏概全地妄下论断。 史料运用：尊重史料的基本道德底线，正确解读史料，注意史料的全面性；用现代科学方法来发现、整理、分析和应用史料。重视从特定的史料中获取有价值的历史信息，通过加工整理，形成较科学、准确认识历史的能力，包含历史阅读理解能力、历史思维能力、分析历史结论和说明历史观点的能力
实现途径	了解史料的多种类型，能够知道史料是通向历史认识的桥梁；读懂文献材料，区分材料的不同来源及性质，认识史料对解释历史的价值；自主收集、归类与问题相关的可靠材料，掌握搜集史料的途径与方法；通过对史料的辨析和对史料作者意图的认知，判断史料的真伪和价值，并在此过程中体会实证精神；从史料中提取有效信息，作为历史叙述的可靠证据，并据此提出自己的历史认识；规范地引用史料，论述相关历史问题，表达自己的独立见解

---

① 吴伟.历史学科能力与历史素养［J］.历史教学（上半月刊），2012（11）：3-8.

类别	解读
示例：史料研习举例	苏联共产党……一直关心重工业的优先发展，因为重工业是发展社会主义经济一切部门、加强我们祖国的国防、增进人民福利的基础。这就是我们党的总路线。它经过苏维埃国家发展的一切经验的考验，符合人民的切身利益。苏联共产党今后也要十分坚定地贯彻这条总路线。……党中央委员会在几次全体会议上已经揭露了农业领导上的严重的缺点和错误，并且制订了提高谷物和畜产品产量的大规模的计划。 　　为了认真改进对农业的领导，必须使我们的干部注意经济问题，注意减少生产中所花费的劳动……现有的材料表明，我国生产一公担牛奶和肉类所花的劳动要比美国多得多…… 　　说明：培养学生史料研析能力是历史学习中最重要的内容，需要从以下几方面着手，第一，要提高认读史料的能力；第二，要提高史料的解读能力；第三，要提高正确迁移史料信息的能力；第四，提高结合史料综合构思解答问题能力。对学生而言，就是要通过史料研习，形成综合判断、凝练信息、条陈因果、因问而答的能力

（四）历史解释

历史解释是指以史料为依据，以历史理解为基础，对历史事物进行理性分析和客观评判的态度、能力与方法，以材料整理、对史料的解读、追溯起源、探讨因果、分析趋向、说明影响、判定地位等形式，培养学生认识历史、感知历史、叙述历史和形成历史认识的能力。学会历史解释是历史学习较高的能力要求，培养学生历史解释素养，其重要作用在于使学生通过历史知识的学习，更好地体验、感悟历史，理解历史的延续与变化、继承与发展，能够用归纳、概括、比较、分析等思维方法，科学地分析历史事物、解释历史现象，能够客观地评价历史人物、历史事件，能够发现历史问题，提出合乎客观事实的见解，其表达方式及其实现途径和实例如表2-6。

（五）家国情怀

家国情怀是一个人对国家和民族所表现出来的深情大爱，是对国家富强、人民幸福所展现出来的理想追求，是对自己国家的一种高度认同感和归属感、责任感和使命感，是中华优秀传统文化的基本内涵之一。它要求学生在历史学习过程中，重视依据科学的历史史观对史实作出的主观评判，理解对历史的价值判断是以史实为基础，认识到分辨历史上的真伪、善恶、进步与倒退，以及历史史实是否公平、正义，将对历史的认识延伸到对自身成长和现实社会的认识上，从历史中获取有益的养料，从实践层面体现学习历史的价值，其表达方式及其实现途径和实例如表2-7。

表 2-6   历史解释素养的表达方式及其实现途径和实例

类别	解读
表达方式	历史理解：理解各种历史叙述及其语境的含义；对历史具有同情理解的态度，依据可靠史料设身处地认识具体的史事，对历史境况进行合理想象；理解历史叙述与历史事实之间的差异；在同情理解的基础上尽可能实事求是建构历史叙述；能从历史表象中发现问题，对历史事物之间的因果关系做出合理的解释。 历史叙述：一般分为史料呈现、史实陈述等方式。在唯物史观等历史理论指导下，对历史事物的发生、发展进行客观合理的描述；将历史事物放在特定的历史时间和空间环境中，对历史事物的发生发展进行合理的逻辑推理；将史料置于具体的语境中进行叙述，客观、完整地叙述历史事实。 观点论证：以科学的态度和方法，整理和分析史料，变史料为历史证据，让证据说话；坚持论从史出，孤证不立，一分材料说一分话，注意挖掘史料背后的社会背景和特定的历史情景。 历史评价：科学运用唯物史观等历史理论，认识历史事物的事实及本质，合理表达对历史事物的价值追求和价值判断；确立相对合理的价值标准或评价尺度，对历史事物进行定性和定量分析，把对历史事物的价值分析建立在事实分析的基础之上
实现途径	区分历史叙述中的史实与解释，知道对同一历史事物会有不同解释，并能对各种历史解释加以理解和评析；客观论述历史事件、历史人物和历史现象，有理有据地表达自己的看法；认识历史解释的重要性，学会从历史表象中发现问题，对历史事物之间的因果关系作出解释；面对现实社会与生活中的问题，以全面、客观、辩证、发展的眼光加以看待和评判
示例：孟子及其儒学观点	孟子，名轲，邹人，是孔子的孙子子思的门人。他认为人生来就有仁、义、礼、智四德，即对他人苦难的同情，对不义之事的憎恶，辞让的心情及辨别是非的能力。他把孔子的"仁"发展为"仁政"，特别强调"民为贵，社稷次之，君为轻"，即主张民贵君轻；又说"君仁莫不仁，君义莫不义，君正莫不正"，认为社会上一切不仁不义不正行为的根源在于君主。这种带有民主色彩的见解，为后世儒家所不及，也为我们留下了珍贵的思想遗产。 此段文字包括了历史史料、历史叙述、历史解释、历史观点和历史评价。"民为贵，社稷次之，君为轻""君仁莫不仁，君义莫不义，君正莫不正"属于史料；"民贵君轻""社会上一切不仁不义不正行为的根源在于君主"是历史解释；"这种带有民主色彩的见解，为后世儒家所不及，也为我们留下了珍贵的思想遗产"是历史评价

表 2-7　家国情怀素养的表达方式及其实现途径和实例

类别	解读
表达方式	国家意识：国家认同、国家主权意识、共同体意识、政治安全意识等；以民为本、以天下国家为己任；维护祖国统一，促进祖国富强繁荣；维护民族团结，反对民族分裂；与时俱进、艰苦奋斗、天人合一；等等。 民族精神：在长期的历史进程和积淀中形成的民族意识、民族文化、民族习俗、民族性格、民族信仰、民族宗教、民族价值观和价值追求等，以及民主革命时期形成的井冈山精神、长征精神、延安精神，社会主义革命和建设时期形成的大庆精神、雷锋精神、航天精神等。 爱国主义：表现为对祖国和家乡的热爱和深切的眷恋，对祖国统一、民族团结的强烈期盼，对祖国繁荣昌盛的坚定信念等；应自觉维护祖国统一，促进祖国繁荣，维护民族团结，反对民族分裂，热爱祖国、热爱民族、热爱社会主义。 乡土观念：以地域性的经济关系、政治关系和精神环境为根基，表现出浓厚的乡土意识、乡土情结的心理素质和人格特点、思考方式和行为准则，表现出对家庭、国家的责任与担当。体现在地方制度演变；地域文化、名人、市镇发展、民俗民风、地主方歌谣、地方语言等成果；地域性的生活方式和文明方式；乡土建筑、历史遗址遗迹等。 优秀传统文化：包括中华传统美德、中华人文精神、文化遗产、孝敬文化、慈善文化、诚信文化、传统节日等内容，以及由此表现出的自强不息的民族精神、修齐治平的家国情怀、崇德向善的道德追求，以及道德与政治相统一的理想人格。 国际理解：在尊重和认同本民族文化，尊重和理解不同民族、地域、国家的文化基础上，尊重和接纳不同国家、地域、民族的社会制度、经济形态和思想文化，理解世界文化的多样性和差异性，积极参与跨文化交往，关注人类面临的全球性挑战，坚持可持续发展，理解人类命运共同体的内涵与价值等
实现途径	从历史的角度认识中国的国情，形成对祖国的认同感；认识中华民族多元一体的历史发展趋势，形成对中华民族的认同感，具有民族自信心和自豪感；了解并认同中华优秀传统文化，认识中华文明的历史价值和现实意义；认同社会主义核心价值观，树立道路自信、理论自信、制度自信、文化自信；了解世界历史发展的多样性，理解和尊重世界各国、各民族的文化传统，形成广阔的国际视野；确立积极进取的人生态度，塑造健全的人格，树立正确的世界观、人生观和价值观

续表

类别	解读
示例：抗日战争的胜利	抗日战争是中华民族经历了民族磨难与牺牲，经过全民族英勇顽强的奋斗赢得完全胜利的反侵略战争。中国付出了巨大的民族牺牲，军民伤亡总数在 3 500 万以上，经济损失超过 6 000 亿美元。抗日战争的胜利，是近代以来中国抗击外敌入侵所取得的第一次完全胜利，重新确立了中国在世界上的大国地位，使中国人民赢得了世界爱好和平的人民的尊敬。这一伟大胜利，开辟了中华民族伟大复兴的光明前景，开启了古老中国凤凰涅槃、浴火重生的新征程。 　　通过学习，让学生认识中华民族抗日战争胜利的历史意义，培养其中华民族不屈不挠的民族精神和深厚的爱国主义情怀

第三节　历史学科核心素养的表征方式及实例

　　表征方式是信息在头脑中的呈现方式，是信息记载或表达的方式，是能把某些实体或某类信息表达清楚的形式化系统，以及说明该系统如何行使其职能的若干规则，主要以特质、图式、要素等形式呈现。在学习过程中，人们往往是根据自己对知识的不同表征而选择相应的学习方法和应用方法。

一、历史学科核心素养的基本特质

（一）历史学科核心素养内部要素的相互关联性

　　任何历史事物都离不开特定的、具体的历史时间和空间条件，"历史进程的展现也是以时间和空间为纵横坐标的，历史的发展、变化、延续等状况均可从时间上和空间上体现出来"[1]，我们认识任何历史事物首先要建立在时空基础上。由于历史是一门注重逻辑推理和科学论证的人文社会学科，因此，任何历史叙述、历史解释和历史结论与评价，都必须基于真实的、可靠的历史史料，都必须遵循唯物史观的基本原理，将其"上升为理解其意义的情感取向和理性认识"[2]，并做出相应的价值判断和价值认同。而价值判断和价值认同往往受制于自身的价值观念、思维方式、经验阅历、个人偏好的

①　胡玥.《历史学家的修养和技艺》对历史学科素养培育的启示［J］.中学历史教学参考，2016（9）：70-72.
②　李剑鸣.历史学家的修养和技艺［M］.上海：上海三联书店，2007：49.

影响，表现在立场、观点、方法、思想、认识上是否是科学合理的、遵循基本的历史史观。

所以，历史学科核心素养不是一个简单的学术概念，而是一个由唯物史观、时空观念、史料实证、历史解释和家国情怀五个子系统构成的具有丰富内涵的素养体系，每个子系统也不是封闭的，相互之间在广度上具有延展性，在实践操作上具有相互关联性和综合性。

以"辛亥革命与中华民国建立"一课教学目标设计为例，通过搜集、展示辛亥革命前中国社会各方面的材料，理解辛亥革命是中国社会各种矛盾不断激化的产物，认识历史必然性与偶然性的关系。这里就涉及时空观念、史料实证、历史解释、唯物史观等核心素养。运用图文材料归纳孙中山三民主义和《中华民国临时约法》的基本内容和核心思想，在宪政案例创设的历史情境中体会民主宪政的历史进步性。这里就涉及史料实证、历史解释、唯物史观等核心素养。通过史料研习，分析辛亥革命对中国社会带来的变化和影响，认识辛亥革命的历史意义及其局限性。这里就涉及史料实证、历史解释、唯物史观等核心素养。

（二）历史学科核心素养构成要素的综合性

历史学科核心素养是"通过日常教化和自我积累而获得的历史知识、能力、意识，以及情感价值观的有机构成与综合反映；其所表现出来的，是能够从历史和历史学的角度发现问题、思考问题及解决问题的富有个性的心理品质"①。因此，历史学科核心素养的综合性集中表现在历史学科核心素养各要素与历史课程三维目标的融合。

首先，在历史知识的学习上，学生不仅需要掌握基本的历史理论、历史事件、历史人物、历史现象及其发生原因、过程与产生的社会影响等知识，初步掌握马克思主义唯物史观的基本原理和方法，还要在此基础上依据历史史实，运用可靠的历史史料，进一步理解历史、解释历史，探究历史问题，对其作出较为客观的评价。

其次，在学习能力的培养上，主要包括以历史理性思维为核心的历史阅读能力、理解能力、记忆能力、分析能力、质疑能力、探究能力、评价能力等。历史学科核心素养总是具有历史学科属性，这种学科性与历史学科内容的特征和历史思维密切联系。历史知识与技能又蕴含着与之密切相关的历史思维品质和关键能力。历史核心素养总是与一个或多个学习内容有关，体现历史学科自身的特征。

最后，在情意目标的落实上，历史学科知识和学科能力可以看作历史学科核心素养的外显表现，历史价值观、对待历史的态度以及在探究历史问

---

① 毛经文.让每个生命都能散发出自己的光芒：素养养育是历史教学的核心目标［J］.历史教学（上半月刊），2016（3）：27-32.

题、分析历史现象时所表现出来的情感，则是内隐的心智活动。这种综合还表现在对自己、对他人、对社会的态度和价值观。

如中国古代封建社会的中央集权制度，它确立于秦汉时期，此后基本沿袭到清末，是一套组织严密的国家管理制度，但每个时期中央集权制度的具体内容都有所不同。所以，在学习这一历史内容时，就需要采取统分结合的方法，将唯物史观、时空观念、史料实证和历史解释等核心素养目标加以落实。用时间轴的方法梳理发展脉络，用史料实证的方法提供事实依据，用唯物史观的方法对其实施的背景、原因和产生的影响及作用加以分析。

（三）历史学科核心素养落实的过程性

历史学科核心素养是在学习的过程中逐渐形成的，一方面是因为历史学科核心素养不是与生俱来的，它是在日常生活和历史课程的学习过程中慢慢培养起来的，必须通过学习实践方能转化成为学生的素养。另一方面是因为历史学科核心素养是学生学习过程中应达成的正确价值观、必备品格和关键能力，不同学段学生的核心素养表现水平不同。所以，历史学科核心素养具有明显的基础性、阶段性、动态性和发展性，需要长期的习养、润养和培育。

从学科教学角度出发，历史课程与教学的设计和实施过程中，教师需要引导学生运用不同的思想、方法、技能和技巧，通过探究、分析历史现象，使历史思维不断得到启发，逐步把原有的知识与方法和现在遇到的问题进行整合，形成对这个问题的新的理解与认知。这一过程是综合运用知识技能与思想方法的过程，既能加深对所学知识的理解，又有助于形成重要的历史思想。

核心素养是基于基础知识和基本能力实现的，并且外化于运用基础知识和基本能力的问题解决过程。在这个过程中，历史基本思想与学习态度、历史情感与价值观等总是表现为内隐的特质，并通过判断、选择、认同、接受、内化，然后外化于行。从这个角度讲，历史学科核心素养的培育不仅是一个行为实践过程，还是一个心理内化过程，更是一个认知、技能、训练、方法等智力因素与感知、习得、体验、感悟、情感、态度等非智力因素相互作用的过程。

以"新文化运动"的教学目标为例：通过思维导图的形式，建构新文化运动的知识体系，训练学生的思维品质，从中可以培养学生时空观念、历史解释等核心素养；通过引导学生阅读教材提供的图文材料，分析得出结论，从中可以培养学生史料实证、历史解释等核心素养；通过对新文化运动兴起背景及概况的学习，学生可以体会陈独秀等人以天下为己任的爱国精神，通过对新文化运动的评价，树立对待中外文化的正确态度，从中可以培养学生唯物史观、历史解释、家国情怀等核心素养。

历史学科核心素养的培育，离开了学习过程的情境体验、问题探讨、价值感悟，是不可能实现的。

（四）历史学科核心素养发展的终身性

历史学科核心素养具有终身性特征，一方面是指学生在原有历史知识经验和已具备的历史学习能力基础上生成的稳定、持久的历史学科核心素养。另一方面是指历史学科核心素养的内容是与社会发展和时代要求紧密结合的，它体现了对人终身发展和社会发展的要求。不仅如此，历史学科核心素养还能够对个体的未来生活持续地产生影响。丰富的历史知识、浓厚的历史阅读兴趣、优质的历史思维方式、高阶的历史探究能力等，都将伴随学生终身学习，使学生在未来社会发展中终身受益。

以培养历史阅读和历史思维能力为例。学生在小学阶段学习历史所需要的这些能力，在中学乃至大学也同样需要。学习历史需要阅读与思维能力，学习其他学科也同样需要。历史课程学习以外的学习活动，以及生活与工作中遇到的现实问题，也需要阅读与思维能力。学会历史阅读与历史思维将会伴随学生的终身学习。

（五）历史学科核心素养目标的明确指向性

从构成历史学科核心素养诸要素的内涵演变角度看，历史学科核心素养是学科顶层理念，是教育理想目标和学生发展核心素养目标在历史学科中的具体化，具有个人价值和社会价值。历史学科的特点决定了历史学科核心素养既具有科学精神的本色，又承担培育人文精神的使命。

历史学科核心素养诸要素本身包含着深厚的历史教育价值取向，也就是教师对待历史应该采取什么样的态度，秉持什么的价值观，坚持什么样的历史观，用其指导、引领、辐射历史课程教学，彰显历史教学的育人价值。重视历史学科核心素养目标的教学实施，有助于引导历史课程和教学改革，着眼于树立历史时空观念、科学求真的证据意识，培养学生质疑批判的探究精神、唯物辩证的思维能力，使学生养成正确的家国情怀素养。

历史学科"核心素养体系的建构还要求历史教学在向历史教育转变的过程中能够进一步深化对自身育人价值的思考，细化为历史教育理念的完善、课程目标的设定"[①]。历史学科核心素养目标的确立，就是要解决历史课程改革多年来过分重视知识传授、重视能力培养，忽视情感、态度与价值观培养的问题，使历史课程与教学改革真正实现从知识中心向正确价值观、必备品格和关键能力发展转变。

---

① 张胜平.基于提升历史学科核心素养的高三复习课教学［J］.历史教学问题，2016（2）：129–132.

二、历史学科核心素养的表征方式

根据布卢姆教育目标分类理论，我们可以从知识维度、能力维度、情意维度去表征历史学科核心素养。

（一）知识表征方式

现代认知心理学将知识划分为陈述性知识、程序性知识、策略性知识和价值性知识。按照这种分类方法，历史学科知识主要包括历史事实性知识、历史程序性知识、历史策略性知识和历史价值性知识。

历史事实性知识：即对时间、地点、人物、事件等历史现象的记录。如历史事件（包括发生的时间、地点、经过等）、历史人物、历史现象（政治、经济、生活、军事、外交等方面）等。

历史程序性知识：即对历史事件现象的理解、评价，从众多历史现象中总结出历史规律，得出科学正确的结论。如世界三次科技革命与资本主义的关系是互为因果、相互促进的；第二次世界大战后亚洲民族经济发展的共同原因包括摆脱西方殖民统治而独立，第三次科技革命，充分利用发达国家转移劳动密集型产业机遇等。

历史策略性知识：即关于获取知识和能力的方法和途径。包括正确运用时间和空间表述历史事件，正确运用时间和空间条件分析历史现象，运用唯物史观解释历史现象，从纷繁复杂的历史资源中搜集真实可靠的历史史料，从历史学习过程中体验、感悟历史思想、文化及价值观等。

历史价值性知识：即关于如何做人、如何做事等人文素养的知识。通过历史的学习，培养爱国主义情感，积极进取的人生态度，科学的求实精神等。

在上述四种知识中，事实性知识是"是什么"的知识，它是一种静态的知识，要求的心理过程主要是记忆，重在客观描述和解说；程序性知识是"怎样做"的知识，它是一种动态的知识，是指导个体如何执行动作技能的知识，重在逻辑推理；策略性知识是关于如何学习、如何思考的知识，即个体运用事实性知识和程序性知识解决问题的一般方法和技巧，包括认知策略、调控策略和资源管理策略等；价值性知识是关于功能和意义方面的知识，涉及人的思想、情感、态度与价值观等方面，它能帮助人类解决现实问题，影响人的思维方式，使人们具有丰富的情感、科学的态度、正确的价值观。

根据历史知识本身的存在形式和复杂程度，历史知识学习可分为历史语境下的语言文字学习、符号学习、概念学习、数据学习等。从历史新知识与原有认知结构关系角度，历史知识学习主要包括阅读、理解、获取、巩固与应用等环节。历史知识的学习是通过新、旧知识充分地相互作用实现的。在获得新知识时，需要调动有关的知识经验，分析、组织当前的新信息，生成对信息的理解和解释。同时，要把握新知识和旧知识的相融性，鉴别、评判它们的合理性。历史知识的学习机制是同化与顺应。即在历史知识学习过程中，学习者需要以历史原有知识经验为基础来同化历史新知识。同时，随着历史新知识的同化，历史原有知识经验会因为历史新知识的纳入而发生一定的调整或改组，这就是历史知识的顺应。

（二）能力表征方式

人们在谈论能力时常会把它与某种活动联系起来，能力实际上就是个体从事活动的可能性，如阅读能力、理解能力、组织能力、管理能力等，都是指从事相应活动的能力。根据不同的标准，能力又可分为一般能力和特殊能力。一般能力包括观察力、记忆力、想象力等；特殊能力则指适合于某种活动的心理特征。任何能力都不是孤立的，而是彼此相互交织，形成了一个庞杂的能力结构。根据历史教育学、历史课程论和教学论的相关论述，从发展学生历史学科核心素养的角度来看，历史学科能力包括以下几方面。

一是学科基本能力，如历史阅读能力，历史观察能力，获取、收集、处理历史信息的能力，搜集、辨别、运用历史史料的能力，历史理解、质疑、解释的能力，运用历史学科术语进行表达交流的能力，深入探究并解决历史问题的能力等。

二是学会学习的能力，如历史记忆、历史理解、历史分析、历史归纳、历史比较、历史评价等能力，独立思考、批判质疑历史问题的能力，自主探究历史问题的能力等。

三是关注自身发展的能力，如创新精神和实践能力，人际交往能力，合作学习能力，终身学习能力，认识并发展自己特长的能力，自主管理知识、信息、情绪情感、心理状态的能力，以及对学习过程的自我监控调节的元认知能力等。

对历史学科而言，最重要、最关键的能力是历史思维能力。历史思维能力是人们用以再认和再现历史事实，理解和解释历史现象，把握历史发展规律，分析和评价历史现象的一种学科核心素养。历史思维能力与其他各种历史学科能力之间不是并列的关系，而是渗透于其他各历史学科能力之中，并起着统领和指向性作用。

在进行教学目标设计时，教师要遵循能力培养的循序渐进原则和教育性原则，科学、合理地规划能力培养和发展目标，从而保证课堂教学的有效性和针对性。

（三）情意表征方式

情意表征主要包括情感、态度与价值观三个要素，赋予历史课程人本性、育人性、情感性。在新版课程标准中，情感、态度与价值观不再是知识与能力的附属，仅仅作为教学目标而存在，而是课程教学的重要内容和终极目标。这既体现了中学教学认知与情意的统一，也凸现了情感、态度与价值观教育在中学教学中的重要性。

情感包括道德感、理智感和美感三种成分，既包括由求知欲、好奇心等引发的学习的热情和学习兴趣，也包括由内心体验引发的审美情趣。情感的学习与形成，对提高鉴赏能力、更新价值观、培养高尚情操等有十分重要的意义。

态度是人们在自身道德观和价值观基础上对事物的评价和行为倾向。态度表现为对外界事物的内在感受、情感体验和意向因素构成。态度不仅指学习态度、学习责任，更是指乐观的生活态度、求实的科学态度、宽容的人生态度。

价值观是指一个人对周围客观事物（包括人、事、物）的意义、重要性的总评价和看法。新版课程标准的目标中的"价值观"强调个人价值与社会价值的统一、科学价值与人文价值的统一、人类价值与自然价值的统一，强调让学生从内心确立起对真、善、美的价值追求。

情感、态度与价值观相互联系、相互影响、相互渗透，共同构成了个体的人格素质。

人格在心理学上指的是构成一个人的思想、情感及行为的特有统合模式，这个独特模式包括了一个人区别于其他的健康稳定的心理品质。作为一个健康的人，不仅应该具有良好的品德，还应具有健全的人格。

将历史学科核心素养与三维目标融合设计教学目标，要明确"史学首先是人文学，它关心的是人，研究的是人，探讨的是过去时空中人的思想、观念、行为及其意义"①。因此，历史学科核心素养的提出和落实，都是基于"以人为本"，以人的健康成长和发展为目的。历史丰富的思想观念、文化传统、情感认同、价值取向不仅是历史学科核心素养的重要内容，而且更是学生健康成长不可缺少的珍贵养料。

第一，唯物史观使学生明白认识任何历史现象都不能随心所欲，必须有科学的理论做指导，它是学生认识历史、探究历史、理解历史、解释历史的科学历史观和方法论。

第二，时空观念使学生在观察、理解、解释任何历史现象时，都要将其放在特定的时空条件下，建构起人、事、物之间的相互关联性和因果关系，正确理解其变迁、延续、发展、进步等意义。

第三，史料实证"至少能够养育学生在今后的社会生活中，形成自觉的实证意识，学会如何搜集、选择和使用各种信息……善于判明它的可信度和使用价值"②。

第四，历史解释可以使学生在"接触不同的历史叙述，理解别人的历史

①　张胜平.基于提升历史学科核心素养的高三复习课教学［J］.历史教学问题，2016（2）：129-132.
②　朱汉国.历史学科核心素养释义［J］.历史教学（上半月刊），2018（3）：3-9.

评判是如何通过不同的手段和不同方式形成对历史的解释，并探究其意图，客观评价各种历史解释的意义和价值"[1]，从而帮助学生养成正确的时空意识、科学的证据意识、辩证的质疑意识、多元的思维意识。

第五，学生通过学习历史，形成对国家、对民族的认同感，从历史的角度认识中国的具体国情，理解中华文明的历史价值和现实意义；形成正确的国际理解意识，尊重、理解、包容世界各国、各民族的文化传统，形成面向世界的开放心态与胸怀。这些既是家国情怀素养的基本要求，又是历史课程改革所追求的终极目标。

历史学习过程不仅是一个知识学习过程，也是一个历史思维的过程，更是一个价值判断、价值认同、价值接受、价值内化和价值升华的过程。学生不仅要会读、会写、熟记、会分析、会判断、会阅读、会表达和会讲述历史，形成相应的学科能力，更要通过历史学习进行感受、体验、策划、合作、讨论、沟通与创新，形成积极的情感、态度和价值观，如对历史的兴趣，具有历史修养和品位，对生活的热爱，对人生的美好追求和奋斗信念。而这一切都必须有明确的目标导向，并对其精准设计。

俗话说："读史使人明智。"历史知识是人们反思过去、认识现在和预见未来的前提条件，在人们认识和改造客观世界过程中发挥着积极作用，能为人们的实践活动提供历史经验，作为行动的参考，通过潜移默化的方式对人们的世界观和人生观发生积极作用。所以，历史学习只停留在背诵、记忆教材的层面上是远远不够的，教师还必须从提高学生的综合素质和人文素养出发，不断跟踪史学前沿性的研究成果，培养学生思考、探究历史的思维品质，将学校历史学习与社会生活紧密联系起来，引导学生从"记历史教材""背历史教材"的学习方式中走出来，将历史知识的学习与历史学习能力的培养、方法的领悟、品格的习得和养成结合起来。这既是培养学生历史学科核心素养的需要，也符合学生的认知规律。

第四节　聚焦学科核心素养的学习目标设计建议

一、设计学习目标要紧扣历史学科核心素养

学习目标的设定直接关系到学生核心素养的培养和发展，是开展课堂教学的出发点，只有目标明确，才能有效地整合各种教学资源，使课堂教学的

① 毛经文.让每个生命都能散发出自己的光芒：素养养育是历史教学的核心目标[J].历史教学（上半月刊），2016（3）：27-32.

针对性、操作性更强，教学检测评价效果更佳。

（一）学习目标设计的依据

1. 课程标准

新版课程标准明确规定了学科学习的目的、任务、内容及基本要求，它是编写教材、开展教学、质量评价的依据。教师在设计学习目标时，首先要做的事情是仔细研读课程标准，深刻领会历史学科核心素养的基本内涵和表达方式，把握历史学科核心素养诸要素之间的内在联系；深刻认识学科核心素养的培养与发展是一个循序渐进、不断深化的过程，不是每一个核心素养的每一个要素都要在一个专题或一节课的学习中全面体现。

2. 教材内容

不同版本的历史教材有不同的特点，不同模块内容也有不同的学习要求。教师要吃透教材，对模块内容所处的专题知识结构进行深入的分析，明确学习内容的教育价值；把握编者意图，顺着编者思路去设计学习目标，根据专题内容的实际情况去考虑目标的侧重点。

3. 学生实际

学生是学习的主体，脱离学生实际的教学目标没有任何实用价值。教师对学生年龄特点和实际学习能力必须予以充分考虑，了解学生对所要学习内容的已有经验和个体差异，分析所学内容可能遇到的困难和障碍，预估学生发展的需要和学生可能达到的发展水平，考虑学生学习的实际水平与能力、学习的心理现状及其影响因素等。

4. 环境条件

包括教师实际和学校实际。教师实际分两类：教师个体条件包括其具备的学科素养、心理状况、身体状况等；教师群体条件包括班科教师之间、学科教师之间的工作、生活、心理状态以及相互探讨、共同研究的学术氛围等。学校实际分三类：环境因素条件，包括现代教育的支持技术，即学校所能提供的现代教学工具和手段；班级学习氛围，包括班风、学风、教室环境等条件；教学资源条件，包括课程标准、教学参考书及其他辅助材料。

（二）学习目标设计的原则

1. 学习目标确定的科学性

科学性是指学习目标的设计要从学生的"最近发展区"出发，考虑学习目标实现的可能性。教师要围绕历史学科核心素养和新版课程标准进行教学设计，包括用什么样的过程方式，选取什么样的素材，组织什么样的活动，让学生进行怎样的体验。从历史知识的记忆目标到关键能力的发展目标，再到解决实际问题和情感体验目标等，学习目标的设计要由浅入深、层层递进。例如，执教《中外历史纲要（上）》"晚清时期的内忧外患与救亡图存"

时的家国情怀素养目标的设计如下：

教师甲：通过学习，体会晚清不同阶层的人们奋起抗争反对外来侵略的民族情怀，学做一个爱国、有勇气有谋略的人；认识近代新思想的萌发是农耕文明与工业文明碰撞的结果，培养开放的文明交流意识。

教师乙：通过学习，体会近代不同阶层的志士仁人不畏强权的大无畏行为，学习其维护中华民族利益和尊严的爱国主义精神；认识"落后就要挨打"的道理，萌发振兴中华的历史使命感。

通过分析不难发现，在上述目标的设计过程中，有一种共同的倾向是都贴上了"家国情怀"的标签，如"体会不同阶层志士仁人抗争的民族情怀""培养开放的文明交流意识""萌生振兴中华的历史使命感"。这些随处可用的家国情怀素养目标不具体，缺少针对性，使得核心素养没有落地，无法操作，更无法进行检测评价。所以，学习目标的设计既要考虑学习目标是可操作、可检测的，也要考虑学生经过努力能够达到的层次要求。教学目标是否科学合理，直接关系着整个课程目标的实现。

2. 学习目标内容的系统性

从学生发展核心素养目标、历史学科核心素养课程目标、单元学习目标、课时学习目标进行整体思考，用系统论来考查历史学科核心素养目标，使学习目标形成一个有层次结构的、整体的、动态的系统。例如，在执教《中外历史纲要（下）》"全球联系的建立"一课时可从以下几方面对学习目标进行整体设计。

唯物史观：通过引导学生客观评价早期殖民扩张产生的影响，培养学生能够论述历史事件，能从历史的表象中发现问题、表达自己的看法，对事物之间的因果联系作出正确解释的能力。

时空观念：学生通过阅读教材相关内容及新航路开辟相关材料，画出新航路开辟的路线图，编制新航路开辟的历史大事年表，形成历史时空观念。

史料实证：学生阅读"新航路开辟"的相关图片和材料，解答相应问题，培养学生史料搜集、整理、辨别等能力。

历史解释：通过提供马克思《资本论》中的一段材料："美洲金银产地的发现，土著居民被剿灭、被奴役和被埋藏于矿井，对东印度开始进行的征服和掠夺，非洲变成商业性地猎获黑人的场所；这一切标志着资本主义生产时代的曙光。这些田园诗式的过程是原始积累的主要因素。"学生在史料研读、史料分析的基础上，阐释新航路开辟与世界市场、早期殖民扩张之间关系，形成较为客观的历史解释，提出自己的见解。

家国情怀：通过体验和感悟欧洲航海家的航海历程和探索精神，培养学生积极进取的精神；通过认识早期殖民扩张对亚非美带来贫困落后，使学生认识到资本主义的发展是建立在残酷剥削本国劳动人民和殖民地人民的基础上，激发学生热爱独立、自由，反抗压迫的情感。

教师在确定课堂学习目标时，既不能单纯地考虑认知性目标，也不能将发展性目标制定得面面俱到；既不能将学科核心素养目标简单叠加，也不能将整体目标机械分割，而要在分析学习内容、学生状态和学生发展可能性的基础上有机地统筹历史学科核心素养目标。

3. 学习目标表述的恰当性

学习目标表述是否恰当，主要在于教师是否深入理解和把握历史学科核心素养的水平要求，并在此基础上选择和使用相应的行为动词，如家国情怀素养目标的行为动词主要分为两个层次。一是反应，行为动词有体会、欣赏、感受、理解（别人）、辨别（是非）、品味、认同、尊重、爱护、珍惜、支持等；二是领悟（内化），其行为动词有形成、养成、具备、热爱、树立、建立、坚持、保持、确立、追求等。在目标设计时要把每项目标描述成学生学的行为动词，而不是教师教的行为动词，如"通过……学习，认识……""通过……学习，养成……"等。

衡量学习目标是否具有可操作性，教师要考虑目标拟定是否与学生实际的学习内容、认知水平和心理特征相契合；是否符合学生的内在需求、已有的思维水平和能力水平；是否能在课堂教学的实际活动中得到落实；是否细化、多层，具有可操作性。

（三）学习目标设计应注意的问题

1. 要难易适中，重点突出

学习目标不能太高也不能太低。如果学习目标太高，学生经过努力达不到，就会产生畏学心理；过低，就起不到学习的激励作用。每个学习目标都代表着一定的学习结果，每节课都会有多个学习目标，所以，教师在设计学习目标时要进行权衡，确定主要目标，其他目标围绕主要目标设计。这样可以突出重点，防止由于目标过于分散而影响学习结果。

2. 要有弹性，便于检测

学习目标的弹性主要表现在：一是要有所有学生必须达到的目标，这是课程规定达标的最低限度；二是也要有预期的学习目标，主要针对不同特点的学生，通过努力才能达到。学习目标要具有可检测性，能够衡量出学生通过学习所表现出来的进步程度。教师在设计具体的学习目标时，必须清楚地意识到它们将被用于编制评价标准，所以要用可观察到的外显行为来描述，或用可测量的（笔试、口试、动作测验、心理测验）语句来陈述目标。

3. 要注意学习目标的互相协调

学习目标设计是教师对教学过程进行的整体预设和系统安排，每个模块、专题和章节的学习目标各有侧重，但它们都是课程目标的一个组成部分。为此，教师在设计学习目标时，要对各个模块、专题和章节的学习目标进行分析，对各类学习目标进行综合安排，必要时还要对预设的学习目标做适当的微调，以保证各类学习目标的实现和均衡分布。

二、创设学习情境要围绕历史学科核心素养

正如苏霍姆林斯基所指出的："用环境、用学生自己创造的周围情境、用丰富集体精神生活和一切东西进行教育，这是教育过程中最微妙的领域之一。"[①] 学习情境对启迪学生的思想、陶冶学生的个性、激励学生的志趣、升华学生的情感具有重要的作用，是教育过程中其他要素不可替代的。

（一）学习情境的分类

按其类别划分，学习情境有以下几种类别。

认知情境。通过材料提供、语言交流、问题设置、阅读思考、智力游戏等方式，完成知识、技能和方法学习。

人际交往情境。通过人人对话、小组合作、相互交流、互动探究等方式，构建平等、和谐、健康、新型的人际关系。

自主管理情境。通过相互监督、自我评价、自主监控、课堂调控等方式，促使学生学会在接受管理、管理他人过程中实现自我管理。

信息传输与转换情境。通过运用现代教育技术、提供新材料（包括文字、图片、音像、实物等），让学生掌握阅读、收集、分析、筛选、吸收、转换信息等学习能力。

积极情绪情感情境。通过角色扮演、成功体验、挫折训练、媒体演示、语言描述和手势姿态等方式，在情感体验中实现情、知结合。

学习导入情境。3 分钟视频、一个发人深省的问题、一首诗歌欣赏、3 分钟演讲历史故事或事件、一组现实生活中的图片等都可作为导入情境。

问题探究情境。问题探究情境由知识的实际应用、利用旧知识、通过分析相关数据变化规律、通过例题（习题）、利用热点新闻、运用播放小视频创设问题情境等。

（二）学习情境创设举例

1. 创设学习导入情境

在课堂教学过程中，选择什么样的学习情境切入新课和开展学习活动，要视学科、学习内容、师生自身的具体情况而定。

以《中外历史纲要（上）》第 28 课"中国特色社会主义道路的开辟与发展"一课的教学为例，在上课伊始，教师出示如下史料：

我国的改革开放开始于农村，安徽凤阳县小岗村是我国农村改革的主要发源地。1978 年冬，小岗村的 18 户村民以"敢为天下先"的精神，在一封大包干的"秘密契约"上按下鲜红的手印，拉开了中国农村改革的序

---

① 苏霍姆林斯基.帕夫雷什中学［M］.赵玮，等译.北京：教育科学出版社，1983：122.原文中"情境"为"情景"。

幕。次年，小岗村迎来了大丰收，粮食总产在 13.3 万斤，一举结束以往 20 多年吃国家救济粮的历史，并首次归还国家贷款 800 元。进入新时代，小岗村完成土地承包经营权确权登记颁证工作；成立集体资产股份合作社并发放股权证，实现了村民从"户记包田"到"人人持股"的转变。2017 年，小岗村集体收入突破 820 万元，农村人均收入比 2012 年增长 70% 以上。

教师引导学生阅读上述史料，并思考：我们是基于怎样的国际国内环境进行改革开放的？改革开放改革什么，怎样改革，开放什么，怎样开放？作为改革开放政策的受益者，我们有必要也有责任回过头来了解一下这段辉煌的改革开放探索史。

2. 创设问题情境

在学习《中外历史纲要》"晚清时期的内忧外患与救亡图存"专题"列强入侵与民族危机"时，我们可从浅层理解和深层理解两个维度设计以下问题，让学生围绕这些问题阅读教材相关内容，并进行思考和展开讨论。

浅层理解问题：本课揭示的主题是什么？构成主题的子目有哪些？提供了哪些材料去说明本课的内容？西方列强为什么会选择中国作为侵略对象？有哪些西方列强发动了哪些侵华战争？结局如何？给中国带来哪些危害和影响？当时的中国人民开展了哪些反抗斗争？中国社会各阶层为挽救危局进行了哪些探索？学习本课之后，你能基本复述本课内容吗？

深层理解问题：鸦片战争是因为鸦片而发生的吗？从文明史角度理解，鸦片战争是工业文明与农耕文明的冲突与碰撞。如何认识和评价西方列强给中国带来的危害与客观的进步？如何评价近代前期社会各阶层仁人志士挽救民族危亡的探索？

问题探究是叙述、理解、质疑、解释等历史学习能力的基本途径，但问题的设计要注意两点：一是要有层次性，能满足不同水平学生学习的需要；二是要围绕主题形成问题链，设计的问题不零散随意。

创设具体、生动、形象的学习情境，能够有效地激发、保持、提高学生的学习兴趣，降低学生学习疲劳，缩短教师、教学内容与学生的实际经验、接受能力之间的距离，便于学生准确、快捷地感知、理解、运用学习内容，对于提高课堂学习效率，培养学生历史学科核心素养有着非常积极的意义。

（三）学习情境创设要注意的问题

对教师而言，创设有效的学习情境是一项必要却有难度的事情。在传统教学模式的长期影响下，不少教师习惯了去情境化的教学活动，没有真正认识到知识的意义和价值，也就很难创设真正有效的学习情境。创设学习情境要注意以下问题。

第一，要求教师要努力提高学识修养，不是在字面意义上而是在哲学的高度上理解、把握知识内容，融会贯通，深刻认识知识的内涵、价值与应用条件，从而为创设学习情境确定正确的出发点。

第二，为了创设有效的学习情境，教师还应做生活的有心人，经常关注、收集生活中的教学素材，特别是要从学生的角度来观察、思考周围的生活世界，并有意识地把生活中的事件与教学内容联系起来，既促进对知识的理解，又加深对生活的认识，这样才能建立知识与学习情境之间的有机联系。

第三，创设学习情境单靠教师个人往往很难完成，需要教师集体的分工合作。

三、互动探究要聚焦历史学科核心素养

互动探究是现今课堂上必不可少的教学过程，也是学生应掌握的学习方式。在历史教学中开展互动探究需要教师聚焦要培养的历史学科核心素养，才能最大化地发挥互动探究的作用，有针对性地培养学生的历史学科核心素养。

（一）互动探究的基本步骤

教学活动中的互动包括认知互动、行为互动和情感互动，它是建立在学生自主学习、主动探索基础上的一种学习方式。基本步骤为：质疑探究问题—展示交流成果—交流表达见解（言语互动、思维互动、情感互动）—总结评价。在学生的学习过程中，互动探究旨在激发、活跃学生的思维，促使他们带着有意义和有价值的疑问去学习，寻求问题答案，从而积极主动地完成学习活动。

历史学习中的互动探究是主要围绕一定的历史问题，借助历史材料，在教师的引导和指导下，在合作学习、小组讨论中自主寻求答案、自主建构意义，或学生独自寻求所需信息并运用其解决实际问题的一种学习方式。互动探究能充分激发学生学习的积极性和创造性。

（二）互动探究的教学策略

学生能否主动地、创造性地进行学习，是衡量课堂教学优化程度的重要尺度。发现问题、提出问题、分析问题和解决问题，是互动探究的重要形态。

为了避免互动探究学习形式化、表面化，使其有效、高效地开展，教师要精心设计学习指导提纲（包括阅读提示、教材基本线索和学习建议等），创设问题情境，激发探究欲望；深度阅读教材，引导质疑提问；开展合作学习，进行互动交流（展示互动、表达交流）；归纳总结，激励评价，采取"提问回答、激发思考、组织讨论、指导学习、检测评价"，或采用"学生

讨论、学生提问、教师回答、师生评价"的教学策略，开展互动探究学习。

在具体的教学活动中，要鼓励学生提出问题、发现问题，教师要以极大的热情，欣赏与理解学生的问题；鼓励学生善于把自己在阅读中的问题记录下来，并加以梳理，形成问题链或问题群，与同学、教师一起，进行问题的探讨与解决，享受问题提出与解决的乐趣；鼓励学生广泛地阅读相关的课外书籍，广博地摄取不同的思想观点，在内心不断地碰撞、冲突与矛盾中，为问题的产生提供基础。

学习的深入始于发现问题。有了问题，也就开始了思维训练，学生发现、探讨、解决问题的过程，就是对思维的训练和强化的过程，是获得思维成就的经历，是积累经验的机会。所以，互动探究学习要以激活、调动、启发学生的问题为主，引导学生对问题的探究。这不仅能深化学生对问题的认识，还能培养学生从当时的历史时空条件出发，在阅读历史史料和历史叙述过程中，培养和发展自己时空观念、史料实证、历史解释等核心素养。

（三）互动探究的教学实践

创新精神和实践能力是学生重要的核心素养，而创新精神和实践能力是在发现问题、探讨问题和解决问题过程中逐步培养起来的，没有问题就谈不上学习。例如，在执教《中外历史纲要（上）》"辛亥革命与中华民国的建立"专题"北洋军阀统治时期的政治、经济与文化"一课时，我们可以尝试创设如下的学习情境引导学生开展互动探究。

材料：1915 年，袁世凯公开复辟帝制，遭到全国人民的强烈反对。袁世凯身败名裂，83 天后被迫取消帝制。1917 年，军阀张勋拥戴清朝废帝溥仪登基，在全国人民怒斥声中，12 天后复辟丑剧就草草收场。从"乱臣贼子，人人得而诛之"到"敢有帝制自为者，天下共击之"，辛亥革命播下的民主共和的观念深入人心。

问题设计：找出材料中哪些是史实？哪些是史论？揭示了什么主题？编写者具有怎样的历史观？

通过材料阅读和问题探讨，使学生对辛亥革命在促进中国近代化进程的进步意义有了深入的认识，训练了思维，落实了时空观念、唯物史观、史料实证、历史解释、家国情怀等历史学科核心素养的培养，获得了良好的效果。

四、多元评价要体现历史学科核心素养

教学评价是以教学目标为依据，通过系统地收集和处理各个评价对象的发展信息，了解教学工作的进展，对教学活动过程和结果作出判断，确认是否达到所期望的教学目标，并提出进一步改进的决策，以便更好地提高教学效果，使学生全面发展。

（一）教学评价的构成要素

教学评价的对象主要包括教师和学生。对教师的评价要素包括教师个人素质、教师的工作状态、教学中的行为表现、教师的实际工作能力和工作业绩等；学生要素包括学生个人在学习中的态度、兴趣及个性，相关能力，学业表现等；学习资源要素包括教材、教学辅导材料、多媒体技术等；学习环境要素包括课堂氛围，师生教与学的交流，校园、社会或文化背景，以及评价的基本理念和价值取向等。

（二）教学评价的方法

在对学生的学业评价中，采用的评价方法既有量化方法，也有质性方法，这要视评价的目的、内容而定。可以根据教学活动的进程与要求，适当采用诊断性评价、增值性评价和总结性评价；也可以根据评价的价值标准与目的，灵活使用绝对评价与相对评价。当然，这些评价方法相互联系、相互影响，无论是哪种评价方法，都要使用一定的评价工具，要有一定的评价技术支持。比较常用的评价工具有：教师自制的各科测验；各类标准测验；行为观察记录；问卷；访谈；创作作品分析；技能实演；实验报告、研究报告、考察报告；个案分析；各类奖惩。

为了更好地促进学生历史学科核心素养的全面发展，教师要着力构建一种多元的评价体系，实行评价目标的多元化、评价主体的多元化、评价方式的多元化、评价标准的多元化。在发挥作业、考试与测验等传统评价方法的优势的同时，采取表现性评价（如口试等）等新兴的评价方法，并力求将历史学科核心素养目标作为考试与测验的重要内容，落实到评价过程中。

（三）历史学科核心素养评价案例

建立以促进学生核心素养发展为目标的评价体系，是新时代教学评价改革的重要任务。其中，近几年的全国高考试题命制给我们做了很好的示范。

1. 综合考查历史学科核心素养

【**案例 1**】　**2021 年全国卷 II 第 24 题**

西周实行分封制，周天子与诸侯国君将包括土地及人口的采邑赐给卿、大夫作为世禄。西周中期以后，贵族所获采邑越来越多，到春秋时期，有的诸侯国一个大夫的采邑就多达数十个。这说明（　　　）。

　　A. 土地国有制度废除　　　　B. 分封体制不断强化

　　C. 诸侯国君权力巩固　　　　D. 社会生产持续发展

试题分析：从西周到春秋时期，经济上贵族掌握的土地与人口越来越多，说明随着铁器牛耕的出现，生产力发展，新开垦的土地越来越多，加之人口迅速增长，所以贵族的采邑不断扩大。"贵族所获采邑越来越多"中的

"贵族"指的是卿、大夫，卿、大夫力量不断发展壮大，说明诸侯国君的权力遭到削弱，故符合题意就是 D 项。

本题考查了唯物史观、时空观念、史料实证、历史解释等核心素养。

【案例2】　2019年全国卷Ⅲ第34题

1947—1948年，美国部分印第安人部族面临饥荒，美国政府拒绝提供救济，因为有人指控他们部族公社的生活方式是共产主义式的而不是美国式的。这反映出（　　）。

A. 三权分立体制存在重大缺陷　　B. 意识形态影响政府政策

C. 执政者力图重塑国家精神　　D. 国家对经济的干预加强

试题分析：本题材料是关于有人指控部分印第安人部族公社的生活方式，是共产主义式的而不是美国式的，因此美国政府拒绝提供救济，材料强调的是意识形态的对抗影响美国政府的政策，故选 B。

本题考查了唯物史观、史料实证和历史解释等核心素养。

2. 侧重考查某一方面的核心素养

【案例3】　2018年全国卷Ⅱ第30题

美国记者曾生动地记述抗日根据地："如果你遇见这样的农民——他的整个一生都被人欺凌、被人鞭笞、被人辱骂……你真正把他作为一个人来对待，征求他的意见，让他投票选举地方政府……让他自己决定是否减租减息。如果你做到了这一切，那么，这个农民就会变成一个具有奋斗目标的人。"这一记述表明，抗日根据地（　　）。

A. 农民的抗日热情得到激发　　B. 废除了封建土地制度

C. 国民革命的任务得以实现　　D. 排除了国民党的影响

试题分析：本题材料来自美国记者的生动记述，考查内容是抗日战争时期抗日根据地的政策及其影响。命题意图旨在考查学生解读历史材料，从历史材料中提取有效信息，对选项做出正确判断的学科能力。本题选 A。

本题主要考查学生史料实证核心素养。

【案例4】　2020年全国卷Ⅲ第25题

东汉末年，曹操在许下和各地置田官，大力发展屯田，以解决军粮供应，田亩荒芜和流民问题。"数年中所在积粟，仓廪皆满。"曹操实行屯田，客观上（　　）。

A. 助长了大土地所有制　　B. 推动了农业商品化进程

C. 促进了中原人口南迁　　D. 缓和了社会的主要矛盾

试题分析：本题考查汉魏时期北方的土地制度和经济恢复。屯田制是汉以后历代政府为取得军队给养或税粮，利用士兵和无地农民垦种荒地的制度。有军屯、民屯和商屯三种。依据材料可知，曹操的屯田制主要是前二者，即军屯、民屯。这在社会动荡情况，有利于组织民力屯垦，从而推动了北方经济的恢复；同时安置大批流民和保障基本民生，也有利于社会稳定。故可以选择 D 项。

本题考查历史解释核心素养。

【案例 5】 **2018 年全国卷 II 第 24 题**

据《史记》记载，商汤见野外有人捕猎鸟兽，张设的罗网四面密实，认为这样便将鸟兽杀绝了，提出"乃去其三面"，因此获得诸侯的拥护，最终推翻夏桀，创立商朝。这一记载意在说明（　　　）。

A. 商汤成功缘于他的仁德之心　　B. 捕猎是夏商时主要经济活动

C. 商朝已经注重生态环境保护　　D. 资源争夺是夏商更替的主因

试题分析：本题考查内容是以《史记》记述的形式宣扬儒家提倡的"仁政"思想，体现了传承传统优秀道德文化的导向，涉及生态保护，将生态文明建设与经济建设、政治建设、文化建设、社会建设并列，体现"五位一体"地建设中国特色社会主义的深刻意蕴。

本题考查家国情怀核心素养。

教学评价是培养和发展学生历史学科核心素养的重要途径。需要注意的是，教学评价要尊重学生的个体差异，针对不同学生的优势和劣势以及存在的问题，提出解决问题的最佳方案，评价才能充分发挥其导向功能。在日常评价过程中，评价者不能只看学生历史学习的结果，更要看学生历史学习的状态、学习过程中的体验、感悟，重视学生情感、态度与价值观的形成和发展。评价手段要灵活、多样，以充分发挥评价的激励和发展的作用。

● 思考与讨论

＊ 理解学科核心素养内部要素的相互关联性，思考如何在高中历史教学中构建要素与要素间的有效关联？

＊ 历史学科核心素养可从知识、能力、情意等不同维度进行表征，这对历史教学目标设计和教学实施有何启示？

＊ 结合自身学习目标设计实践，思考除目标的科学性、内容的系统性与表述的恰当性外，历史学习目标设计是否存在其他应当遵循的原则？

第三章　　　核心素养导向的教学内容优化

● 内容提要

＊ 新版课程标准进一步精选了历史学科内容，重视以大概念为核心，使课程内容结构化，以主题为引领，使课程内容情境化，这有利于中学历史教师在教育教学实践中促进历史学科核心素养的落实。高阶思维的培养依赖于深度学习的推进。我们认为，"材料—情境—问题"是构建高质量生态课堂的核心路径，是进一步推动教学方式和学习方式根本转变的关键载体。

＊ 教材的深度解读是教师创造性地使用教材的重要前提，蕴含着"用教材教"的新教材观。教材的深度解读既指对教材的编写立意、编写特点等方面的宏观解读，也包括对课文内容的深度解析。在实践操作层面，教材的深度解读主要体现为对教材内容的精减、拓展、重构和整合。

＊ 整合历史课程内容与提炼历史大概念的有效策略主要包括：基于新版课程标准提炼历史板块与单元目标核心概念，运用逻辑方法论提炼课文核心概念，构建多元评价机制。

＊ 课堂情境化教学主要涉及教师创设情境、激励学习、引导反馈与学生受到刺激、融入情境、形成相关学科核心素养两方面互为关联的流程。有效创设课堂教学情境，能够有效引导学生真正理解历史和解释历史。

第一节　挖掘：教材的深度解读及实例

这里的"教材"是指教科书，它是历史课程的核心教学资料。教材并不是教学内容的全部，教材上的内容也不一定全部都要教，新课程改革告别"教教材"，倡导"用教材教"，这就给教师创造性地使用教材留出了空间。而要创造性地使用教材，就需要教师结合教学实际的需要，对教材内容、编排顺序和教学方法等方面进行适当的取舍和调整。做这些工作的前提，则是对教材的深度解读。

一、如何对教材的深度解读

对教材的深度解读可以分为两个层次，一是对诸如教材的编写立意、编写特点等方面进行宏观的深度解读。我们可以注意到最新的统编教材传承着中华优秀传统文化的基因，承载着国家意志、国家使命和国家战略，即要全面提高教育质量，实现中国教育的崛起，传播社会主义核心价值观，培养中国学生发展核心素养，以铸强中国当下与未来的脊梁，从而实现中华民族的伟大复兴。二是对教材某一课课文内容的深度解析。这就需要教师在全面阅读、理解本课内容的基础上，找出教材各部分的内在联系，以学生的实际情况为依据，确定本课的学习目标，再由该目标出发，确定本课的核心问题和支撑核心问题的子问题，形成一个为培养学生核心素养服务的问题架构，最后依据这一架构对教材内容进行一系列的加工。

（一）对教材内容的精减

最新的历史统编教材的内容是非常全面的，如果教师逐字逐句按知识要点讲下去，要想在规定课时内完成教学任务是非常困难的。因此，对于教材文本，教师显然没有必要在教学中逐字逐句地详细分析，可以从完整的故事情节中选取一些与学生学习相关的段落来教学。精减也是简化，减掉教材中太难、太易的内容，将教材读"薄"。这样有利于教学重点的凸显，避免了"什么都讲，但什么也没有落实"的低效教学，促进课堂教学效益的提升。

（二）对教材内容的拓展

如果说精减是要把教材读薄，那么拓展则是要把教材读厚。新版课程标准提出了高中历史课程三条最为重要的基本理念：一是以立德树人为历史课程的根本任务，二是坚持正确的思想导向和价值判断，三是以培养和提高学生的历史学科核心素养为目标。教材文本大多言简意赅，这就为教师进一步拓展教学资料，以落实这三个基本理念留下大量的空白。

（三）对教材内容的重构

这里的重构，是指对文本结构的重新组织。也就是说，运用另一种方式来表达文本的内容。这样的重构，往往是为了识记、复述特定的教学任务而进行的，是建立在对文本内容充分理解基础之上的，是基于文本内容的语言重组，是一种创造性表达，常常给人以"似曾相识，但面目全新"之感。

（四）对教材内容的大胆整合

整合是指将教材内容按照一定的教育主题（或称核心问题）进行统整和组合。整合需要做两件事：一是"寻找公约数"，就是找到几处内容之间的相同点；二是"合并同类项"，将相同教育主题的内容进行"打包式"教学。这样，既凸显了鲜明的教育主题，也让每个独立的文本焕发出新的生机。这种整合既可以是内容的纵向整合，如中国古代各个中原王朝几乎都有各自的民族政策与边疆治理策略，那么教师可以对其进行整合，以引导学生从纵向的比较中发现新的问题、找到新的规律；也可以是横向整合，如同样面对 20 世纪 20 至 30 年代的经济大危机，西方资本主义各国都采取了哪些措施，引导学生去比较这些措施，发现其中的异同点，进而去思考为什么会有这些异同点。

二、案例

以复习课"西学东渐有利于中国社会发展／转型"为例

本实例为高三年级复习课，复习内容为西学东渐专题。根据新版课程标准的规定，该内容分布于必修课程专题 1.6"明至清中叶中国版图的奠定、封建专制的发展与社会变动"以及专题 1.7"晚清时期的内忧外患与救亡图存"，还包括选择性必修课程模块 3。

其中选择性必修课程模块 3 中，对于文化交流还有专门的阐述："通过文化交流与传播的主要方式、途径和载体，展现中外历史上重要文化产品和文化成就交流传播的过程，以及对不同文化发展变化所产生的重要影响。学生通过本课程的学习，有助于尊重世界文明的多样性，以文明交流超越文明隔阂、文明互鉴超越文明冲突、文明共存超越文明优越。"这也为复习本专题确立了基本的价值观。从时空上看，该专题内容分布于明末清初和中国近现代历史时期；从文化交流的内容上看，西方的经济、政治和思想文化通过和平的与非和平的方式大量传入中国，而中国人对西学的态度则由抗拒到被动接受再到主动接受。

因此，可以确定本专题复习的核心概念为"西学东渐与中国社会发

展 / 转型"（图 3-1）。在这一大概念下，从时间上可细化为三个关键概念：
（1）明末清初西学东渐对中国社会的影响；（2）近代西学东渐对中国社会
的影响；（3）现代西学对中国社会的影响。从西学的起源空间来看，又可
细化为：（1）欧美式西学对近代中国的影响；（2）俄国道路对近代中国的
影响。

执教教师在确定关键概念时，从时空观念出发，将本课时要解决的关键
概念确定为"欧美式西学对近代中国的影响"。这一关键概念，又涉及若干
重要的子概念，如西学、欧美式西学、西学东渐、社会转型等。但作为复习
课，学生已经学习过绝大多数重要的子概念，现在所要做的事有：一是唤醒
这部分知识的沉睡回忆；二是把这些概念体系化、线索化，寻找它们之间的
联系；三是在这一过程中寻求方法的总结、技巧的提升以及形成正确的世界
观、人生观和价值观，树立家国情怀。为此，执教教师又设计了若干问题来
帮助学生学习，其中比较重要的有：（1）近代西学东渐的背景是什么？（2）西
学东渐对中国近代社会转型产生了怎样的影响？（3）有哪些因素影响了近代西
学东渐？考虑到西学东渐这一历史事件的宏大，因此执教教师以司徒雷登家
族在华经历来创设情境，又涉及对历史人物的评价，所以又设置了第四个问
题：（4）如何评价司徒雷登？该问题可帮助学生提高唯物史观和历史解释等
方面的学科核心素养，也作为对以司徒雷登作为情境创设主要对象的一个总
结。为了较好地解决第二个问题，又设计了两个子问题：（2.1）19 世纪中
后期教会学校在中国的发展有哪些特点？（2.2）分析司徒雷登对燕京大学
的改革的影响及内容。

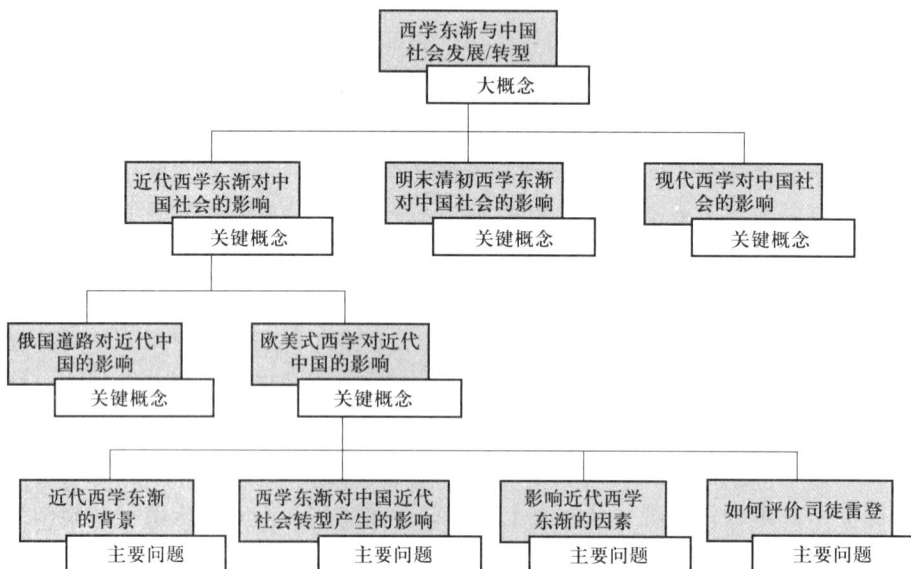

图 3-1　本课设计结构

流程一：

教师说明 20 世纪 60 年代司徒雷登在中美两国认知度的不同，创设情境，提出问题：为什么在 20 世纪 60 年代的中国司徒雷登会成为"最有名的美国人之一"？

【分析】

设计目的：试图将欧美式西学东渐这一宏大历史事件具体化到一位历史人物身上，然后从这一历史人物身上折射出欧美式西学东渐的相关知识。

理由：之所以选择以司徒雷登来反映欧美式西学东渐这一历史事件，首先是因为他的家族来到中国的时间早。早在 1868 年其父亲就已来到中国，其身份是传教士，但又从事教育。而在中国近代历史上，西学的传播，传教士所扮演的角色不容忽视。其次，司徒雷登本人经历多样。他本人生于中国，长于中国，11 岁回美国接受教育。他想当教师，最后却当了一个擅长教育的传教士。返回中国后，他参与传教，又在神学院教书，再后来参与创办和主持燕京大学，将一所名不见经传的教会大学办成了中国最好的大学之一。再往后，他因为不与日本人合作而被关过集中营，为此获得了巨大的声誉。最后，他出任美国驻华大使，在南京解放后离华。如果能根据他经历的丰富性组织好文本，更能使历史课创造出一种戏剧性来。因此，教师选择司徒雷登，试图在他身上以小见大，回首中国近代这段历史。

效果：这一流程看似简单，但在实际教学过程中，却要求学生调动所学中外历史、甚至是其他学科的知识，因此看似简单的问题在学生回答时让其感到颇有难度。

流程二：

材料　约翰·林顿（司徒雷登的父亲），……进普林斯顿神学院攻读。1868 年，新建立的南长老会海外执行委员会将他和另外两位同伴作为第一批传教士送往中国。……南长老教会最早的传教地点靠近当地官员住宅，官员子女一有生病，医生和占卜师就把原因归结为外国人住在附近，于是地方当局编造理由、挖空心思把传教士们赶到另外一个地方去了。约翰·林顿的妻子玛丽则帮助创办了中国近代第二所女子学校，学生全部寄宿且免收学费，入学条件是不许缠足、不许包办婚姻。

——摘编自司徒雷登：《在华五十年——司徒雷登回忆录》

问题：根据材料及所学知识，简述 19 世纪中期西学东渐的背景。

【分析】

本流程提出的问题，也是支撑本课关键概念的重要问题。但如前文所述，本课是高三复习课，高三学生已经学习了近代西学东渐的相关知识，在本堂课上他们所要做的是重新调动、组织、整合这些知识，以培养发展相关的学科核心素养。学生可以通过材料中的相关时间，将材料中反映的传教士东来传教、办学放到特定的时空中进行考察，并从政治、经济、思想文化等角度分析其缘起，从而帮助学生整合新旧知识，形成完整的知识链，在知识的前后整合中形成知识网。

流程三：

材料

19世纪至20世纪教会学校在中国发展情况

时期	分布区域	学校类型	学习内容	招生对象及费用
1840—1860	通商口岸和香港	小学，少量女子学校	宗教教义和仪式；儒家经典；科学技术	穷苦教徒子弟或乞丐；免收学费及膳宿费用
1860—1900	沿海和内地	以小学为主，女子学校有所发展，中学增多，一些中学办有大学班级	把基督教义与儒家思想中有利于教会发展的内容结合；设置英语课	商界子弟，收取高额学费
1900—20世纪20年代		中小学继续发展，创办了一批教会大学	不再强迫学生上宗教课和入教	非教徒子弟比例超过教徒，收取高额学费

——摘编自顾长声《传教士与近代中国》，顾卫民《基督教与近代中国社会》

问题：根据材料及所学知识，简述19世纪中后期教会学校在中国发展的特点。

【分析】

该问题是上一个问题的延续和深化，通过分析教会学校近百年的发展史，帮助学生调动政治、经济和思想文化各方面的知识，如近代资本主义对中国的侵略的史实、近代中外文化交流的史实等，实现前后知识的整合，并帮助学生全面而客观地认识教会学校在中国近代社会转型过程中所起的独特的作用，以提高其唯物史观方面的素养。同时，针对高三复习课的任务和特点，在这一环节中渗透了方法指导，帮助学生学、练、思结合，提高应试能力。

流程四：

教师在简述司徒雷登早年经历后，说明其于1919年出任燕京大学校长，开始主持对燕京大学的改革。

材料　20世纪早期，中国发生"非基督教化"运动，提出了"收回教育权"的口号。燕京大学于1928年从教会大学转变为正规的经国家批准的私立大学。燕京大学"以教授高深学术，发展才、德、体力，养成国民领袖，应中华民国国家及社会需要为宗旨"，取消了宗教仪式和宗教必修课，规定学生必须在规定的 60 个学分中选修 12 个学分的中国文学和 10 个学分的中国历史；设立了制革科、家政学系及劳工统计调查科、医学预科、教育专修科、农学专修科等学科；在北京东南的清河镇设立乡村试验区，在河北县开展平民教育。司徒雷登对于学生参加各种爱国运动，也表现出宽容和支持的态度。司徒雷登还争得与哈佛大学合作，于 1928 年成立哈佛燕京学社，共同研究、传播和保存中国文化。

——摘编自赵红、张苗苗《司徒雷登与燕京大学的"中国化"》

问题：根据材料及所学知识，分析指出司徒雷登对燕京大学进行改革的背景及内容。

【分析】

这一主要问题的设置，明确指向了历史的几大学科核心素养，学生要对背景进行概括以及问题中隐约已经包含的对司徒雷登在燕京大学的改革的评价，都不可避免地要求学生回到"20 世纪早期的中国"这一特定的时空中去，要求学生全面辩证地对历史事物作出叙述与评价。而且通过这一环节，解决了近代西学东渐对中国社会转型的影响这一主要问题。同时，教师在此环节加入了方法指导，指导学生通过时空词来发掘材料中的隐性信息。

流程五：

材料 1946 年 7 月，司徒雷登被任命为美国驻华大使，参与调解国共矛盾。1949 年 4 月 23 日之后，司徒雷登留在南京，与中共代表、曾在燕京大学就读的黄华进行多轮接触，但无果而终。8 月 2 日，司徒雷登离开中国，在司徒雷登返回美国途中，美国发表《美国与中国的关系》白皮书，追问到底是谁丢了中国。8 月 18 日，毛泽东发表《别了，司徒雷登》。自此之后，司徒雷登再也没有机会重返中国。

——摘编自纪录片《知是故人来——司徒雷登在华 50 年》解说词

问题：根据材料及所学知识，指出 20 世纪中期欧美西学在中国大陆的传播陷入低潮的原因。

【分析】

教师在此处提示学生，毛泽东的《别了，司徒雷登》，标题是针对司徒雷登个人，但实际上针对的是美国政府。而司徒雷登离华，既是他个人的离开，在一定程度上，也标志着欧美式西学在华传播陷入低潮。而本环节要解决的问题就是主要问题三：有哪些因素影响近代西学东渐？除此之外，教师在问题设计上做了一些变化，即：近代以来影响西学传播的因素有哪些？通过这一问题的设置，使学生超越具体的历史事件，调动相关知识，发现可以影响历史事件发展的各类因素，将之系统化、线索化，将对历史现象的个别性、独特性的认识上升到历史规律性的认识，并将这种规律性认识根据一定的逻辑结构表达出来。通过这个训练，促使学生对历史事实的概括上升到一个新的高度，而且还力图使学生掌握一种分析问题的范式，以便他们以后能将这种范式迁移到其他情境中去。

流程六：

教师简述司徒雷登的回美后的生活后出示材料创设情境：

材料 我一生中大部分的时间以中国为家。精神上的缕缕纽带把我与那个伟大的国家及其伟大的人民紧紧地联系在一起，我不但出生在那个国度里，而且还曾经在那里长期居住过，结识了许多朋友。我有幸在那里度过了我的童年，后来又回到那里当传教士，研究中国文化，当福音派神学教授和大学校长。1946 年，我在意想不到的情况下，一跃而被提升为美国驻南京大使；然而在 1949 年，我作为大使，最终却是很不愉快地离开了那个国家。

——摘编自司徒雷登《在华五十年》

问题：今天，当我们回首这段往事，又应该如何评价司徒雷登呢？

教师简述司徒雷登逝世后希望能安葬于燕京大学，但此遗愿长期未能实现，直到 2008 年，司徒雷登的骨灰才安放于他的出生地杭州。并由此设问：为什么司徒雷登的骨灰能在其逝世近半个世纪后回归中国？

【分析】

在该环节中，教师设置了两个问题，但重点都是在引导学生对司徒雷登这一历史人物进行评价。在第一个问题上，教师强调了如何评价历史人物的方法指导。教师在先给出范式的情况下，要求学生根据范式进行训练，然后随机选择学生进行成果展示并进行点评，从而达到学、练、评、思的结合。而在第二个问题中，因为材料中时空已经从中国近代史转换到社会主义建设新时期，因此学生需要从这一特定的时空转换中注意到中国在文化上、制度上、道路上已经发生了翻天覆地的变化这一基本事实，并更加自信、从容地看待西方文化的传入。

流程七：

教师引导学生进行史实辨析，对比毛泽东与司徒雷登对美国扶蒋反共的观点：

材料 毛泽东与司徒雷登对美国扶蒋反共的观点

毛泽东 《别了，司徒雷登》	国共内战是美国出钱出枪，蒋介石出人，替美国打仗杀中国人，借以变中国为美国殖民地的战争
司徒雷登 《司徒雷登回忆录》	积极援助国民政府，敦促其容纳中共，进行改革，使其成为既稳定又对美国友好的政府

问题：比较材料中毛泽东与司徒雷登对美国在 1946—1949 年国共内战中所起作用的认识，并简要评述。

【分析】

该环节分布于欧美式西学东渐内容复习完毕、课后拓展深化阶段。教师设计此环节的目的是针对前面复习内容中对于史料实证这个学科核心素养涉及较少，而予以专门加强。学生在分析此问题时，必然要结合两人所处的特定时空环境，对相关史料进行整理和辨析，首先，要帮助学生解决史实讲述的"是什么"，在此基础上再进一步思考"为什么"；在这个过程中，要促使学生全面发掘史料中蕴涵或隐藏的各种信息或意义，注意挖掘史料背后的社会背景和特定的微观情境。中学生自我意识开始萌发，往往过于坚持自己的观点，因此教师需要引导学生论从史出，切忌望文生义、断章取义，帮助学生提高逻辑推理和严密论证的能力。

第二节　整合：学科大概念的提炼及实例

高中历史必修课程的基本结构是按照历史发展时序展开的，以学习专题的方式依次呈现历史的进程，要求学生在掌握历史发展基本线索的基础上，对重要历史问题进行分析。历史选修课程按学习专题排列，要求学生从多个角度探寻与模块专题相关的史事。教师在进行教学设计时，需要整体梳理教学内容，把握每个学习专题所涉及的范围、重要史事和核心问题，并将核心问题的解决与学生历史学科核心素养的培养联系起来。在分析课程结构基础上，教师需要对教学内容进行更为有效的整合。

一、历史大概念与历史课程整合

（一）历史大概念

查莫斯认为，大概念分为两种类别：内容大概念和过程大概念。内容大概念主要是原理、理论或者模型，如加减法、原子理论、概率模型等；过程大概念是获取和有效使用知识的有关技能，如观察、实验、解释等。显然，查莫斯的理论主要适用于自然科学和经济学等学科，不能完全适用于历史等人文社会学科。因为自然科学和经济学都有相关的公理、定理、公式、模型等，而人文社会学科没有。人文社会学科所谓的范式、模型均非内容大概念，而是某一学术派别（团体）使用的过程性大概念。历史等人文社会学科可以合理地引入大概念教学理论的思想方法，但绝对不能机械地将其用于教学实践。

朱汉国将核心概念理解为在掌握具体历史事实的基础上，通过抽象概括而形成的对历史史实本质性的认识。王健宁提出，确定历史学科的核心概念时，应该关注以下几个方面：有高度概括性，对历史学科知识起组织作用；提供解决复杂问题的分析框架；与学生的实际生活或社会与个人关注的问题相关联；可以被不同层次的学生学习和研究。[①]

（二）历史课程整合

一门学科"务必使学生理解该科的基本结构，教一门学科就是在教一种整合的认知结构，学科教学本身就是一种形式的整合"。整合的课程是"把学生在校内的学习同校外生活及其需要和兴趣紧密结合的整体化课程"。[②] 课程整合是一种设计思想，准确地说，这是一种课程开发方式，是将两种或者两种以上的学科内容、资源、教学方式等融合在一起，开发出新的课程。课程整合对教师、学生、教学本身提出了更高的综合性要求。

历史课程整合的重要内容是历史课程内容整合。从宏观上看，历史课程内容整合既可以是主题式的纵向课程内容整合，也可以是阶段式的横向课程内容整合，还可以是跨学科、跨专业的课程内容整合。从微观上看，历史课程内容整合应对教材中因体例而被人为割裂的内容进行系统整合，对教材中反复出现的同一历史事物进行合并整理；对于同类历史事物、人物构建必要的关联；根据课程标准和课程要求对断层的史事进行适度开发和补充。

历史课程整合不仅要面向知识，还要强调把知识作为一种工具、媒介和方法融入教学的各个层面中，培养学生的积极性和综合实践能力。在教学过程中，教师应该更新教学理念，把具有前瞻性的大概念教学理论与教学实际相结合，努力创建能调动学生积极性、主动性、创造性的学习氛围，有针对性、选择性地整合教材内容，优化课堂教学内容，并强化教学过程评价。

二、历史课程内容整合对历史大概念教学的意义

（一）有利于核心概念的解决和教学目标的达成

历史课程内容整合是建立在全面认知课程结构、合理制定教学目标、精确选定核心概念的基础上进行的。课程内容整合必然要服务于核心概念的生成与解决。通过课程内容整合，学生可以在有效的历史情境中实现对核心概念从初步认知到深入理解，再到迁移运用的发展。

（二）有利于实现学生历史学科核心素养的发展

核心概念具有多元性特征，是学科核心素养在教学活动中的多维度折射。通过课程整合实现从关键概念至核心概念的突破过程，也就是学科核心

---

① 王健宁．基于"大概念"的高中历史教学［J］．历史教学（上半月刊），2019：（2）：26-30.

② 李刚，吕立杰．大概念课程设计：指向学科核心素养落实的课程架构［J］．教育发展研究，2018（Z2）：35-42.

素养有效发展的过程。从这个角度来说，课程内容的有效整合既有利于培养学生的唯物史观与时空观念素养，也可以促进学生史料实证和历史解释素养的提高，还可以帮助学生树立正确的价值观。

（三）为学生创建自主、协作、开放的学习空间

基于课程内容整合的大概念历史教学，强调在概念群形成、问题设置、回归概念的过程中，使学生的学习方式由被动学习转化为主动学习。学生在解决问题和完成任务的过程中逐步获得自信，提高学习效率，在独立探索和合作探究的学习中养成自主学习意识和习惯。

三、提炼学科大概念的策略

整合课程内容，重构知识框架，是基于大概念、大观念、大主题、大任务的课程内容改造的重要内涵。其整合的方法和路径、整合的程度与范围、概念群和问题群的构建、课程整合的具体实施与评价，会对核心概念的解决和高效教学目标的达成产生重要影响。教师在整合历史课程内容和提炼历史大概念时，可以运用以下策略和方法。

（一）深入学习与理解新版课程标准和历史课程，提炼基于历史模块的大概念

在课程内容整合基础上形成的历史模块核心概念，具有高度整合性、多元性特征，应包括知识概念、思维概念、方法概念、价值概念等多维度内容。这就要求教师在设置核心概念前，必须深入学习与理解新版课程标准和历史课程，挖掘出符合学生认知实际与学习需要的基于历史课程模块的主题，进而提炼出蕴含多元内容的核心概念。

以必修模块《中外历史纲要》为例，为适应教、学、评一体化的需要，在课程实施中，教材可以分为中国古代史、中国近现代史、世界古代史、世界近现代史四大版块，也可以分为中国古代史、中国近代史、中国现代史、世界古代史、世界近代史、世界现代史六大版块。世界现代史的知识框架可以综述如下：

世界现代史是资本主义继续发展，社会主义曲折前进，两种社会制度长期并存、相互竞争的历史；是世界人民反抗殖民主义和霸权主义，争取民族独立、政治民主、经济发展和国家主权的历史；是各国家、各地区和各民族之间多元文化共存、冲突、交流与融合的历史；是科学革命、技术进步和知识增量突飞猛进，并且对人类社会和历史变迁产生越来越大影响力的历史；是国际关系向体系化、制度化、多元化发展的历史；是整体世界在全球化背景下曲折发展的历史。

据此，世界现代史版块可以确定以下几个核心概念：两种社会制度的并

存与竞合；世界殖民体系走向解体；国际关系的体系化、制度化、多元化；全球化的曲折演进。

（二）实现历史发展不同时段的结合，提炼基于单元目标的历史大概念

历史不是单向度的平面型，而是具有多向度、多层次的立体型。著名历史学家布罗代尔提出的历史三种时段理论为我们整合课程资源，提炼基于单元目标的历史大概念提供了思路。布罗代尔认为，被称作"地理时间"的长时段构成了一切历史基础，只有把长时段的历史弄明白，才能弄懂具体的历史现象和历史事件；被称为"社会时间"的中时段是影响人类生活的经济或人口变动的周期性变化，如政治结构、军事结构等；被称为"事件时间"的短时段则是令人眼花缭乱的政治、军事与人物的活动。

我们在提炼历史大概念时，既要注意在较长一个历史时段内的历史发展大趋势，也要对其中各个单元时段内政治、经济、文化等的历史发展有全面而深入的认知，还要充分考虑到作为单个历史事件或历史现象的具象。由此将长时段、中时段和短时段相结合，提炼出具有整合性的历史大概念。

下面以《中外历史纲要（上）》第四单元"明清中国版图的奠定与面临的挑战"为例，说一说历史大概念的提炼。

本单元主要讲述明朝建立到清朝中期（1368—1840年）的历史。从历史发展的长时段来看，我国古代历史发展的大趋势是：专制主义中央集权的强化；统一多民族国家的稳固和发展。从中时段来看，明朝建立到清朝中期（1368—1840年）是我国古代社会的最后一个历史时段。在这个时段内，专制主义空前强化，统一多民族封建国家更趋稳固，现代中国的版图逐渐定型，经济、文化、对外关系都有新的发展。从短时段来看，课本介绍了内阁、军机处、郑和下西洋、民族关系、明末农民大起义、康乾盛世、商品经济发展、早期启蒙思想、市民文学等一系列具体的历史概念。

通过对三个时段的整合，我们发现，在明清时期，中国传统古代社会在政治、经济、文化和外交等领域均已发展到一个相当高的水平，国家治理体系的进一步健全，传统农商经济的发展，对边疆地区的治理，朝贡外交的空前发展等都充分说明了这一点。但同时，中国传统古代社会发展进程逐步减缓并趋于停滞，社会危机日益凸显。在此基础上，我们决定把本单元的核心概念定为"古代社会的迟暮"，具体由两个关键概念组成：一是传统古代社会的进一步发展；二是传统古代社会面临的危机，在世界范围内由盛转衰。具体概念群如图3-2。

从上述案例可以看出，经由整合不同时段而提炼出的历史大概念，不仅可以较好地统领单元教学，也能够实现宏观史学与微观史学的无缝衔接。

在构建以核心概念为核心的大概念时，我们既要注意学术上的严谨性，也要注意其适用性，即概念群的构建要起到帮助学生实现有效学习的作用，如以下子概念的分析：

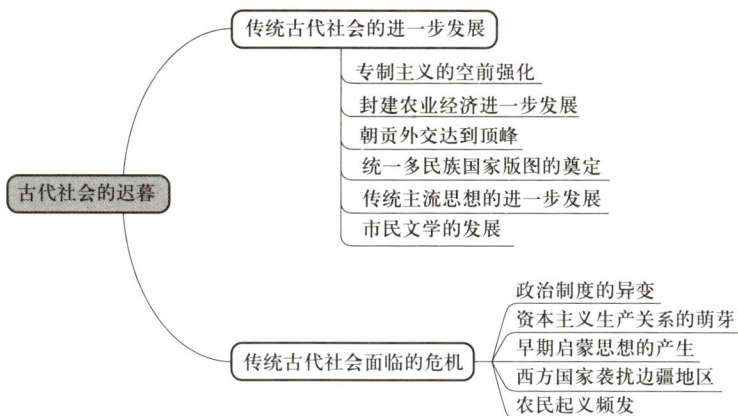

图 3-2　"明清中国版图的奠定与面临的挑战"单元概念群

子概念 1：封建农业经济进一步发展

生产力：农业产量上升

生产关系：租佃制生产关系进一步发展

生产组织形式：以家庭为单位的个体生产

经济结构／格局：经济作物大量种植；外来高产作物引进

经济制度／政策：地丁银

子概念 2：专制主义空前强化（明清时期的政治文明）

政治局势／格局：国家统一；中央王朝对边疆地区的管辖加强

政治制度：内阁制度的形成与发展；军机处的设置（从部落贵族政治遗风向封建官僚体制的演变）；改土归流

阶级关系：农民起义频发，社会矛盾日趋尖锐（人口增长带来社会问题）

重大事件：康乾盛世

（三）利用逻辑方法论，提炼单一课文的核心概念

在涉及提炼单一课文的概念与整合课程内容时，可以在整合三个时段内容的前提下，通过分析与综合、比较与对比、抽象与概括等方法提炼核心概念，进行课程资源整合。例如，我们在对五四运动进行详细分析后，可以用高度概括性的语言表述来说明其本质特征：

五四运动，爆发于民族危难之际，是一场以先进青年知识分子为先锋、广大人民群众参加的彻底反帝反封建的伟大爱国革命运动，是一场中国人民为拯救民族危亡、捍卫民族尊严、凝聚民族力量而掀起的伟大社会革命运动，是一场传播新思想新文化新知识的伟大思想启蒙运动和新文化运动。

我们还可以将中国的洋务运动和日本的明治维新的内容进行整合，通过比较，分析这两个运动一成一败的原因。

（四）注重多元评价机制的构建

基于大概念的高中历史课程内容整合，要特别强调多元评价机制的构建。无论是预习学案、预读课文等课前准备的检查，还是教学活动过程中主要问题的设置，以及课后练习、测试、探索式学习等手段的使用，既是对学生认识水平和思维水平的评价，也是对课程内容整合的重要评价途径。在学习"明清中国版图的奠定与面临的挑战"一课时，我们设计了如下情境与问题：

材料　冯梦龙（1574—约1646年），从小好学，博览群书，但为学不拘，思想活跃，难入八股制义的堂奥，科场屡屡失意，反使他推崇李贽的离经叛道与疏狂放荡，从学究式的死胡同中转而走向社会。从三十多岁起，他用大部分精力搜集民间文学作品，陆续编写《情史》《喻世明言》《警世通言》《醒世恒言》等白话小说与通俗文学作品。他投身通俗文学的创作遭到一些顽固儒士的攻讦与嘲笑，但他认为通俗文学能使"怯者用，淫者贞，薄者敦，顽钝者汗下"。"三言"问世后，文坛仿其形式而拟写话本，如《初刻拍案惊奇》《点石头》《十二楼》等联翩迭出，形成晚明通俗文学发展的高潮。

他57岁考上贡生，五年的宦海风涛，使他对腐朽的社会现实有更深的了解，更加讲求通俗与现实，于话本、小说、历史演义、民歌、笔记小说、传奇、散曲、诗歌、散文、曲谱皆有成就，著述宏富。

——摘编自白寿彝《中国通史》

阅读材料并回答问题：

（1）根据材料并结合所学知识，概括冯梦龙文学创作活动的特点。

（2）根据材料并结合所学知识，指出冯梦龙文学创作活动的时代背景。

第一个问题主要检测学生分析综合、概括归纳的逻辑思维能力，要求学生能够从史料中获取有效信息，并结合所学知识，根据冯梦龙文学创作的时代背景及其个人因素，提炼出其文学创作的特点：从民间文学作品中汲取养分；描绘晚明世情风俗，揭露封建专制的腐朽黑暗；重视通俗文学的社会功能；推动晚明通俗文学发展；在文学艺术的多个方面皆有成就，表现出卓越的创作才华和勤奋精神。

第二个问题要求学生面对新情境，能够迁移和运用所学知识来回答冯梦龙文学创作的时代背景：江南工商业市镇经济勃兴，市民阶层壮大；封建统治腐朽黑暗；八股取士强化了程朱理学的正统地位，思想界出现了李贽等"异端"思想。这个答案就是单元历史阶段特征这个大概念的具体运用。

教师在组织学生学习部编版选择性必修教材《国家制度与社会治理》第六单元"基层治理与社会保障"的第2课"世界主要国家的基层治理与社会保障"时，设计了如下课后学生活动方案：

材料　"十二五"期间，我国社会保障公共投入规模年均增长在15%以上。然而，伴随经济发展进入新常态，国民经济增速已从上世纪的两位数下降到7%左右，财政收入增幅也从曾经的20%以上降低到个位数。一方面，一些人大力渲染所谓"福利病""福利国家病""福利陷阱"和社会保险财政崩溃论调，主张限制甚至削减公共福利、基本养老保险采取大账户制、社会医疗保险实行商业保险化等；另一方面，公众对社会保障制度的期望越来越高，不仅要求持续提高养老金、医保等社会保障待遇，而且要求免费医疗、普遍性福利的呼声高涨。

　　　　　　——摘编自光明网《中国社会保障改革面临四大问题与五大挑战》

　　教师设问：面对社会保障制度存在的问题，你觉得我们应该选择怎样的社会保障之路？结合本课所学和下列参考资料，撰写300～500字的论文。（要求：观点明确，逻辑严密，史论结合。）

　　参考资料：

　　丁建定《瑞典社会保障制度的发展研究》

　　黄安年《当代西方国家社会保障制度的演变》

　　全家厚《西方社会福利制度范式的流变——兼评福利理论范式的变迁》

　　郑秉文《中国社会保障制度改革的瓶颈与出路》

　　周端明《社会保障的新理念与中国农民扶持性社会保障体制》

　　丁越兰，赵建芳《中国社会保障体制改革的社会效应分析与改革思路》

　　李静《包容性增长模式下我国社会保障体制研究》

　　光明网《中国社会保障改革面临四大问题与五大挑战》

　　本问题要求学生解决问题"我们应该选择怎样的社会保障之路？"，并在查阅相关史料的基础上形成自己的观点。这既可以培养学生史论结合、实事求是地论述历史与现实问题的能力，也可以帮助学生在独立探究历史和现实问题的过程中形成时空观念，还可以锻炼学生比较、分析不同来源、不同观点的史料实证能力。通过这个学生活动，部分学生能够在正确的历史观和方法论指导下，初步论述历史和现实问题；能够将历史学习与家乡、民族和国家的繁荣发展结合起来，民族、道路和文化自信与认同也得到了提升。

四、关于提炼学科大概念的案例

　　进行学科内课程内容整合，构建学科内大概念网络，是课程设计的关键线索。在大概念引领下的高中历史教学过程中，教师需注意以核心概念为中心对历史知识进行重构，以帮助学生在掌握历史知识和形成学科能力的基础上，逐渐深化对核心概念的认识，并迁移形成解释其他事件和现象的能力。

【案例】"中国历代变法和改革"教学设计（部分）

　　本课是统编选择性必修教材《国家制度与社会治理》第一单元第4课"中国历代变法和改革"，包含"中国古代的重要变法和改革""中国近代的改革探索""新中国成立以来的重要改革"三个子目。教材主要讲述了中国历史上历次重大改革的概况。本课知识时间轴如图3-3。

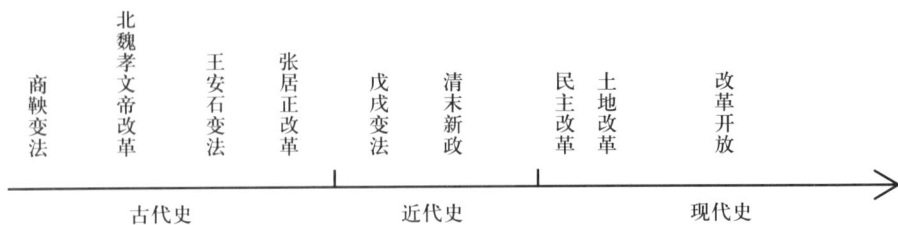

图 3-3 "中国历代变法和改革"一课知识时间轴

1. 整合课程内容，提炼核心概念

本课所涉及的历史事件时间跨度极大，内容极为丰富，但相关知识点大都在《中外历史纲要（上）》中已有详略不等的讲述。新版课程标准在针对本课的教学实施建议中指出："自古及今，东西方各国的制度建设和社会治理经历了漫长而曲折的发展历程，中国也发生过多次变法与改革，积累了丰富的经验和深刻的教训，不能脱离特定社会政治条件和历史文化传统来抽象评判。"在深入学习选择性必修教材的定位基础上，我们认为，在选择性必修课程中重学改革，教学重心必然与以前不同：在重新梳理线索的基础上，深度思辨改革的历史价值和社会价值。所以，我们把本课的核心概念定为"从改革中汲取经验教训"。

课程标准所提及的历史学科核心素养实际上就是历史学科大概念的深刻折射。从知识来看，在中国历史上，改革一直是调整社会秩序和推动社会进步的重要动力，这是构建核心概念的史实基础；从思维能力来看，在时空观念基础上进行以史料实证为支撑的历史评价，是核心概念的中心内容；从价值取向来看，培养家国情怀，树立道路自信，是核心概念的重要组成部分；从方法来看，用唯物史观作为哲学引领，辩证看待人、事物和社会的关系是对核心概念的重要补充。我们将本课的核心概念贯穿整个课程设计始终，赋予课程设计以"魂"，使历史课程鲜活起来。

2. 整合概念群，构建概念网络

我们将《中外历史纲要（上）》的有关内容和本课内容进行了整合，由此形成两个关键概念：一是"前事不忘，后事之师——对 1949 年以前历史上重大改革的回顾"，主要介绍中国古代到近代的重大改革，重点在于通过回顾重大改革的概况，从唯物史观入手，把握历史上改革发生的共同原因，理解改革者的个人素养和性格、改革策略对改革的重要影响，认识影响改革成败的共同因素，进而总结经验教训。二是"以史为鉴，持续变革——新中国成立以来的重大改革"，主要介绍新中国成立后党和国家的一系列改革，以加深学生对新中国成立以后改革的认识，增强其对中国道路、理论、制度和文化的自信与认同。具体概念群如图 3-4。

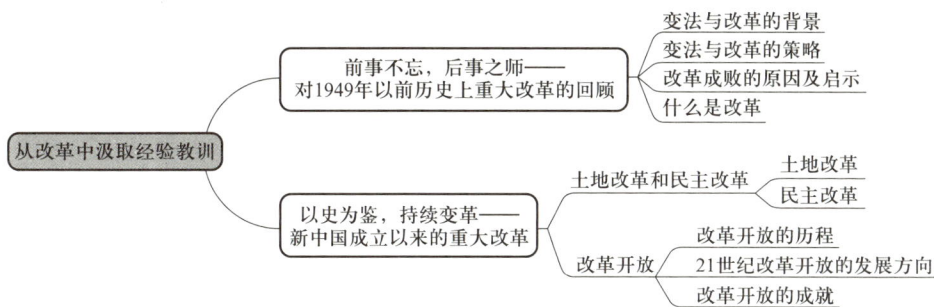

图 3-4 "中国历代变法与改革"内容概念群

3. 整合问题群，构建以概念为核心的问题体系

在教学过程中，应提炼若干个服务于核心概念的主要问题，主要问题之间应具有内在逻辑联系，并最终指向于核心概念的解决与教学目标的达成。下面以第一个关键概念"前事不忘，后事之师——对 1949 年以前历史上重大改革的回顾"为例，展现在问题驱动下大概念教学模式的具体实施过程（表 3-1）。

表 3-1 问题驱动下大概念教学模式的实施过程

主要问题	解决手段	
	师生互动	教师总结提升
变法与改革的背景	归纳商鞅变法与戊戌变法的相似之处	对改革背景的规律性认识
变法与改革的策略	（1）分析商鞅的改革策略。（2）评价维新派的改革策略。（3）王安石变法中变法派与司马光的分歧	改革领导者的政治素养、改革心态和策略，是影响改革成败的重要因素
改革成败的原因及启示	（1）分析乾隆"出旗为民"改革成功的原因。（2）分析清末新政失败的原因。（3）说明改革给我们带来的启示	对改革成败原因的规律性认识
什么是改革	从特定视角对"改革"进行定义	改革的实质

通过上述问题群的整合，我们在引导学生建构概念体系的同时，也有效强化了学生的抽象思维能力、归纳概括能力、批判思维能力和辩证思维能

力。同时，还引导学生将所学到的知识和能力迁移到新情境，解决新问题，进而得出新结论。应该说，这种以课程内容整合为基础的大概念教学模式对历史教学是有益且高效的。

4. 整合评价工具，实现思维超越

我们从三个层面对本课的评价工具进行整合。其一，在教学活动中设置主要问题，在情境中考查学生对核心概念的掌握情况以及运用概念解决主要问题的能力；其二，精心设置课后练习，让学生实现思维超越和学习迁移，为进一步学习知识和提高能力服务；其三，组织学生开展课后探究和合作学习，构建多元评价机制。对于本课，我们在课堂上设计了若干情境，由此展开师生对话。

探究一：为什么要进行改革？

材料一   战国初年，原有的宗法统治秩序已经瓦解，社会结构处于大变动之中，各国都面临着政治、经济制度的重建。……随着铁器的使用和牛耕的推广，……土地私有权逐步得到认可。新兴地主阶级的经济实力越来越强，他们要求政治权利，主张废除奴隶主贵族的特权。秦孝公即位后，下求贤令："能出奇计强秦者，吾……与之分土。"

——《普通高中课程标准实验教科书·历史选修·历史上重大改革回眸》

材料二   从19世纪下半叶起，发展资本主义已经成为一种世界性的潮流。甲午战后，西方列强掀起了一场瓜分中国的狂潮。……19世纪末，中国民族资本主义得到了初步发展。资产阶级作为新的政治力量开始登上政治舞台，成为资产阶级维新变法运动的阶级基础。

——《普通高中课程标准实验教科书·历史选修·历史上重大改革回眸》

教师设问：请根据材料一、二，结合所学知识，指出两场变法发生背景的相似之处。（参考答案：都面临着社会发展和进步的潮流；国家或政权都面临着不同程度的危机；原有体制都不能适应社会发展需求；都有新的经济因素的发展和新的社会力量的壮大。）

本问题主要考查学生对商鞅变法和戊戌变法发生背景相似之处的概括分析情况。首先，学生需要根据设问对材料进行分类整理；其次，要提取材料中与变法背景相关的历史信息；再次，要构建起不同材料信息点之间的内在逻辑联系；最后，要利用材料关键词和历史专业术语组织语言。这可以考查学生在唯物史观引领下的史料实证和历史解释能力。

在师生对话的基础上，教师再引导学生分析：一场变法与改革运动的兴起原因，需要我们在社会大转型的背景下，运用生产力决定生产关系、经济基础决定上层建筑等唯物史观的基本原理进行深度解读。总的看来，随着社会的发展与变迁，旧有社会（国家）治理体制不能适应社会发展需求，进而引发较为严重的内外社会（统治）危机，这往往构成了变法与改革发生的必要性；而新的经济因素、新的社会（阶级）力量的兴起与壮大，包括新思想对旧思想的冲击，则从经济、政治和思想文化等层面为社会变革提供了可能性；统治者往往出于解决现实问题，稳定社会秩序，富国强兵，进而巩固统治的需要，推进改革发展，这就构成了改革的直接目的和根本目的。

探究二：改革的领导者和反对者们

材料三　在秦孝公的支持下，商鞅先后两次进行变法改革，时间长达20年。……秦国在早期的历史发展中，形成了崇武尚战、重功利而轻伦理、宗法观念相对淡薄、注重实际、讲求实效的文化传统。商鞅变法充分顺应了这种传统，把其中的积极因素上升为国家的统一政策，制订出具体而详尽的措施保证其贯彻执行；利用政权的力量抑制其消极、落后的内容，发扬其能够服务于新制度的内容，使新制度与新文化结合起来共同推动了秦国社会历史的发展。

——摘编自王绍东《论商鞅变法对秦文化传统的顺应与整合》

教师设问：根据材料三，结合所学知识，说明商鞅的改革策略。（参考答案：积极而稳妥地推进改革；在尊重既有文化传统的基础上对其进行改造和整合；因势利导。）

材料四　康有为在《日本变政考》中说："既知比较宇内大势，国体宜变，而旧法全除，宜用一刀两断之法。"维新派把变科举、废八股作为变法的第一步，接着又要求精简机构，裁汰冗员，这就使全国成千上万的官吏失去官位。在"百日维新"期间，光绪帝先后发布变法诏令有184条之多，政治、经济、文化、教育、社会、军事等各个方面，都有所涉猎。李鸿章是洋务派的代表人物，曾在慈禧太后面前自称为"康党"。他要求列名和资助强学会，但是康有为等人却以其名声太臭加以拒绝。

——摘编自许跃宇《循序渐进是政治改革的基本策略——析戊戌变法》

教师设问：请根据材料四，结合所学知识，评析维新派的改革策略。

（参考答案：主张与旧法彻底割裂，违反基本国情；颁布过多诏令，企图在短期内通过变法强国，反映了维新派急于求成的改革心态；先从变科举和裁汰冗员入手，导致改革一开始就遭受巨大阻力，说明维新派缺乏清晰的改革思路；拒绝团结洋务派，削弱了支持改革的力量，为改革失败埋下伏笔。维新派缺乏必要的政治素养和治理国家的经验，没有形成成熟而有效的改革策略，这是导致改革失败的重要因素。）

上述问题要求学生根据材料信息和所学知识，说明改革领导者的改革策略并对其进行简要评价。设问的目的在于培养学生以唯物史观为引领，在史料实证的基础上进行历史评价的能力。

在师生互动的基础上，教师进一步说明：中外历史上的众多改革证明，能够处理好旧文化、旧制度与新文化、新制度之间的关系的改革，往往能够取得成功；反之，急于与传统文化和制度彻底决裂的改革，往往会面临诸多困难，甚至以失败告终。改革领导者的政治素养和正确的改革心态、改革策略，是决定改革成败的重要因素。

以上案例比较好地实现了以历史大概念为指引的历史课程内容整合。学生能够在课程内容整合的过程中建构知识和概念网络，深入理解核心概念，并将所学到的知识与能力迁移到新的场景中去，培养学科核心素养和归纳、概括、解释、迁移等关键能力。教师也在整合课程内容和教学的过程中拓宽了历史视野，加深了对历史事件和历史现象的认识。

第三节   改造：学科知识的情境化及实例

作为一个处于自然和社会中的人，其人生道路上必然要去独立自主地解决各种各样真实的问题。这些问题既包括书本上已经反复出现的或是其他人已经解决的问题，也包括人们在各种环境中将要面对和解决的一系列陌生的、复杂的甚至是在不断变化的问题。教材的内容虽然涉及领域众多，表现形式多元，但绝大多数内容都是历史上曾经发生过的，它们已经成为过去式，甚至已经消亡不见。因此，对于学生而言，他们与历史事实之间往往存在着一道道由时代、思想、行为等要素构成的鸿沟，历史对他们而言是一种间接的、难以触摸的存在。学生要想学习历史并从历史中汲取成长所需要的营养，就必须构建一个尽可能真实的历史情境。但教材内容往往是对历史知识的文字描述，要想构建真实的历史情境，就必然要对历史教材内容进行改造。

所谓课堂教学情境化，是指在教学过程中运用氛围、情感传递、语言等隐性因素让学生在不知不觉中进入某种情境并接受信息、进行思考、形成素养。如何创设历史学习情境呢？从"教"的角度来讲，课堂情境化教学的流程有三个步骤：创设情境、激励学习、引导反馈。这三个步骤要求教师在认真研究教材、教学任务以及学生心理的基础上为学生创建历史情境，用学习环境激发学生的好奇心。从"学"的角度来讲，课堂情境化教学流程同样分三个步骤：受到刺激、融入情境、形成相关核心素养。情境创设的类别还可以从其他维度去划分：从课堂教学环节上来看，可以分为课堂导入环节的情境创设、突破重难点问题的情境创设、教学过渡环节的情境创设等；从情境创设的来源来看，可以分为通过尽可能详略得当的史实来帮助学生还原历史的真实情境、从现实世界或日常生活中引出历史问题、介绍学术争议引发问题探究等。

一、基于"教"的课堂情境化及实例

（一）课堂导入环节的情境创设

良好的课堂导入是一堂课成功的一半。一般认为，对课堂导入问题进行情境创设，应该开门见山地提出全课的中心问题，这不仅可以让学生明确本课的核心问题，还能牢牢抓住学生的注意力。例如，在讲授选择性必修 1 "中国古代的民族关系与对外交往"一课时，有教师在导入环节首先引导学生观看秦、西汉、唐、元、明、清五幅中国统一王朝的疆域图，概括其反映的历史信息，指出我国大一统的多元一体的民族格局的形成，与历代王朝推行的民族政策、边疆治理政策密不可分。然后提出问题：我国古代各王朝是如何治理边疆地区的？是如何推进民族交往的？并围绕这两个问题展开后续的新课。这种通过历史地图来设置情境的方式，一方面能使抽象、间接的历代疆域具象化；另一方面疆域的历代变化也能激发学生的学习兴趣，培养其时空观念，同时使学生明白本堂课的学习任务，提高学习效率。

在课堂导入部分设置情境时，教师要清楚情境设置的目的是单纯激发学生的学习热情，创设良好的课堂气氛，还是提示本堂课学习的核心问题，以便学生明确本堂课的学习目标。有的教师把导入部分的情境创设简单理解为活跃课堂气氛，甚至只是课堂教学中的某种摆设或点缀，在上课时创设了非常好的历史情境，激起了非常活跃的课堂气氛，也提出了各种问题，但在后续的课堂教学中对这些问题没有进行有效的探究、说明和小结，从而使得导入部分创设的良好情境的效果大打折扣。

（二）突破重难点问题的情境创设

目前的历史课堂正在从知识立意、能力立意逐步转向核心素养立意，但不管以什么立意，学生对于历史学科核心知识必然存在着难以理解的地方，尤其是对于逻辑性强、过于抽象的知识，学生往往会出现难以理解和把握的现象。对于这些问题，在传统课堂中教师往往采取讲授的方式，通过抽丝剥茧式的讲解来突破重难点，效果往往不佳。但如果教师将这些重难点问题分解开来，形成子问题，然后根据这些问题搜集相关史料，并依据一定的逻辑关系将史料组织起来，形成一种历史情境，让学生通过这个历史情境去解决问题，很多以往看来很难的问题便可以迎刃而解。例如，谢春林、梁晓东老师在选择性必修 1 第 9 课"近代西方的法律与教化"的教学设计中，在引导学生学习近代西方法律制度的特点时，针对英美法系与大陆法系的区别设计了以下情境：

材料一　微视频：1957 年美国电影《十二怒汉》片段

　　电影故事梗概：法庭上，一个 18 岁男孩被指控杀害父亲，而最后的审判还需要参考此次由 12 个人组成的陪审团的意见。这 12 个人各有各的职业与生活，每个人都有自己思考和说话的方式，但是除了工程师戴维之外，其余的人都对这个案子不屑一顾，在还未进行讨论之前就早早认定男孩就是杀人凶手。第一次表决结果是 11 对 1，大部分陪审员认为男孩有罪，但按照法律程序，陪审团意见必须是一致的，也就是 12 对 0 的表决结果才会被法庭采纳。首先站出来称男孩无罪的是戴维，由于戴维的坚持以及他对三个关键证据的科学推理，赞成无罪的想法开始在其他 11 名陪审员心中萌生，对男孩是否有罪的表决也开始出现戏剧性改变。最终，通过各种不同人生观的冲突和各种思维方式的较量，所有陪审员都负责地投出自己神圣的一票。12 名陪审员达成一致意见：男孩无罪！

　　教师设问：电影《十二怒汉》以写实和知性风格闻名。请根据材料一，并结合所学知识，指出该微视频反映出英美法系的哪些特点。（参考答案：推行陪审团制度，采用无罪推定原则等。）

　　材料二　大陆法系的法官的职责只在于严格按照现行法律规范来审理案件，不允许对法律条文有丝毫的更改和发展，也不允许法官在缺乏现成法律规范的情况下自行创制法律规则。因此，在大陆法系国家，法官仅仅是"制定法的奴仆"，无权创制法律规则……由于大陆法系法官用来审理案件的法律依据主要是高度抽象概括的法典，法律条文是大前提，案件事实是小前提，判决结果则是结论。这是一个典型的演绎推理过程。而英美法系的法官首先要做的是从无数类似的先例中归纳出法律原理，然后与当前审理的案件事实进行对比，最后得出判决结果，因此其推理过程主要是一个归纳过程。

　　　　　　　　　　　　　　　　——叶秋华，王云霞《大陆法系研究》

　　教师设问：请根据材料一、二，并结合所学知识，指出英美法系与大陆法系的区别。（参考答案：英美法系以判例法为主，大陆法系以成文法为主；英美法系的法官地位突出，具有"法官造法"的司法导向，大陆法系的法官只能严格执行法律，不允许"法官造法"；英美法系运用法律的推理方法主要是归纳法，而大陆法系运用的主要是演绎法。）

　　在这个教学环节中，我们需要注意到大多数学生对西方法律制度是不熟悉的，或者仅有少量的零星的认识，如果教师直接讲授英美法系和大陆法系的特点等相对抽象的知识，学生难以理解。因此教师在这里使用视频和文字来创设情境，让学生通过视频这种直观的方式对英美法系产生一种直接的感性的印象，再在这个基础上去和大陆法系进行对比并概括其特点，从而调动学生思考问题的积极性，激发学生自我探究和解决问题的兴趣。

（三）教学过渡环节的情境创设

　　在教学过程中，教师可以根据本课要学习的新知识，创设新的情境，用一些梯度较小、层次较多的问题情境来帮助学生搭建思维的阶梯，从而激发学生的好奇心和求知欲，启发学生的思维。这样更能使学生在明确知识内在联系的基础上获得知识、提升思维能力，更能在潜移默化中促使学生学科核心素养的形成。例如，周飞老师在教授新文化运动时，发现按照以往的教学方式，把文学革命作为新文化运动的内容之一来教，并先讲民主和科学，再讲道德和文学，很难使学生全面认识文学革命，从而产生"文学革命到底开始于何时？文学革命与'民主''科学'的关系到底是怎么样的？"等问题。为了解决类似问题，周飞老师利用胡适日记目录中的一页设计了如下教学环节：

师：这是胡适日记目录中的一页，我们可以从中解读出什么信息？

生1：胡适开始创作白话诗。

生2：胡适与陈独秀有书信联系。

生3：胡适给《新青年》投稿。

师：好，我们可以发现胡适在1916年关注的重点是文学改良。胡适受西方写实主义文学影响，深感中国文学脱离了现实和群众，于是产生了"文学革命"的主张，并切身尝试用白话文写诗，向《新青年》投稿，与陈独秀通信，多次谈到国内文学的各种弊端。陈独秀很敏锐，马上找到了新文化运动"小众"到"大众"的突破口，预言"中国文学之雷音"将在神州大地震响，催促胡适赶紧展开。1917年1月《新青年》发表了胡适的《文学改良刍议》，大张旗鼓地要求"改良文学"。1917年2月陈独秀在《新青年》上发表《文学革命论》，旗帜鲜明地提出了文学革命的三大目标。思考一下，我们能发现这两者的文学主张有各自的侧重点。

生：胡适侧重于文学形式，陈独秀侧重于文学内容。

师：对，前者以学者立言，后者以革命家立言；一个侧重于从文学史的研究中提示白话文替代文言文的必然性，一个侧重于从时势的发展上提示文学变革的必要性。随着一篇篇佳作的横空出世，胡适声名鹊起，在美国的学业即将完成时，在陈独秀的推荐下，北大邀请胡适回国担任教授。1917年9月胡适来到北京，从此新文化运动的两大领袖正式联手。陈独秀充满激情、勇往直前，像火；胡适学贯中西、富有理性，像水。两人密切配合，把新文化运动不断推向高潮。

师：文学革命像是新文化运动的一支先锋部队，把目标指向生活中不可或缺的语言文字，这种针对文字、语言、语法的全方位变革，必然引起社会极大关注，《新青年》发行量激增到20 000册。白话文贴近大众，有利于民众的启蒙，其推广有一日千里之势。之后，全国出现的刊物绝大部分都是使用白话文的。1920年1月，教育部同意推广国语，一二年级课本改为白话文。文学革命以白话文为切入口，文化平民化成为文化教育界的新潜流；社会教育蓬勃展开，普通中国人都能读书识字。此类新思想、新观念，促进了国人的觉醒。文学革命的显著成效使思想解放的风暴愈刮愈猛烈。在风暴中，原来在象牙塔中的"德先生"和"赛先生"来到了普通大众当中。这两位"先生"在暗夜里为国人点亮了耀眼的灯塔，照亮了人们前行的方向。

在这个教学片段中，教师利用胡适日记的照片，设置了一个很小的历史情境，要求学生通过日记目录去获取相关信息，而学生获取的信息看似没有联系，却成了教师引导学生深入思考的借力点，教师以这些信息为起点，迅速在学生面前展开一幅恢宏大气的时代画卷，使学生认识到陈独秀、胡适强调的文学革命，不只是文学的革命，更强调民主和科学，从而使学生深入理解文学革命与民主、科学的关系。

在教学环节中创设情境，教师同样要注意情境创设的目的，也要注意情境创设的节奏。在一些课堂教学过程中，有的教师过于专注创设各类新奇的情境，并要求学生在每个情境进行各种"自主活动"，结果一节课上堆砌了太多情境，组织了太多学生活动，让学生眼花缭乱，整堂课表面上看起来热热闹闹，但仔细一想，学生所获甚少。所以，情境创设不能一味求多。从内容上看应该以能否帮助学生形成相应的学科核心素养为标准，从课堂结构上看应以能否实现教学目标和促进学生的高效学习为标准，否则只能是"本末倒置"。

二、基于"学"的课堂情境化及实例

（一）帮助学生尽可能还原历史的真实情境

任何一个历史事件都有其发生的历史背景和影响，历史人物所做的任何一个决策也有其背景，并会带来不同的影响，要让学生真正了解历史事件及人物，认识到历史事件发生的必然性，体会到历史人物在特定历史时期的情感态度，就需要帮助学生还原特定历史的真实情境，如一个历史事件发生时具体的背景、历史人物的成长经历等，这样可以让学生尽可能更加真实地感受历史史实。例如，许多教师在教授西安事变时，会先播放歌曲《松花江上》及相关纪录片，通过歌曲将学生带到历史情境中，再通过视频让学生了解日本人从占领中国东北开始，不断南下侵略，占领热河，制造华北事变，步步紧逼，蚕食中国；然后话锋一转，向学生展示面对日益深重的民族危机，全国人民掀起抗日救亡运动的高潮，但蒋介石依然坚持"攘外必先安内"的政策，不顾民众愿望，也不顾国民党内部的不同意见，强令东北军继续围剿红军。至此，西安事变的背景已经渐次展现在学生眼前。如果教师直接向学生讲述张学良、杨虎城发动西安事变，学生会产生很多疑惑，也无法体会张、杨二人的复杂心境，于是本来曲折、复杂的历史变成了直白的结论，学生也提不起太多兴趣。

（二）从现实世界和日常生活中引出历史问题

历史虽然已经过去，但它对于现实世界依然产生着深远影响。从现实世界和日常生活中引出历史问题，引导学生从现实需要出发去追根溯源，搞清楚历史的发展脉络，从而帮助学生建立历史和现实之间的联系，这是创设情境的一个很好的抓手。例如，一位教师在设计选择性必修1第6课"西方的文官制度"时，在导入部分向学生展示了两组图片材料。

材料一　政治素人执掌政权

分别选取了美国前总统特朗普、法国总统马克龙、意大利前总理孔特、斯洛伐克总统恰普托娃、乌克兰总统泽连斯基的照片。

材料二　唐宁街10号三易其主

分别选取了2016年7月卸任的卡梅伦、2019年6月辞职的特蕾莎·梅和2019年7月接任首相职位的约翰逊的照片。

教师讲述：近几年，西方政坛颇不宁静。一是频频出现"政治素人"执掌政坛的局面，最著名的就是2016年当选美国总统的特朗普和2017年当选法国总统的马克龙，随后还有意大利前总理孔特、斯洛伐克总统卡普托娃、乌克兰总统泽连斯基。二是从2016年到2019年短短36个月内，英国首相宝座三易其主。素人执政或频繁倒阁之下，这些大国小国的国家机器运转正常，社会并未失序，这是为什么呢？奥秘之一，就是西方近代的文官制度。

在这里，教师选择了近几年世界政坛的热门现象和重大新闻，通过政治人物照片激发学生兴趣，引发学生产生一系列思考，如为什么会出现"素人执政"局面、英国为什么会频繁换相等问题，然后帮助学生聚拢思维，即不管是"素人执政"还是频繁换相，都没有导致这些国家政局动荡、社会失序。这样一来，学生就很容易思考为什么会出现这一现象，从而成功引出本课的核心问题——西方近代文官制度。在这个过程中，教师从国际时政倒叙切入，拉近了历史与现实、历史与政治的距离，有效激发了学生的学习兴趣，引发了学生的思考。

除了国际时事，在进行国内问题教学时，国内时政也可以成为创设情境的有效资源。例如，在教授"新中国民主政治建设"一课时，就可以从当年"两会"的召开说起，引导学生观察两会代表如何参政议政，探讨人民代表大会制度和政治协商制度是如何建立起来的，从而解决本课核心问题"新中国成立初期民主政治的建设"。

另外，学生的日常生活也可以成为情境创设的来源。例如，一位教师在讲授屈原时，先向学生展示粽子、划龙舟等现实生活的图片，询问学生这是在过什么节日，再进一步追问端午节和这些风俗习惯的由来与什么历史人物和事件有关，学生很容易就能得出答案。此时教师可以接着介绍：传说屈原投江后，当地百姓闻讯纷纷赶来划船施救，一直行进到洞庭湖，但始终不见屈原的尸体。那时恰逢雨天，湖面上的小船汇集到岸边，当人们得知是为了打捞屈原大夫时，再次冒雨出动，争相划入洞庭湖。为了寄托哀思，人们荡舟江上，此后才逐渐发展出龙舟竞赛。百姓们怕江河里的鱼虾损坏屈原大夫的身体，纷纷从家里拿来米团投入江中，后来逐渐形成了吃粽子的习俗。从而引导学生认识到一个有益于国家民族的人，人民群众会永远记住他。学生带着这样一种人文情怀，再去学习屈原的历史，再去感悟《楚辞》，所获得的感触是不同的。

（三）介绍学术争议引发探究问题

在高中历史教学中，针对一些具体的历史问题，教师可以向学生介绍一些不同于教材的学术界的看法，营造一种学术研究的情境，从而激发学生的探究欲望。对于高中生而言，他们已经有了一定的知识储备，具备了一定的理性思维能力和自主探究能力。多数高中生也非常愿意表达自己的观点，他们往往不满足于教材中的简单化结论，希望进一步搞清楚这些结论的得出过程，以及还有哪些不一样的结论，这些不同的结论哪一个更准确。另外，这种情境创设方式对于引导部分学生排除一些似是而非的观点非常有帮助。例如，一位教师在讲授选择性必修1"中国古代官员的选拔与管理"一课时，创设了以下情境：

导入新课：传统观点认为中国对世界文明的最大影响，是把造纸术、印刷术、火药、指南针传到西方。但日本早稻田大学福井重雅认为，这种说法已经过时了，中国对世界的最大功绩是汉代的察举制度。该学者把汉代察举制与四大发明同列，这一观点是否妥当呢？察举制是一种什么样的制度呢？

在学生的认知中，古代中国对世界的最大贡献就是四大发明，这种认知不能说是错误的，但也存在把中国古代文明及中国对人类文明贡献简单化的倾向。在这里，授课教师引入国外研究成果，呈现其他观点，很容易给学生一种耳目一新的感觉，进一步激发学生的学习兴趣，从而为下一步学习创造良好条件。当然，教师在学生学完察举制后，一定要回到这个问题上来，让学生评价福井重雅的观点是否妥当。

综上所述，情境创设方式具有多样性。如果说试题命制过程中的情境创设因为考试条件所限而更多采用文字、图表，那么在课堂教学环境中，情境创设方式可以最大限度地多样化，即不仅可以通过文字、图表创设情境，还可以通过视频、音频等方式呈现，尤其是可以通过展示大量历史珍贵镜头，让学生对当时的历史人物、历史环境迅速形成一种直观的印象。在具体实践中，教师应该注意情境化教学就是通过各种手段，为学生创设一种氛围，激发某种情感，引导学生通过情境获取、组织、提炼信息，形成学科核心素养。从这个目标出发，不管采用何种方式来创设情境，都应该注意以下几个问题。

首先，在讲述历史人物时应该将其成长经历故事化。历史人物是当时历史事件的参与者和处理者，他们当时的思想感悟也反映了历史真实的一面，他们的思想感悟的形成以及面对具体历史事件时所做的决策，都与他们特殊的成长经历相关。所以将历史人物的经历故事化有利于激发学生的学习兴趣，揭示重要历史人物的内心思想世界，将已成为过去式的历史人物"活化"，使学生产生共鸣。

其次，在讲述时代背景时应将社会环境风俗化。时代背景是再现历史事件的前提，时势与英雄的关系越密切就越容易让学生产生共鸣。任何历史事件都是那个特定的历史时期的特定产物，教师准确地展现时代背景也是为了让学生能够准确地认识某些历史事件发展的必然性与偶然性。而将社会环境风俗化不能只局限于某个特殊原因或偶然现象的描述上，应该要全面准确地展现当时的社会政治背景、经济现象、文化氛围等带有普遍性的东西，教师选择展示给学生的材料不同，所得结论必然会有不同。关于政治背景，要讲明当时的制度与阶级结构；关于经济背景，要说明当时的生产方式与生产关系。这些要求都是科学完整的教学要求。涉及民族问题时，社会环境风俗化不仅要展示出当时当地的生活生产习惯，还要反映出当时人们的思想主流，从而形成历史感与现实感的统一。

再次，在讲述材料时应该将文献形成的过程情节化。教师在展示历史人物的语录言论、重要会议的决议、法律文件的条款、革命纲领等材料时，要注意讲明这些材料产生、修订、斗争、颁布的曲折过程。例如，讲法国的《人权宣言》时，要讲明政治上神权迷信的危害，不同阶级、不同派别有不同的政治要求与经济要求；讲中国共产党反蒋抗日、逼蒋抗日、联蒋抗日的转变时，要讲明当时的国际国内形势和不同历史时期对蒋介石的不同称呼所起的作用。这样的材料富有情节且生动具体，不是简单的罗列。

最后，在讲述当代历史时要与社会现实相联系。学习历史的原因不是简单地为了学习历史，而是因为观今宜鉴古，无古不成今。历史学科的这一社会功能决定了教师讲述当代历史时最好回归现实社会，从而推动历史课程由课堂走向社会现实。将一些相对复杂甚至尖锐的问题引入课堂，对培养学生的历史学科核心素养是非常有必要的。例如，将三农问题、城市改革问题、国际关系问题等引入课堂，就必须将它们置于大的历史背景下，引导学生明白这些问题的历史原因、沿革，从而提出合理的解决方案。

● 思考与讨论

＊"新教材观"视域下，如何理解对教材的深度解读？如何有效实现对教材的深度解读？

＊明确大概念的内涵、特性、类型及其表现形式，思考如何有效提炼历史学科大概念，如何以大概念为核心展开高中历史整合性教学。

＊理解课堂教学情境化的内涵与旨趣，思考基于"学"的课堂情境化的实现路径。

第四章　　核心素养导向的教学方式创新

● 内容提要

＊ 学科核心素养从孕育、生成到表现，都天然地蕴含于问题情境之中。学生历史学科核心素养的培养，绝非取决于对现成的历史结论的记忆，而是要在解决学习问题的过程中理解历史，在说明自己对学习问题的看法中解释历史。从这个意义上讲，问题解决教学正是培养学科核心素养的基本教学模式。

＊ 问题解决教学模式是基于现实世界的以问题为起点和中心，以学生为学习主体，以教师为学习的引导者和促进者，以小组讨论、团队合作探究为主要学习方式，旨在提升学生自主学习效果和发展学生能力为主要目标和价值追求的教育模式。问题解决教学模式有效地回应了核心素养导向的高中历史教学的新诉求。

＊ 问题解决教学模式主要包括采用情境问题教学模式的新授课、专题探讨高考开放性试题的习题课、开展课题研究和项目创作的研究性学习课三种课型。教师理应把握问题解决教学模式的内在逻辑，追求设计正确的问题解决教学设计，从而实现学生智慧生成。

第一节　基于问题解决的基本教学模式

早在 20 世纪 30 年代，陶行知先生就言简意赅地指出："创造始于问题，有了问题才会思考，有了思考，才有解决问题的方法，才有找到独立思路的可能。"国际 21 世纪教育委员会在《教育——财富蕴藏其中》报告中指出：面向 21 世纪教育的四大支柱，就是要培养学生学会四种本领：（1）学会认知；（2）学会做事；（3）学会合作；（4）学会生存。

新版课程标准的基本原则之一，是要"坚持反映时代要求。反映先进的教育思想和理念，关注信息化环境下的教学改革，关注学生个性化、多样化的学习和发展需求，促进人才培养模式的转变，着力发展学生的核心素养。根据经济社会发展新变化、科学技术进步新成果，及时更新教学内容和话语体系，反映新时代中国特色社会主义理论和建设新成就""引导教学更加关注育人目的，更加注重培养学生核心素养，更加强调提高学生综合运用知识解决实际问题的能力"。[①]

在 2012 年的 PISA 测试中，上海学生在数学、阅读和科学领域的测评结果均列第一。这次测试中，主办方增设了"附加题"，首次尝试用计算机的方式来测评学生解决问题的能力。结果显示，新加坡、韩国、日本学生居前三名，上海学生排名第六。测试表明，上海学生解决静态问题比互动型问题好，获取知识比运用知识好。从性别上来看，上海男生成绩比上海女生高 25 分，性别差异在参加的 44 个国家（地区）中属于较大的。这恰好从某种角度印证了李政道教授对我国教育现状的担忧："中国历来讲究做'学问'，但现在的学校只要求学生做'学答'。"[②]

在互联网营造的学校教育大背景下，中小学校的教育内容、教育过程、教育方式、教育技术、评价标准、培养目标等构成的育人模式，必将发生巨变。

一、问题解决教学模式的内涵

问题解决教学模式（problem based learning，PBL）是基于现实世界的以问题为中心、以学生为主体的教育与学习模式。它始于 20 世纪 60 年代后期的北美医学教育革新，1969 年由美国神经病学教授霍华德·鲍罗斯在

---

① 中华人民共和国教育部.普通高中历史课程标准：2017 年版 2020 年修订［M］.北京：人民教育出版社，2020：2-5.

② 张奠宙.树立全民族的创新意识［J］.数学教学，1998（2）：42.

加拿大麦克马斯特大学医学院首创，强调学习要围绕着具体而复杂的任务和问题展开，鼓励学生自主学习、反思式学习，培养学生高级思维能力。20世纪80年代，问题解决教学模式逐渐在北美、欧洲推广开来，如今已经广泛应用于教育学、工程学、建筑学、工商、法学、经济学、管理学、数学、农学、社会学等学科领域。

1986年，上海第二医科大学和西安医科大学率先引进问题解决教学理论，开始有关问题解决教学模式的理论与实践研究。随后，其他学科领域的问题解决教学应用的研究也相继开展起来。

问题解决教学是指学生"形成自己的问题、建立假设、设计研究过程来验证假设和回答推出的问题等的过程"。换言之，问题解决教学意指运用问题解决的思维活动模式和认知操作序列来组织的课堂教学，其教学实施的关键是"问题"或"问题串"，"问题"或"问题串"既是教学活动的对象，又是整个问题解决教学过程展开的线索。

在已有的研究中，大多数学者都将问题解决教学模式理解为一种课堂教学模式和策略指导方式，都强调问题解决教学模式要提升学生的终身学习能力。有学者进一步把问题解决教学的基本内涵概括为两点：第一，问题解决教学突出了思维和操作相结合。教师一般是利用情境、合作和对话等各种环境要素来调动学生学习的主动性、积极性，将学生置于一定的情境中，强调"动手"和"动脑"相结合，通过适当的思维和操作活动来有效建构新知识，进而培养学生的实践能力和创新意识。第二，问题解决教学凸显了对非认知因素的培养。问题解决教学要求学生要亲自参与发现问题、提出问题、分析问题和解决问题的过程。因此，它能让学生在获得相关知识与技能的同时，养成科学思考的习惯，有利于发展学生在实践中解决问题的能力，培养追求真理的勇气和自信心等，使学生在今后的工作和生活中能够适应各种变化。[①]

二、问题解决教学模式的流程

杜威率先探讨问题解决的心理过程，并应用于教学，提出问题解决教学过程五步骤：儿童要有一个经验的真实情境，要有一个对活动本身感兴趣的连续活动；在这个情境内部产生一个真实的问题，作为思维的刺激物；儿童要占有知识资料，从事必要的观察，以对付这个问题；儿童必须负责一步一步地展开其所想出的解决问题的方法；儿童要有机会通过应用来检验其想法。

近年来我国学者关于问题解决教学模式基本流程的研究时有创新，大致

[①]　王宽明，郝志军．"问题解决"教学：内涵、实践及应用［J］．教育探索，2016（3）：10-14.

包括两种逻辑。第一种逻辑是从现实生活中的实际问题入手，包括：遇到问题；确定问题；分析问题；解决问题；总结评价。第二种逻辑是从教师构建情境引出问题入手，包括：设计情境，推出问题；分析问题，解决问题；回顾、归纳，得出结论；再应用。具体结构流程如图 4-1 所示。[①]

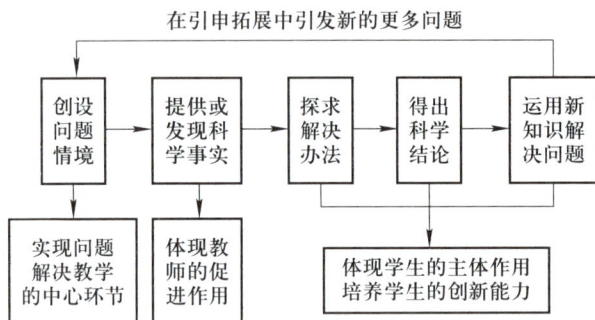

图 4-1 问题解决教学模式的结构流程

三、问题解决教学模式的特征

近年研究者均强调问题解决教学的"问题""学生""教师""学习方式""教学成效"等五个基本要素，即以问题为起点和中心，以学生为学习主体，以教师为学习的引导者和促进者，以小组讨论与团队合作为主要学习方式，以提升学生自主学习效果和发展学生能力为主要目标和价值追求（如表 4-1 所示）。

表 4-1 传授式教学模式与问题解决教学模式的比较

要素	传授式教学模式	问题解决教学模式
知识	由教师传授给学生	由学生与教师共同构建
学生角色	被动的知识容器，等待灌输	自主的学习者，小组的合作者，问题解决的研究者
教师角色	知识的传递者，对学生的学习"负责"	学生学习的促进者、指导者和合作者
学习环境	以教材或教师为中心	以学生为中心

---

① 汪莹、王冬梅、王海鹏.关于"问题解决"教学模式的探讨［J］.山西煤炭管理干部学院学报，2008（1）：46-47.

第二节 不同课型的问题解决教学模式

根据问题在结构性上的不同，研究者将问题分为良构问题和非良构问题。良构问题具有如下特点：很典型地呈现出问题的全部要素；包含有限数量的规则和原理，而这些规则和原理是以肯定的和规定性的安排而组织起来的；拥有正确的、收敛的答案；有一个优先的、建议性的解决方法。非良构问题具有如下特点：和具体情境相联系；问题的描述比较含糊；给定信息不完全；目标不确定；不知道哪些概念、规则和原理对解决问题有用。

在目前的高中历史教学中，问题解决式教学模式大致有三种主要课型：情境问题教学模式的新授课、专题探讨高考开放性试题的习题课、开展课题研究和项目创作的研究性学习课。其中，第一种课型涉及的问题往往是良构问题，第二、三种课型涉及的问题往往是非良构问题。

一、情境问题教学模式的新授课

中学历史学科有其独特的核心素养要求，在实施情境问题教学时，可按照"创设历史情境—以问题为引领—基于史料研习探究问题—得出结论或提出新问题"的教学步骤展开。这四个步骤体现着因学定教、生活重建、多维互动、活动建构、动态生成的教学主张，实质就是在教学中充分发挥学生的主体作用，使学生参与和体验知识、能力、方法由未知到已知或由未掌握到掌握的过程，使高中历史课堂真正成为基于问题解决的师生智慧碰撞和学生智慧生成的乐土。

（一）创设历史情境

历史是过去的事情，学生要了解和认识历史，需要了解、感受、体会历史的真实境况和当时人们所面临的实际问题，进而才能去理解历史和解释历史。因此，在教学过程的设计中，教师要设法引领学生在历史情境中展开学习活动，对历史进行探究。

情境创设的基本功能和作用表现在两个方面：一是通过特定的情境激发学生的情感，引起学生对知识的兴趣，激活学习的问题意识，形成基于问题的学习任务，从而展开提出问题、分析问题、解决问题的学习活动；二是通过特定的情境，使问题与学生原有认知结构中的经验发生联系，从而唤醒学生的学习热情，充分调动学生学习的积极性和主动性，促使学生主动参与教学活动。

创设情境、发现问题的方法是多种多样的，包括：通过讲述历史故事创设问题情境，通过历史话题辩论创设问题情境，通过模拟历史场景创设问题情境，通过模拟生活场景创设问题情境，通过想象历史创设问题情境，等等。

例如，成都的梁晓东老师在选择性必修《国家制度与社会治理》第 8 课"中国古代的法治与教化"教学设计中，以董仲舒《春秋决狱》的一则案件入手，复原历史情境，引导学生神入汉武帝时期，理解"春秋决狱"萌发的必要性和可能性，领悟法律儒家化的历史起点和中华法系的黎明时代。教师首先抛出一个历史场景——"小案件难住汉武朝"：[①]

一代雄主汉武帝，及其满朝文武，竟然让一个小小的刑事案件难住了，迟迟不能判决！

材料　案情回放

董仲舒《决狱》曰：甲父乙与丙争言相斗，丙以佩刀刺乙，甲即以杖击丙，误伤乙。甲当何论？或曰："殴父也，当枭首。"

——（宋）李昉等《太平御览》

这么简单的案件，且已经有官员给出了"当枭首"的审判意见，为什么还会难倒整个朝廷呢？

问题：

（1）难道案情有悬疑之处吗？没有！案情简单清晰，涉案者并无异议。

（2）难道涉案者有特殊背景吗？没有！涉案者是普通百姓。

（3）难道"殴父也，当枭首"的判决意见缺乏法律依据吗？不是！

（4）难道"殴父也，当枭首"的判决意见背离了当时的司法实践惯例？不是！

通过引入一个真实而颇具戏剧性的案例，教师一连串提出 4 个设问句并给出否定回答，迅速引发了学生的兴趣：这么简单的案子，怎么会难住满朝文武？然后，通过进一步的史料研习，学生终于对第一个核心概念恍然大悟：小案件的背后，是伦理派与律令派的争辩，是独尊儒术的意识形态与严刑峻法的法律实践之间的冲突。向左，弃守法律条文而遵循意识形态；向右，严守法律条文而背弃意识形态。这两条路，都是危机重重，让汉武帝左右为难！至此，第二个核心概念又自然而然地产生了：怎么办？新道路何在？

再如，必修课程"马克思主义的诞生"这一学习专题的教学设计中要考虑如何引导学生认识马克思主义产生的时代背景。其中，工业革命后出现的工人运动与当时工人阶级生存境况有直接的关系。为此，教师可选取有关的文字和图片材料，使学生感受当时工厂制度下工人所面临的恶劣境况，如劳动时间长，工作条件差，工资低，生活环境恶劣，劳动权益没有保障，以及资本家大量雇佣童工和女工，排挤成年男工等。通过这样的情境，学生认识到当时的工人为什么要开展反抗活动，进而思考工人阶级在斗争中认识到组织起来的必要。

（二）以问题为引领

学生历史学科核心素养的发展，绝不是取决于对现成的历史结论的记忆，而是要在解决学习问题的过程中理解历史，在说明自己对学习问题的看法中解释历史。教师要认识到，任何一种教学方法的实施，都在一定程度上与问题的提出和解决有十分密切的关系。因此，教师在分析教学内容的基础上，要以问题为引领展开教学，结合教学内容的逻辑层次，设置需要在教学过程中解决的问题，如以下示例。

在《中外历史纲要（上）》第 2 课"诸侯纷争与变法运动"的教学设计中，教师以"社会变革"这一核心概念为引领整合教学主干知识，把教学目标与内容以问题链的形式呈现，层层追问，阶梯推进，逻辑严密，激发思维，属于情境问题式教学。所提问题链为：什么是社会变革？春秋战国时期，经济、政治、思想、文化方面发生了哪些新变化？春秋战国时期进行了怎样的制度改革？春秋战国时期为什么会发生社会变革？你对春秋战国时期的社会变革有怎样的认识？

在必修课程"明至清中叶中国版图的奠定、封建专制的发展与社会变动"中，要求学生"了解明清时期社会经济、思想文化的重要变化"，教师在教学时，要引导学生结合所学知识，关注儒家思想在明末清初的主要变化，并提出问题：李贽、黄宗羲、顾炎武、王夫之的主要思想主张是什么？为什么会产生这些思想？

在必修课程"冷战与 20 世纪下半期世界的新变化"中，有关冷战的典型史事有很多，诸如杜鲁门主义、马歇尔计划、北约与华约、德国分裂、朝鲜战争、越南战争、古巴导弹危机等。在梳理和整合教学内容时，教师要抓住这一专题教学所要解决的问题，例如，什么是冷战？为什么在第二次世界大战结束后会出现冷战的局面？冷战的突出特征是什么？冷战给世界带来了什么？冷战的历史给了我们什么样的启示？等等。这些问题的提出和解决，构成了这一专题教学过程的逻辑层次，使学生在解决问题的过程中掌握知识，发展思维，获得新的认识。

以上示例，是教师根据教学目标、教学内容而设计的教学问题。在高中历史教学中，教师还可以从学生主动学习的角度，引导学生自己提出问题。例如，可先让学生对将要在课堂教学中学习的内容进行预习，提出自己的疑问，如：预习中有哪些不明白的问题？有哪些希望教师在课堂上解答的问题？有哪些想自己在课堂上解决的问题？教师在汇集学生的问题后，结合问题的解决设计教学过程和教学内容，使教学具有更强的针对性。

（三）基于史料研习探究问题

学生真正解决历史学习问题，不是简单地接受现成的答案，而是通过自己对相关史事的了解，尤其是对有价值的史料进行分析，用实证的方式对问题的要点逐一探讨，以可靠的史料作为证据来说明自己对问题的看法。因此，教师在进行教学设计时，要考虑如何构建基于史料研习的教学方式，在教学过程中如何运用史料引导学生进行探究。基于史料研习的教学，不仅是教师在教学中要运用史料阐释历史，更重要的是要设计以史料研习为基础的学生探究活动。通过活动，引导学生学会搜集、整理、辨析、运用历史材料来解释历史。这就需要教师考虑到以下四点：一是明确运用史料的目的；二是选择典型的、有价值的、有说服力的史料；三是将史料的展示与问题的解决相结合；四是如何根据史料的运用组织学生的学习活动。

在必修课程"早期中华文明"中，有关分封制的教学内容涉及实行分封的过程、如何进行分封、分封给什么人、分封的作用等问题。教师的教学设计不是直接讲授这些内容，而是通过以下材料及问题让学生得出结论。

材料　武王追思先圣王，乃褒封神农之后于焦，黄帝之后于祝，帝尧之后于蓟，帝舜之后于陈，大禹之后于杞。于是封功臣谋士，而师尚父为首封。封尚父于营丘，曰齐。封弟周公旦于曲阜，曰鲁。封召公奭于燕。封弟叔鲜于管，弟叔度于蔡。余各以次受封。

——《史记·周本纪》

问题：（1）被封侯的是哪几类人？（2）周王分封的目的是什么？

结论：受封的是先王之后、功臣和王室贵族；从封国的位置看出周王分封的主要目的是拱卫王畿、经略边疆。

这样的教学设计，不是由教师直接讲授、学生被动接受历史知识，而是通过学生对史料的分析，解决学习和认识上的问题。在研习史料的过程中，学生可通过时空的定位培养时空观念，通过对史料的解读提升史料实证的能力，通过问题解决促进对历史的理解，提高历史解释的能力。

（四）得出结论或提出新问题

教师引导学生汇报各自研究的思路和成果，让学生在交流中碰撞出思维的火花，进一步反思自己的探究过程，修正错误，升华认识。如果实践的结果表明了学生认识的真理性，反馈信息会激励学生在已有基础上突破创新；如果验证的结果说明学生的飞跃性认识是不正确或不完善的，反馈信息将起到修正、补充认识成果或激发寻求新的途径与方法的作用；如果在研讨中产生新的问题，可以继续进行下一轮的探究。

在鸦片战争教学中，分析中国战败的原因一向是个重点。张汉林老师在与学生讨论交流、形成结论的基础上，进一步提出新问题，升华智慧。他

指出：①

　　我们要站在学生的角度进一步思考：为什么要分析鸦片战争失败的原因呢？历史的确有借鉴功能，但我们借鉴什么呢？鸦片战争失败的根本原因在于落后的社会形态，而现在我们已经是社会主义社会了。分析失败的根本原因，顶多增长些知识，或许还能发展思维能力，但是该学的知识、该培养的能力数不胜数，为何不思考些其他方面的问题？

　　因此，问题还可以接着问下去：当时的中国人有没有认识到自己失败的原因，为什么？你能从中得到什么启示？虽然在后人的眼中，鸦片战争俨然就是座界碑，在此前后，古代和近代判若分明。但是，除了极少数人的些许反省和觉悟外，直到中华民族开始认识到这是"三千年未有之变局"，却是二十年以后的事。鸦片战争对当时人的影响，不过是一场小小的波动，过后依然如故。被后人视为耻辱的《南京条约》，当时却被称作"万年和约"。而对于将我们打败的英国，当时人仍视之为"蛮夷"，很少有人去理性分析为什么他们能够获胜。或者出于狂妄自大的惯性心态，或者由于战败后不敢正视自己，或者一向缺乏反省的思维习惯。总而言之，中国人战败了、却没有从中汲取任何教训。其实，战败并不可怕，可怕的是战败后于自己是毫无触动，于战胜者是"精神胜利法"。我们的近邻日本，在美国佩里将军叩关之后，马上就进行了明治维新，并在佩里登陆的横须贺修建佩里公园，将其叩关的日子作为日本的"开国日"。虽然中日两国文化有异，但是日本人善于反思自己和学习对手的优点的确值得我们认真研究。时至今日，当提及鸦片战争的时候，我们还只是停留在对清朝腐朽败坏政治的冷嘲热讽、对英国强盗逻辑的愤怒控诉，我们就没有真正"以史为鉴"。

　　可是，这些宏大叙事和学生个体生活有什么关系呢？在当今世界，人与人之间的竞争异常激烈。一个人不可能永远都是胜利者，他将不断地遭受挫折、面对失败。我们的学生也是如此，甚至他们也许已经遭受过严重的挫败。怎么办？是视而不见我行我素？是抬不起头挺不直腰？是喋喋不休只为控诉对方的不义？是从此让耻辱的心态主宰全部生活？还是我们另有选择，冷静反省自己的不足，认真学习对方的长处，愈挫愈奋，勇往直前。鸦片战争对于学生的意义，或许就在于提供了这样一次反省自我、认识自我的机会。

二、专题探讨高考开放性试题的习题课

　　新时代高考的定位和任务十分明确：作为教育公平之保障，发展素质之必需，新时代的高考，以立德树人为根本任务，以公平科学评价人才为主要使命，积极引导和促进教与学，与之共同实现德才兼备、全面发展的育人成

---

① 张汉林.鸦片战争失败原因的三种问法：基于三维目标视野的分析［J］.中学历史教学参考，2008（Z1）：51.

才目标，并助力学生学业减负增效及教育教学体质达标。引导教学是高考对基础教育的现实功能。高考对基础教育具有客观存在的反拨作用，既能通过"考什么教什么""怎么考怎么教"来促进基础教育，又会因为"不考什么就不教什么"以及固化的考查方式引来诟病。[①]

问题解决思维已高度融入高考改革的相关指导性文件之中。考试大纲指出，历史学科"注重考查在唯物史观指导下运用学科思维和学科方法发现问题、分析问题、解决问题的能力"，同时把考核要求由低到高分为获取和解读信息、调动和运用知识、描述和阐释事物、论证和探讨问题四大层次，第四层次又具体包括发现历史问题、论证历史问题和独立提出观点三个由低到高的层次。《中国高考评价体系》将应考查的素质教育目标凝练为"核心价值、学科素养、关键能力、必备知识"的"四层"考查内容。核心价值是指即将进入高等学校的学习者应当具备的良好政治素质、道德品质和科学思想方法的综合，是在各学科中起着价值引领作用的思想观念体系，是其在面对现实的问题情境时应当表现出的正确的情感态度和价值观的综合。学科素养是指即将进入高等学校的学习者在面对生活实践或学习探索问题情境时，能够在正确的思想价值观指导下，合理运用科学的思维方法，有效整合学科相关知识，运用学科相关能力，高质量地认识问题、分析问题、解决问题的综合品质。关键能力是指即将进入高等学校的学习者在面对与学科相关的生活实践或学习探索问题情境时，高质量地认识问题、分析问题、解决问题所必须具备的能力。必备知识是指即将进入高等学校的学习者在面对与学科相关的生活实践或学习探索问题情境时，高质量地认识问题、分析问题、解决问题所必须具备的知识。

应当指出，高考历史试题的情境问题，仍然多数属于良构问题。但全国卷高考历史试题近十年来坚持设置的开放性思维非选择题，多有非良构问题，引领着中学师生对问题解决教学模式的深入探索（表4-2）。

表4-2　2011—2021年全国卷"开放性非选择题"一览表

试卷	材料形式	问题	答题要求
2011	论述式文字材料	评材料中关于西方崛起的观点	围绕材料中的一种或两种观点展开评论；观点明确，史论结合
2012	历史事件结构图	评析"冲击—反应"模式	运用材料中的史实进行评析，史论结合
2013 卷 I	历史地图	提取……信息……予以说明	得出正确信息，并能予以说明

① 于涵. 新时代的高考定位与内容改革实施路径［J］. 中国考试，2019（1）：1-9.

续表

试卷	材料形式	问题	答题要求
2013 卷 Ⅱ	历史图片	从建筑和政治关系的角度进行中英比较	（1）中英比较符合史实。（2）概括综合
2014 卷 Ⅰ	教科书目录	对该目录提出一条修改建议，并说明修改理由	所提修改建议及理由需观点正确，符合历史事实
2014 卷 Ⅱ	教科书目录	指出其中一处不同，并分析出现这种不同的原因	原因可从一个或多个角度进行分析，观点明确，合理充分
2015 卷 Ⅰ	公式	运用世界近现代史的史实，对上述公式进行探讨	观点明确、史论结合、史实准确
2015 卷 Ⅱ	数据统计表	指出其中一种变化趋势并说明形成的历史原因	指出一种变化趋势。根据史实对变化趋势原因的说明充分恰当
2016 卷 Ⅰ	文献摘录	围绕"制度构想与实践"自行拟定一个具体的论题，并进行简要阐述	明确写出所拟论题，阐述须有史实依据
2016 卷 Ⅱ	历史地图与文字简介	解读材料，提炼出一个观点，并……加以论述	所提炼观点明确、合理，必须源于材料；论据准确，史实引用合理，论证充分，逻辑严密
2016 卷 Ⅲ	历史地图与文字简介	从材料中提取一个有关自开商埠的信息，并简要分析	所提取信息明确清晰，必须源自材料；论据准确，史实引用合理，论证充分，逻辑严密，表述清楚
2017 卷 Ⅰ	大事年表	自拟论题，并结合所学知识予以阐述	写明论题，中外关联，史论结合
2017 卷 Ⅱ	大事记	提取信息，拟定一个论题，并就简要阐述	明确写出所拟论题，阐述须有史实依据
2017 卷 Ⅲ	史学论述	结合具体史实，自拟论题，并就所拟论题进行阐述	明确写出论题，阐述须史论结合

试卷	材料形式	问题	答题要求
2018 卷 Ⅰ	文学作品	提取情节，指出反映的近代早期重大历史现象，并概述和评价该历史现象	简要写出所提取的小说情节及历史现象，对历史现象的概述和评价准确全面
2018 卷 Ⅱ	历史叙述	提炼启示，并予以说明	观点明确，史论结合，言之成理
2018 卷 Ⅲ	分类统计表	提出看法，并予以说明	看法具体明确，说明须史论结合
2019 卷 Ⅰ	史学论述	评析材料中的观点，得出结论	结论不能重复材料中观点，持论有据，论证充分，表述清晰
2019 卷 Ⅱ	时间轴	对材料认识提出你自己的见解，并说明理由	见解明确，持论有据，表述清晰
2019 卷 Ⅲ	文学作品的译文	从材料中提出一个论题，结合所学知识，加以论述	论题明确，持论有据，表述清晰
2020 卷 Ⅰ	叙述式文字材料	自拟一个能够反映时代特征的书名，并运用具体史学予以论证	论证充分，史实准确，表述清晰
2020 卷 Ⅱ	欧盟的结构示意图	从三列支柱中各选取一点，三点之间要有相互联系，展开论述	明确列出三点，联系符合逻辑，史实准确，论述充分，表述清晰
2020 卷 Ⅲ	数据统计表	就材料整体或其中任意一点拟定一个论题，并予以阐述	论题明确，持论有据，论证充分，表述清晰
2021 乙卷	历史地图	任选两次会议，简析两次会议间中国共产党的发展，并说明其原因	明确列出两次会议，观点正确，史实准确，论证充分，表述清晰
2021 甲卷	历史地图	在地图中标示出明代卫所集中分布的区域，并说明集中分布的理由	在地图中明确标示，理由准确充分，表述清晰

2011 年以来的全国卷开放性非选择题，尽管在能力要求上始终围绕考试大纲所述的"论证和探讨问题"三个层级考查，但在考查形式上每年都有创新变化，且呈现形式新颖，很少完全照搬前几年的形式。2016 年采用了文字材料与历史地图组合的形式。2017 年则以卷Ⅰ、卷Ⅱ都以历史事件简表的形式出现。2018 年卷Ⅰ采用摘取小说中的情境；卷Ⅱ采用历史叙述的方式介绍个案；卷Ⅲ采用分类统计表等形式呈现，均是之前未出现的形式。2019 年则出现了时间轴。2020 年分别采用文字材料、结构示意图和数据统计表三种形式。2021 年采用历史地图形式。试题中材料形式新颖多样，与设问、作答形成有机联系，考查内容既重视学科特色，又凸显与现实的联系。

以 2018 年全国卷Ⅰ第 42 题为例来说明。

42. 阅读材料，完成下列要求。（12 分）[①]

材料　英国作家笛福创作的小说《鲁滨孙漂流记》出版于 1719 年，其中许多情节反映了世界近代早期的重大历史现象，小说梗概如下：

鲁滨孙出生于英国一个生活优裕的商人家庭，渴望航海冒险。他在巴西开办了种植园，看到当地缺少劳动力，转而去非洲贩卖黑奴。在一次航海途中，鲁滨孙遇险漂流到一座荒岛上。他凭借自己的智慧和力量，制造工具，种植谷物，驯养动物，经过十多年，生活居然"过得很富裕"。

后来，鲁滨孙救出一个濒临被杀的"野人"，岛上居民也有所增加，整个小岛是他的个人财产。鲁滨孙获救回国后，还去"视察"过他的领地。

结合世界近代史的所学知识，从上述梗概中提取一个情节，指出它所反映的近代早期重大历史现象，并概述和评价该历史现象。（要求：简要写出所提取的小说情节及历史现象，对历史现象的概述和评价准确全面。）

	4 分	3 分	2 分	1 分
（1）提取的情节和反映的历史现象	/	情节提取于小说，与历史现象具有关联性，历史现象属于该时代	只符合三项要求的两个	只符合三项要求的一个
（2）对历史现象的概述	时间、过程、代表性事件等基本要素完整准确	时间、过程、代表性事件等基本要素比较完整准确	时间、过程、代表性事件等基本要素不够完整准确	时间、过程、代表性事件等基本要素缺少，表述不准确

---

① 教育部考试中心.高考文科试题分析：文科综合分册　2019 年版［M］.北京：高等教育出版社，2018：64-66.

续表

	4分	3分	2分	1分
（3）对历史现象的评价	/	评价全面合理	评价较全面合理	评价不够全面合理
（4）历史现象的概述与评价的逻辑关系	/	/	历史现象的概述与评价的逻辑关系一致	历史现象的概述与评价的逻辑关系部分一致

答案示例：

情节： 鲁滨孙遇险漂流到海岛上，在那里建立了自己的领地。

历史现象： 这一情节反映出近代早期的西欧殖民扩张。

概述和评价： 近代西方殖民扩张始于新航路开辟，在亚非拉地区依靠武力等方式强占殖民地，掠夺财富，进行移民，开展贸易。殖民扩张掠夺的大量财富流入西欧，为资本主义提供了资本原始积累，给遭受侵略的地区和人民造成极大灾难，客观上带动了世界市场的发展。

本题考查学生发现问题、分析问题、解决问题的能力。发现问题的能力是近年来修改后的历史学科高考考试大纲新增的要求，旨在引导和培养学生通过发现问题提高自主学习、创新思维和能力。

本题的情境为笛福的小说《鲁滨孙漂流记》。文学作品往往折射出所处时代的许多重大历史现象，能够成为读者了解历史的重要素材。本题以小说作为材料，实现了情境设置的创新，贴近现实生活，增加了学生对试题的熟悉感和亲近感。《鲁滨孙漂流记》的不同情节反映出了近代早期新航路开辟和大航海时代、殖民扩张、奴隶贸易、文艺复兴、宗教改革等许多重大历史现象，均为学生学习的主干知识，可以供考生提取情节，保证了试题的开放性，让学生根据自身对历史现象的了解和掌握，最大限度地发挥自身的优势和特长，避免死记硬背。

本题考查学生的思维过程。小说情节可以反映出历史现象，但本身并非历史真实事件。本题要求学生首先从小说中提取一个情节，然后指出该情节所反映的历史现象，最后概述和评价该历史现象，展现出将阅读文学作品与分析历史现象联系在一起的思维过程。

本题考查学生发现问题、分析问题、解决问题的能力，也全面考查学生历史学科各项能力。首先，学生在发现问题过程中，需要对小说梗概进行整理，从中最大限度获取有效信息，并对有效信息进行完整准确合理的解读；其次，需要学生将提取的信息即小说情节与所学知识中的历史现象相联系，从中找到契合点；再次，需要学生客观完整地叙述必备知识中的历史现象，考查了学生运用归纳概括方法分析问题这一关键能力；最后，需要学生在唯物史观指导下，正确评价和解释历史现象。因此，试题考查的范围涵盖了考试大纲中多层次的能力要求，包括了必备知识、学科素养、关键能力和核心价值，体现了考试的综合性。

三、开展课题研究和项目创作的研究性学习课

当前，在中学历史教育教学领域，问题解决教学或问题解决教学模式的说法还不够普及。不过，以"研究性学习"为名的教学实验，包括但不限于课题研究学习和项目创新学习，其组织形式、教学策略、学习评价，基本上与问题解决教学是一致的。

（一）研究性学习的一般组织条件

研究性学习的一般组织条件包括空间、时间、人力和资源。

1. 空间

在解决"现实世界"里的种种问题时，教室的空间范围扩大了。教室成为一个解决问题的"实验室"，它是为进行研究、讨论、辩论、建构模型、理解问题而灵活安排的。当我们离开教室去观察现实世界，会发现人们都在努力寻找与我们所面临的相似的问题的解决方法。

2. 时间

在现实世界里，解决问题的人们不会受时间的限制，而课堂则不然。在学校里，为完成一个特殊的研究任务可能要花费一整天的时间，然后才能进入第二个步骤。当然，教师与学生要互相配合，学会明智地利用时间。

3. 人力

尽管我们学会了尊重他人的技能，但是人们还应该对自己的选择负责，使得大家能和睦相处。当我们互相关心的时候，我们就会自然而然地互相帮助，把别人的困难和所面临的挑战看成是自己的困难和挑战。学会热情对待和尊重伙伴是我们终身教育里的一个重要目标。要达到这一目标，我们应从相互分享资源和学会一起工作开始。

4. 资源

当我们把整个世界看成是教室时，我们的资源就将是无穷无尽的。我们可以在网络上通过浏览主要的原始文件核实确切的数据，甚至是与世界各地的人聊天来获取大量的资料。然而，我们的资源并不限于网络上获取的。学校所在的社区里有很多的专家，他们在当地的公司和服务部门里任要职，是我们的资料来源。社区里还有商人、法律执行官员、政治家、医生、护士、工程师、建筑师、建筑工人以及众多的家长，我们学校也可以向他们咨询以获取信息。

（二）研究性学习的教学策略

研究性学习的教学策略一般包括激发动机、个案研究、情境模拟、任务

记录卡、小组合作、建立工作站等。

1. 激发动机

学生在学习情境中发现有吸引力的和真实的问题是十分必要的。在教师精心设计和组织实施的问题解决教学活动中，学生能学到大量的学科知识和技能。所以，激发学生的学习动机，即让学生在教师创设的问题情境里成为受益者的一种教学策略。在问题情境中，教师促使学生运用恰当的和相互联系的方式进行学习，训练学生思考，指导学生调查，以使学生能更深层次地理解问题。

2. 个案研究

个案研究能使学习者在一个特殊的问题解决过程中，开发其个人潜能并使其产生解决问题的欲望。个案研究通常能给学生提供一个对真实事件发表自己评述的机会。优秀的个案研究是由逼真动人的细节、饶有趣味的结论和言辞激烈的观点组成的，这促使参加讨论的成员都进行思考，并就个案展开积极讨论。在案例中，学生也许会重演那些不同的角色，这样他们就能真正地介入问题中。个案研究使学生多了一个直接接触问题的机会。

3. 情境模拟

情境模拟帮助学生发展一种意识，即自己知道什么、应该知道什么，以及对有关问题情境持什么看法。当该情境能反映一个现实生活的过程时，情境模拟是十分有效的。在这种现实生活的过程中，工作成员通过分析资料，做出决定。情境模拟能帮助学生激发原有的认知，有针对性地去收集解决问题所需的信息，对照关键概念和提出问题，有助于把握提出验证性假设所必需的研究和调查的方向。

4. 任务记录卡

任务记录卡为理解特殊问题中的各种要素而进行的批判性思考提供了一种指导方法。任务记录卡片通常记录学生的亲身实践活动和心得体会。从本质上看，任务记录卡是为学生从事一系列的探索性工作，而不是为直接传授知识技能而设计的。通过使用调查任务记录卡而获得的对问题的理解，有助于学习者较好地阐释问题，并就自己在解决问题的过程中能发挥多大作用进行客观的评价。任务记录卡还能用来帮助学生筛选原有知识和新近获得的信息，以改进问题的陈述。

5. 小组合作

合作学习有助于加强各组同学间的团队精神，是一种很有效的学习策略，能帮助学习者规划和落实信息的收集、分享和提炼。能力不同、性格迥异的几个学生在一个特别创设的环境里一起工作，遵守特定的规则，充当指定的角色，并在达到解决问题的阶段目标的学习过程中互相帮助。当不同课题的各小组都完成了资料的收集时，他们为了分享信息，与其他的小组成员进行交流。在问题解决教学中，这一阶段是非常复杂的，教师要有良好的指导和提问技能。一旦最新获得的材料与进行的问题研究不再有密切而直接的关系时，或者是当最后的时间期限到了，要求学生用已经获得的材料来解决问题时，教师就可以宣告这项问题探究活动结束。

6. 建立工作站

学习工作站或学习中心能为一个特殊的问题提供有组织的探究。学习工作站的典型特征是学生进行自我指导和自我管理，它能满足不同学习风格和不同能力水平的学生学习。学习工作站里有着丰富的资料，还包括增进学习效率的技术手段，这些手段能鼓励学生选择并参与决策。在决定最合适的解决方案的最后阶段中，学生要对以问题为中心的多种假设进行验证。另外，有计算机设备的学习工作站能为学生制作成果展示提供更高效的工具，使学生更积极地工作。

（三）研究性学习的评价

研究性学习的评价主要包括对学习成果和学习技能与方法的评价。

1. 学习成果

通过问题解决教学而得到的成果是显而易见的。这些成果与成人在复杂、变化的现实世界中所必需的知识、能力和对外界环境的认知是直接相联系的。学生在离开学校之前就已经成功地展现了这些成果，他们所获得的这些成果体现了学校的办学理念和远大目标，这正是家长、教育专家和社会所期望的。这些成果通常包括：自主的学习者、社会的贡献者、高级生产者和执行者、有效的交流者、问题解决者和决策制定者。其中的每一个成果都有详细规定的标准，用来评价学生在解决问题过程中的真实表现。评价的方式是不尽相同的，它们可以是档案袋、日记、项目和现实生活中问题解决教学的其他表现形式。

2. 学习技能与方法

在所有学习者中发展各种智力技能并完成它们之间最大可能的结合，是问题解决教学的一个重要目标。这些技能包括：写作、阅读、听力、交流、解决问题、研究、分类、得出结论、创新、计算、测量、思考、归纳、比较/对照、调查、准备、评价演示、记录过程和评论等。同时，掌握历史学习的基本方法：包括学习历史唯物主义的基本观点和方法，努力做到论从史出、史论结合；注重探究学习，善于从不同的角度发现问题，积极探索解决问题的方法；养成独立思考的学习习惯，能对所学内容进行较为全面的比较、概括和阐释；学会同他们，尤其是具有不同见解的人合作学习和交流。

（四）研究性学习式问题解决教学案例

真正的问题解决教学，往往来自现实生活中的实际问题，需要跨学科学习。一批来自美国中小学的教育人士认为，问题解决教学有利于发展学生的核心素养，他们梳理出十条理由：

（1）我们的毕业生将会更好地完成大学生活、生涯规划和做公民的准备。

（2）学生仍将学习学术内容，并且更好地记住内容。

（3）我们将有很好的考试成绩，同时我们的学生将能够更好地满足当今更高要求的标准。

（4）学生将会更好地管理时间，有序生活。

（5）学生将学习如何共同完成工作，就像他们将在以后的工作中需要做的一样。

（6）学生的公开展示将会很有趣，并且这将会是一个发展沟通能力的好机会。

（7）学生将会更加投入，对自己的学习承担更多的责任。

（8）学生的创造力将有可能会改善我们的社区。

（9）家长和社区成员可以作为内容专家、演讲嘉宾或项目顾问来分享他们的经验。

（10）当学生被问到"今天你在学校做了什么"时，学生们会分享一些有趣的事情。

在研究问题解决教学模式的过程中，美国中小学教师已经形成了颇具操作性的学习流程，值得我们学习和借鉴。

【案例】 有关"坚毅"的故事（人文学科）

第1部分：项目意义，项目成果和项目学习目标

1. 意义感和参与感

为什么这个项目很重要？为什么你的学生会关心这个项目？这个项目里有什么东西能使他们每天兴奋地来学校并期待完成项目？

> - 学生会成为自己和他人生活故事的讲述者
> - 讲述癌症患者充满希望和勇气的故事
> - 通过这项工作，我们将集中培养倾听和共情的能力

2. 关键问题

关键问题具有真实性，它并没有一个简单的答案，还可以激发学生的创造力和想象力。

> - 在逆境中，勇气和毅力的作用是什么？
> - 是什么赋予人们坚持不懈和勇敢抗争的能力？
> - 希望是如何帮助人们度过逆境的？
> - 顽强抗争的价值是什么？

3. 你的成果

（1）你希望学生做什么？写作，创造，执行或构建？请列出最终的成果。

> - 撰写充满坚韧品格的故事
> - 关于胜利或抗争的个人故事叙述
> - 制作关于坚韧品质内容的广播
> - 富有同理心的采访问题、笔记和笔录
> - 故事讲述者富有同理心的采访提纲
> - 广播剧本（摘录自采访）
> - 开设专门的播客专辑
> - 可选挑战：由各种医疗专业人员、幸存者和家庭成员访谈组成的小型纪录片

（2）设想最终成果：一件优秀的作品需要具备哪些特质？

> - 播客（美国科普电台风格）将会包括：
>   - 原始访谈的剪影
>   - 经过概括和复述的故事内容
>   - 嵌入科学研究和相关课程内容
>   - 原始的周围环境声音片段

（3）学生作品将展示给哪些真实观众？

> - 项目参与者（癌症幸存者/患者或家庭成员）
> - 受癌症影响的其他人（治疗工作者）

4. 你的学习目标

（1）你想让学生从中学到什么？

（2）学生需要了解哪些学术内容？他们怎么学习呢？

学习目标导航

	目标内容	如何实现？
文学阅读标准	通过引用书本中描写的证据，来分析书本所要阐述的内容，以及文段的隐含意思	准备伙伴讨论和苏格拉底式研讨会/独立阅读实践
	描述一个特定故事或戏剧情节如何在一系列剧集中展开，以及当剧情趋向结局时角色如何响应或改变	故事研究
	辨别书本中使用的单词和短语的含义，包括比喻和隐喻意义；分析选择特定词语对意义和语气的影响	语言学习/独立阅读练习

续表

	目标内容	如何实现？
文学阅读标准	分析特定句子、章节、场景或小节如何符合文章的整体结构，以及对主题发展、背景和情节的贡献	语言学习
	比较和对比故事、戏剧或诗歌的阅读经验，并且聆听或观看文章的音频、视频或现场版本。将阅读文章时"看到"和"听到"的内容与感知的内容进行对比	书与电影的比较研究
论文阅读标准	确定论文的中心思想，以及思考如何通过特定细节传达中心思想；提供一份与个人意见无关的摘要	共同阅读关键部分 / 独立阅读练习
	详细分析文章中某个重要人物、事件或想法是如何被引入、阐述或解释的	共同阅读关键部分 / 独立阅读练习
	整合不同媒体或形式的材料（如视觉上、数量上）或文字，来形成对主题或事件的清晰理解	广播稿的研究报告
	追踪和评估文段中的论点和具体主张，区分有依据的主张和没有依据的主张	阅读和注释文献
写作标准	信息性写作	通过选择、组织和分析相关内容，编写信息性 / 解释性文章，以验证主题，来传达想法、概念和信息	广播稿的研究报告
		介绍主题或论点；使用诸如定义、分类、比较 / 对比和因果等策略来组织观点、概念和信息	广播稿的研究报告
		使用相关事实、定义、具体细节、引用或其他信息及示例来展开主题	广播稿的研究报告
		使用适当的过渡语言来阐明想法和概念之间的关系	广播稿 / 广播稿的研究报告
		使用精确的语言和特定领域的词汇来解释该主题	广播稿
	叙事写作	使用有效的技巧，有关描述性细节和结构良好的事件顺序，编写真实或虚构的叙述性故事	个人叙事 / 广播稿
		通过建立背景并介绍叙述者或角色来吸引和定位读者群体；组织一个自然和逻辑的事件展开顺序	个人叙事 / 广播稿
		使用对话、节奏和描述等叙事技巧来阐述经历、事件或角色	个人叙事 / 广播稿

续表

目标内容			如何实现？
写作标准	叙事写作	使用各种过渡词、短语和字句来传达时间和地点的转变	个人叙事 / 广播稿
		使用精确的单词和短语，以及使用与其相关的描述性细节和感官语言来描述事件和经历	个人叙事 / 广播稿
		从叙述的经历或事件中得出一个结论	个人叙事 / 广播稿
写作的完成和发布		清晰、连贯的写作，其中的逻辑、组织和风格适用于项目本身、写作目的和受众	个人叙事 / 广播稿
		在同行和专家的一些指导和支持下，通过规划、修改、编辑、重写或尝试新方法，根据需要建构和加强写作	评论会议 /1 对 1 教师 / 同行会议
		利用包括互联网在内的技术来完成和出版写作，以及与他人互动和协作；展示足够的电脑输入技能，一次写作至少包含三页	准备课堂项目作业
构建和呈现研究成果		进行简短的主题或研究以回答各种问题，利用多种资料来源并在需要时重新调整研究重点	关于广播脚本的研究报告
		从印刷资源和数字资源的多个来源收集相关信息；评估每个来源的可信度；引用或解释他人的数据和结论，同时避免抄袭且为来源提供基本的书目信息	研究侧重于特定类型的癌症
		从文学或信息性的文章寻找证据来支持分析、反思和研究	阅读探究反思 / 课堂讨论

（3）学生在创作此作品时会锻炼到哪些技能？

技能	我们会在哪里看到这种技能的展现？
批判性思维	思考与讨论
协作学习	项目工作时间
议论讨论	苏格拉底式问题研讨会
提出问题以引发故事	同理心活动
进行同理心访谈	同理心活动
转述和复述 / 总结访谈回答	项目工作时间
制作音频讲述故事	项目工作时间
录制和编辑声音	同理心访谈
使用音频软件	项目工作时间
广播活动策划	展示和后期工作

（4）这个项目将如何培养读写能力？学生将阅读什么内容？（确定至少一篇让学生阅读的文章）你将如何引导所有学生的阅读？

> ● 学生将从团队获得支持以及一对一指导的机会。每个书面作品都将以易于理解的方式呈现，允许学生将每个部分放在一起，更好地理解整体的重要性
> ● 每周反思（阅读，思考，讨论）
> ● 个人叙事（专注于抗争）
> ● 对访谈的转录
> ● 创作广播叙事的脚本

（5）学生会写什么？你将如何支持所有学生来完成写作？

> ● 通过大声朗读、个人阅读和集体阅读，学生将以"坚毅"作为分析的角度来理解故事结构、人物发展、人物间的关系和动机。当他们探索"坚毅"的概念时，他们将建立从一篇文章到另一篇文章，文章到生活，以及文章到世界的联系，他们可以深入了解人类历史上如何处理、坚持并战胜的斗争过程
> ● 学生将通过小组阅读指导、个人会议、每周读者反馈期刊、日常任务以及书面项目作品得到支持和帮助

第 2 部分：为学生完成高质量作品与深入学习提供支持

（1）为让学生完成真正高质量的作品。在项目设计时，你会设计哪些必不可少的环节？例如原型设计、方案起草与修正、批判性评论、演示与排练等？

> ● 同理心访谈
> ● 技术工具使用
> ● 收听优秀的广播
> ● 练习提问和访谈

（2）里程碑。在确定作品的最终草案前，你都有哪些重要的里程碑（阶段成果）？

  ● 可完成的成果：作品草案和作品具体构成部分的确定

  ● 批判性评论：获得有意义的反馈的机会（反馈可以来自你自己、同伴、外来受众、专家等）

  ● 反思：定期就项目进程进行反思并记录

星期	活动	可完成的成果

（3）从优秀的作品中学习

有哪些优秀的作品可以供学生借鉴，帮助他们完成高质量的作品？这些作品是专业人士的作品，还是你自己或你过去的学生创作的作品？

（4）提供给学生的优秀的广播作品

（5）向社区里的成年人学习

你可以邀请哪些专业人士作为演讲嘉宾，或是参与到批判性评价的环节，为学生提供反馈？

> ● 当地报纸或新闻记者

（6）你可以带学生做哪些实地考察活动？或者其他可以让学生体验到成人真实工作生活的机会？

（7）小组合作：如何组建团队？小组团队工作将如何构建？

> ● 2～3人一个团体
> ● 采访者／制片人／录音师
> ● 3个人将一起协助编辑，完成后期音频制作工程

（8）为了保证团队中每个成员都积极参与项目工作，将如何分配任务？

第三节　问题解决教学的基本策略

问题解决教学强调学生的主动探究，同时也离不开教师的指导。教师的指导作用对学习效果的影响是非常重大的，因此教师如何选择和调整教学策略十分重要。

一、基于真实问题展开

（一）回归历史现场，引出前人面临的真实问题

例如，在《中外历史纲要（上）》第4课"西汉与东汉——统一多民族封建国家的巩固"教学设计时，可以先回归陆贾说刘邦的历史情境片段，然后提出一连串"真实"的历史问题。

材料 陆生（陆贾）时时前说称《诗》《书》。高帝骂之曰："乃公居马上而得之，安事《诗》《书》！"陆生曰："居马上得之，宁可以马上治之乎？且汤、武逆取而以顺守之，文武并用，长久之术也。昔者吴王夫差、智伯极武而亡；秦任刑法不变，卒灭赵氏（嬴与赵同姓）。乡（同"向"）使秦已并天下，行仁义，法先圣，陛下安得而有之？"高帝不怿而有惭色，乃谓陆生曰："试为我著秦所以失天下，吾所以得之者何，及古成败之国。"陆生乃粗述存亡之征，凡著十二篇。每奏一篇，高帝未尝不称善，左右呼万岁，号其书曰"新语"。

——《史记·屈原贾生列传》

问题： 刘邦"马上得天下"之后，该如何治理？我们不能用今天的"后见之明"去代入刘邦思考，而是应该追问：刘邦及其谋臣从夏、商、周的历史更替中能得到什么经验和教训？刘邦能从亲身经历的秦朝国家治理、秦亡楚兴、楚汉相争等一连串历史变动中得到什么样的经验和教训？他拥有哪些政治遗产，又面临哪些主要掣肘因素？综合上述因素，他最终选择了什么样的政治制度和政治思想？有何成功之处，又有何隐患？

（二）引入学术情境，生成开放半开放的学术问题

如前所述，2011至2021年的全国卷创新思维题（12分题）大多引入学术情境，要求学生论证观点甚至提出自己的观点。例如2019年全国卷Ⅰ第4题：

材料 凡读本书请先具下列诸信念：

一、当信任何一国之国民，尤其是自称知识在水平线以上之国民，对其本国已往历史，应该略有所知。

二、所谓对其本国已往历史略有所知者，尤必附随一种对其本国已往历史之温情与敬意。

三、所谓对其本国已往历史有一种温情与敬意者，至少不会对其本国已往历史抱一种偏激的虚无主义，亦至少不会感到现在我们是站在已往历史最高之顶点，而将我们当身种种罪恶与弱点，一切诿卸于古人。

四、当信每一国家必待其国民备具上列诸条件者比数渐多，其国家乃再

有向前发展之希望。

——钱穆《国史大纲》（1940）

　　问题：评析材料中的观点（任意一点或整体），得出结论。（要求：结论不能重复材料中观点，持论有据，论证充分，表述清晰。）

　　本题是一道开放型试题，题干为国学名家钱穆所撰《国史大纲》扉页上的一段对读者的致语。这段话饱含情感，反映了作者对历史与现实的关系、认识历史的方法等问题的看法。问题要求对材料中的观点加以评析，得出结论，这就要求学生要准确把握作者的观点，陈述自己的看法，并得出结论性意见。评析材料中的观点，可以认同、补充，也可以反驳。问题特地提示可对材料中观点的"一点或整体"进行评析，使题目具有很大的开放性。本题能力考查全面，包括整理材料，最大限度地获取并解读有效信息，理解历史叙述与历史结论、观点，发现并论证历史问题，独立提出观点，等等。

　　材料中四个方面的叙述，每个方面都包含作者的观点，甚至对每一点中的各个层次，都可以进行评析并得出结论。如第一点"知识在水平线以上之国民"对本国历史应有所了解，可以说作者阐明了其著作针对的读者群体，撰写该著作的目的与意义。"知识在水平线以上"指有兴趣并能够顺利阅读与理解其著作，就当时国民教育水平来说，应指高中、大学生等"知识分子"，这些人在引领社会前行中担负更多的责任。当时，中华民族到了"最危急的时候"，他们不仅应有政治、经济、军事等具体工作能力，还需要了解本国历史，树立民族自信，坚定打败日本侵略者的决心。随着教育的发展，整个国民的知识"水平线"提升，意味着本国历史教育应成为国民教育的基本内容，学习中国历史，传承本民族的优秀历史文化，有助于实现中华民族伟大复兴。

　　又如第二点，学习本国历史应持"温情与敬意"的态度。对这一观点，可以举证中华文明中足以引发民族自豪感的人、事，反对历史虚无主义；也可以辩证地分析，对作者的观点进行补充，应注意中国历史中也存在一些封建糟粕和落后观念，对待中国历史要注意取其精华、去其糟粕，把握主流，传承中华优秀传统文化；还可以从学习与研究历史应持的情感态度上着眼，说明看待任何历史上的人、事与问题，应了解这些人生活的具体时代、历史事件发生的具体背景，加以分析与理解，而不只是简单地从当今的需要、依据当今的认知水平，去苛评过往的人与事。

　　本题还可通过理解材料的观点，并加以延伸。例如，材料强调了"本国已往历史"的重要性、学习的态度与方法，那么在构建"人类命运共同体"的理想时，是否应该以同样的态度与方法，学习其他国家与民族历史呢？题目要求"持论有据"，却并没有限定答题论据的范围，因而评析角度很多，发挥余地很大。

（三）从社会现实问题切入，追本溯源或以史为鉴

历史学的基本问题之一是它与现实的关系。从逻辑的根源上说，这是知识世界与现实世界的关系，是知识的自律与实践的关系，是知识在获取后如何回应提供知识对象的关系。如果对历史学的基本价值进行区分，可以看到它是多重指向的有机结合体：在求真的取向上，历史学扮演了追问和揭示历史真相的角色，显示出历史学的科学性；在体察人性因素对人类进程确定和不确定的影响上，历史学扮演了探究至今尚不够明晰的人类活动的创造力、各种历史活动的因果联系、个体与集体的历史经验如何影响当下以及人类精神世界内在"美"的角色，显示出了历史学的科学性与艺术性的结合；在审查人的道德情操对历史过程的建树和破坏上，历史学扮演了反思在过往岁月中人类情怀的塑造和变化的角色，显示出了历史学的伦理性。总之，历史学扮演了连接起过去与今天并能在一定程度上引导人们走向未来的角色，显示出了历史学的实践性。①

例如，日本对其近代侵略中国及东南亚国家的行径遮遮掩掩，甚至曲解诡辩，为世人诟病。直至今日，日本的某些领导人对待这场凶残可耻的侵略战争仍百般狡辩，不肯正视。不仅如此，日本政府还正在积极加强军事力量，并在极力修改"和平宪法"。于是人们往往将其与德国战后认罪、赔偿的态度相对比。为何两国面对同样的问题却态度不一？教师如果从此处切入并提出如上问题，有利于激发学生问题解决的动机。经过探究，学生能够理解到，第二次世界大战后，日德两国在对待战争责任问题上的表现之所以有如此重大不同，根源在于其有不同的历史。进而，学生能够到史学观念层面，认识到现实社会是历史的延续，历史深刻地影响着现实，历史与现实之间存在着紧密的、无法割断的联系。

（四）从学生学习的真实困难入手，形成问题解决的小课题

从新课学习到复习阶段，学生都会遇上各种各样的学习困难。例如，有的学生认为教材内容太多，很难记忆，教师可以指导学生整理大事年表、时间轴等，并在此基础上更深刻地理解该时期的历史阶段特征；教师还可以指导学生整理思维导图。有学生的古代文献阅读能力偏弱，有学生的图像识读能力较弱，教师可以把这些学生按不同的"学习困难"分成不同的项目学习小组，相互帮助，相互鼓励，在教师的指导下进行问题解决式学习。

二、聚焦历史学科核心素养

中国学生发展核心素养是党的教育方针的具体化、细化。学科核心素

---

① 彭卫. 再论历史学的实践性［J］. 清华大学学报（哲学社会科学版），2016（3）：50-60.

养是学科育人价值的集中体现，是学生通过学科学习而逐步形成的正确价值观、必备品格和关键能力。历史学科核心素养包括唯物史观、时空观念、史料实证、历史解释、家国情怀五个方面。唯物史观是诸素养得以达成的理论保证；时空观念是诸素养中学科本质的体现；史料实证是诸素养得以达成的必要途径；历史解释是诸素养中对历史思维与表达能力的要求；家国情怀是诸素养中价值追求的目标。通过诸素养的培育，达到立德树人的要求。

学生问题解决能力是个人运用认知去直面并解决真实的与跨学科情境问题的能力。学生发展核心素养中的社会参与又包含了责任担当与实践创新。这里的实践创新具体表现为劳动意识、问题解决、技术应用等基本要点。可见学生发展核心素养离不开问题解决能力的培养。

三、整合主流学习理论

新一轮历史课程改革"要将培养和提高学生的历史学科核心素养作为目标，使学生通过历史课程的学习逐步形成具有历史学科特征的正确价值观、必备品格与关键能力。课程结构的设计、课程内容的选择、课程的实施等，都要始终贯穿发展学生历史学科核心素养这一任务"[1]。在核心素养培养目标、用教材教、教材教不完等多重因素影响下，当前课程改革先行区积极探索深度学习、大概念教学、大单元教学、项目式学习。问题解决教学必然要与这些学习理论整合，才能发挥更大效能。

（一）深度学习

深度学习是指在教师引领下，学生围绕具有挑战性的学习主题，全身心积极参与、体验成功、获得发展的有意义的学习过程。在这个过程中，学生掌握学科的核心知识，理解学习的过程，把握学科的本质及思想方法，形成积极的内在学习动机、高级的社会性情感、积极的态度、正确的价值观；成为既具独立性、批判性、创造性又有合作精神、扎实基础的优秀的学习者，成为未来社会历史实践的主人。[2]

近两年，中学教研界出现不少指向深度学习的问题解决教学案例。例如，《中外历史纲要（上）》第14课"清朝前中期的鼎盛与危机"的教学设计，教师在了解学生的心理年龄特征、已有认知水平和社会生活经验的基础上，围绕教学主题，针对学生知识的衔接点、盲点、矛盾点及兴趣点，设计了三个问题为一组的"问题串"，分别是：因何而盛——从全球视野看，为

---

① 中华人民共和国教育部.普通高中历史课程标准：2017年版2020年修订［M］.北京：人民教育出版社，2020：2.

② 郭华.深度学习及其意义［J］.课程·教材·教法，2016（11）：25-32.

什么会出现康乾盛世；盛世隐忧——从全球视野看，康乾盛世隐藏着哪些隐忧；为何为衰——从全球视野看，鼎盛中为什么会出现危机。[①]

（二）大概念教学、大单元教学

学科核心素养是学科教育之"家"，指学生学了本学科之后逐步形成的正确价值观、必备品格和关键能力。它意味着教学目标的升级，而"逐个"知识点的"了解""识记""理解"等目标从此退出历史舞台。新的教学目标关注学生运用知识做事、持续地做事、正确地做事，强调知识点从理解到应用，重视知识点之间的联结及其运用。由此看来，学科核心素养的出台倒逼教学设计的变革，教学设计要从设计一个知识点或课时转变为设计一个大单元。[②]

大概念教学或大单元教学对提升高中统编历史教材的可学性和实效性，已得到历史教育界的广泛认可。教师备课首先聚集于学生需要解决的问题和解决问题依赖的学习任务，从问题与任务出发设计教学目标和教学内容。教学内容通常是一个个的主题，主题一般是完整的，以具体情境、任务或问题的方式出现，而非传统知识点或章节结构。在具体实施中，教学内容不再仅围绕知识信息（如史事及其来龙去脉），而是将知识信息（包含知识的类别、信息的组成）、上位的核心概念、理解知识与概念需要的原理或理论、解决问题的方法（包括学习方法、技能）等均视为教学必须考虑的内容。[③]例如《中外历史纲要（上）》第15课"明至清中叶的经济与文化"的教材分析与设计，教师首先淬炼概念，将明清时期农业、手工业和商业的新变化淬炼为"发达的农业商品经济"，其下位概念主要包括"农产品商品化""弃本逐末""新式工场""自由劳动力""全球化贸易""白银货币化""商人群体化""市镇商业化"等；将明至清中叶思想领域的核心概念淬炼为"自由开放与专制保守"，分别对应明朝的生机和清朝的危机，其下位概念包括"陆王心学""李贽思想""反对专制""工商皆本""西学东渐""会通中西""文字狱""考据学""乾嘉学派"等。在此基础上，他设计了层层递进的8个问题，引领学生进行问题解决式学习。[④]

（三）项目式学习

历史课程标准明确指出，高中历史教学多是采用专题教学的方式，而专

①　史宁.指向深度学习的高中历史主题教学［J］.中学历史教学参考，2021（9）：23-26.
②　崔允漷.学科核心素养呼唤大单元教学设计［J］.上海教育科研，2019（4）：1.
③　陈志刚.教学设计的变革与大概念、大单元教学的实施［J］.历史教学（上半月刊），2021（9）：21-27.
④　薛伟强.把握主旨、淬炼概念、问题引领："明至清中叶的经济与文化"教材分析与设计［J］.历史教学（上半月刊），2021（7）：33-40.

题教学可以采用多种基于网络的学习方式，如深度学习、项目学习、微课学习、翻转课堂，以及课下自主学习等。[①]

项目式学习可视为问题解决教学模式的基本形式之一。它通过对复杂问题的深入研究，促进学生参与，提倡从做中学。项目学习聚焦于激励学生积极提问，进行批判性思考，并在他们的研究和真实世界之间建立联系，在此过程中学习具体的知识和技能。

四、调动学生非智力因素

问题解决教学凸显了对非认知因素的培养。它要求学生要亲自参与发现问题、提出问题、分析问题和解决问题的过程。因此，它能让学生在获得相关知识与技能的同时，养成科学思考的习惯，有利于发展学生在实践中解决问题的能力，培养追求真理的勇气和自信心等，使学生在今后的工作和生活中能够适应各种变化。[②]因此，教师要善于调动问题解决需要的非智力系统。例如，教师的对话和指导应突破认知领域而延伸到情感等其他领域。在课堂教学中，教师要动态地对学生进行指导和评价，要善于发现学生的闪光点，及时地给予鼓励和肯定。当学生思维受阻时，教师应用一些充分肯定、具有明确指导意义的过渡语给予学生评价和引导，这样既指出思考、讨论的方向，又教给学生学习的方法，有助于增强学生战胜困难的信心，形成良好的学习态度。面对学生"失败"的过程，教师也应肯定"失败"的思维价值，用鼓励性的语言使学生的感情需要得到满足，继续保持乐观的态度。这种积极的评价和引导，不但会有利于问题的解决，而且会使学生在学习过程中形成积极的心理，使他们终身受益。

五、使学生成为评价主体

"为了一切学生的发展，一切为了学生的发展。"始终将学生作为教学评价的主体，即评价是为学生自身服务的，而不只是为了评价而评价，这种为自身服务的评价需求将会进一步反作用于学生的后续学习。将学生作为教学评价的主体，建立合理的评价指标体系和评价标准，有助于提高评价结果的准确性、科学性与有效性，有助于从教学评价中反思在问题解决过程中所使用的知识、方法和技能，建立民主、开放和宽松的评价氛围。学生成为评价主体，有助于学生更好地进行自我反思和自我批评，更容易习得经验，为下一次问题解决做好准备。

---

① 中华人民共和国教育部.普通高中历史课程标准：2017年版2020年修订［M］.北京：人民教育出版社，2020：54.

② 王宽明，郝志军."问题解决"教学：内涵、实践及应用［J］.教育探索，2016（3）：10-14.

● 思考与讨论

  ＊ 教学中针对特定主题与内容，如何避免设计出对于学生无价值或无法回答的问题，而找到学生可以解答的、富有启发性的起到媒介作用的问题？

  ＊ 如果问题既要围绕大概念架构单元内容，又要超越单元内容指向综合性观点与主题，那么如何才能设计好教学呢？

  ＊ 目前高中历史教学中广泛应用的"情境—问题"教学法与问题解决教学模式之间有何区别与联系？

  ＊ 如何使问题解决教学模式与高中历史教学有机融合，引导教学更加关注育人价值，更加注重培养学生核心素养，提高学生综合运用知识解决实际问题的能力？

第五章　核心素养导向的学业质量评价与试题命制

- **内容提要**

  ＊ 评价是教学的重要环节。新版课程标准研制了历史学科学业质量标准。这是教学评价和考试命题的基本依据，也是连接核心素养与课程标准、考试、评价的桥梁。为了便于观察和评价，历史学业质量标准明确将历史学科核心素养的五个方面分别划分为四个不同的等级或水平，即历史学业质量水平。其中，水平2是学业水平合格性考试的要求，水平4是学业水平等级性考试的要求。

  ＊ 本章在介绍历史学科学业质量及其水平划分的基础上，结合具体案例探究基于学业质量标准的课堂学习评价；根据课程标准并结合部分地方的实践经验，介绍基于学业质量标准的学业水平考试及其命题要求；根据新版课程标准，结合高考评价体系和部分省市的新高考方案及其典型试题，介绍新高考模式，探讨其试题命题与备考策略。

新版课程标准研制了高中历史学业质量标准，明确了学生完成本学科学习任务后，学科核心素养应该达到的水平，成为学生学习评价和考试命题的重要依据，也是促进历史学科核心素养融入历史课程的重要环节。2019 年颁布的《中国高考评价体系》则是在学业质量要求的基础之上，进一步明确了高考和学业水平等级性考试的考试功能、考查内容、考查要求和考查载体，成为高考命题、评价与改革的理论基础和实践指南。本章基于学业质量标准和高考评价体系，阐述对核心素养导向的学业质量评价与考试命题的初步思考。

第一节　高中历史学业质量水平与学习评价

学业质量标准为学生学习历史和检测学习效果提供了可操作性的依据，这是新版课程标准的突出变化之一。换言之，学业质量标准为高中历史课程的学习评价提供了依据，使学生的历史学科核心素养可检测，为实现高中历史的教、学、评一体化明确了方向。

一、高中历史学业质量水平与考试评价

（一）基于学科核心素养的高中历史学业质量标准

新版课程标准明确指出："高中历史学习的评价应以课程目标为依据，以学生历史学科核心素养的整体发展为着眼点，将评价贯穿于历史学习的整个过程。评价主要针对学生将所学历史知识与技能运用于解决具体问题时体现出的学科核心素养水平。"也就是说，高中历史学科学习评价的对象应该是学生历史学科核心素养的具备程度。以历史学科核心素养及其表现水平为主要维度的历史学科学业质量标准，代表着历史教育质量的国家要求，是连接核心素养与课程标准、考试、评价的桥梁，是促进历史学科核心素养融入历史课程的重要环节。[①]学生质量标准从学习效果出发，强调了高中历史课程的真正目标在于培育学生的历史学科核心素养，而非学科知识内容的简单传授，为实现高中历史的教、学、评一体化明确了方向。因此，高中历史学科的学习评价必须遵循基于核心素养的高中历史学科学业质量标准，是一种核心素养导向的学业质量评价。

---

① 徐蓝，朱汉国.普通高中历史课程标准（2017 年版 2020 年修订）解读［M］.北京：高等教育出版社，2020：169.

（二）从考试到评价

考试作为一种最常见，也是最重要的评价手段，在检测、诊断、反馈，尤其是选拔等方面发挥着非常重要的功能。但在以往的教学实践中，也存在一种把评价等同于考试的错误取向。其弊端正如徐奉先、刘芃所指出的："是一种狭义的评价，缺乏与'人的发展'这一整体架构的有机联系，也缺乏与教育活动、教育过程和教育结果相适应的具体评价目标，因此这种狭义的评价往往导致人的片面发展。又由于考试在某种程度上是教学的指挥棒，因此这种狭义的评价往往导致教育的应试化倾向。"[1] 鉴于此，新版课程标准强调要将评价贯穿整个学习过程，并多维度地进行学习评价。学习评价不仅仅局限于对学生的学习结果进行评价，还应对学生的整个学习过程进行评价。从过程来看，学习评价至少应该包括：过程性评价，如作业评价等；阶段性评价，如期中、期末考试等；终结性评价，即学业水平考试（包括合格性考试和等级性考试）。从内容来看，学习评价除了课堂学习评价，还应关注学生在复杂情境下开展相关实践活动的能力。从评价方式来看，除考试等纸笔测试外，还应包括课堂提问、实践活动、自我反思、同伴互评、教师评语、家长评价等方式。学习评价的主体也应由教师扩展到家长、同学和学生本人。

需要特别强调的是，无论哪一种性质或形式的学习评价，都必须以学生历史学科核心素养的整体发展为着眼点，制定符合学业质量要求的评价目标。基于高中历史学科学业质量标准的框架是开展高中历史学科学习评价的前提和依据。

二、高中历史学业质量水平描述

为便于观察和评价，历史学业质量标准明确将历史学科核心素养的五个方面分别划分为四个不同的等级或水平，即历史学业质量水平。每一素养的四个等级遵循连续性和递进性的原则，从低到高排列，水平1为最低要求，水平4为最高要求。其中，水平2对应高中学业水平合格性考试的要求，是所有高中生在学习高中历史学科都应达到的合格性要求。水平4对应高中学业水平等级性考试的要求，是对新高考模式下选考历史学科考生的选拔性要求。同时，学业质量水平不仅仅是学业水平考试的命题标准，也是整个高中阶段历史学习评价的依据，贯穿整个高中历史学习过程。"学业质量水平实际上就是学科素养达成的质量指标，它使课程标准的核心部分得以贯穿于教学与评价之中，从而保证了教学与评价充分反映历史课程标准的要求。"[2]

---

① 徐奉先，刘芃.基于核心素养的学业质量评价［J］.历史教学（上半月刊），2018（4）：3-7.

② 徐蓝，朱汉国.普通高中历史课程标准（2017年版2020年修订）解读［M］.北京：高等教育出版社，2020：171.

其中"课程标准的核心部分"所指就是学科核心素养。

　　需要特别指出的是，学业质量水平虽然具体将学科核心素养的五个方面分成了四个等级，但学业质量本身是一个整体。因此，对学业质量水平的描述应该分为横向和纵向两种方式。新版课程标准已经按照学业质量的四个水平对学科核心素养的每一个方面进行了横向描述，此不赘述。为方便读者阅读和使用，我们在此对学科核心素养的每一个方面按照不同水平进行纵向描述（如表 5-1—表 5-5）。

表 5-1　唯物史观的学业质量水平描述

水平	质量描述
水平 1、2	能够知道人类物质生活资料的生产是社会生活的基础，知道生产力是历史发展的决定因素，知道经济基础与上层建筑之间的辩证关系，了解人类社会形态从低级到高级发展的规律；能够理解唯物史观是科学的历史观
水平 3、4	能够从生产力与生产关系、经济基础与上层建筑的辩证关系来理解历史上的发展变化和社会形态的演变过程，理解阶级斗争是推动阶级社会发展的直接动力；理解人民群众在历史发展中的重要作用；能够史论结合、实事求是地论述历史与现实问题

表 5-2　时空观念的学业质量水平描述

水平	质量描述
水平 1	能够了解所学内容的历史分期方式，理解历史时期是按时序划分的；能够知道认识史事要考虑到历史地理的状况；能够识别历史地图中的相关信息，知道古今地名的区别
水平 2	能够将某一史事定位在特定的时间和空间框架下；能够运用各种时间术语描述过去；能够利用历史年表、历史地图等方式对相关史事加以描述；能够认识事物发生的来龙去脉，理解空间和环境因素对认识历史与现实的重要性
水平 3	能够把握相关史事的时间、空间联系，运用特定的时间和空间术语对较长时段（如古代、近现代）、较大范围（如跨国家、跨地区）的史事加以概括和说明
水平 4	在对历史和现实问题进行独立探究的过程中，能够将其置于具体的时空框架下；能够选择恰当的时空尺度对其分析、综合、比较，在此基础上作出合理的论述；能够根据需要并运用相关材料和正确方法，独立绘制相关图表，并加以说明

表 5-3　史料实证的学业质量水平描述

水平	质量描述
水平 1	能够知道史料分为文献史料、图像史料、实物史料、口述史料等多种类型；能够在解答某一历史问题时，尝试从多种渠道获取与其有关的材料；能够从所获得的史料中提取有关的信息
水平 2	能够认识不同类型的史料所具有的不同价值；能够掌握获取史料的基本方法；能够在对史事与现实问题进行论述的过程中，尝试运用史料作为证据论证自己的观点
水平 3	能够在探究特定历史问题时，自主地搜集有关史料；能够对史料进行整理和辨析，并判断其价值；能够利用不同类型史料的长处，对所探究的问题进行互证
水平 4	能够比较、分析不同来源、不同观点的史料；能够在辨别史料作者意图的基础上利用史料；在评述历史时，能够对材料进行适当的取舍；在对历史和现实问题进行探究的过程中，能够恰当地运用史料对所探究问题进行论述；能够符合规范地引用史料

表 5-4　历史解释素养的学业质量水平描述

水平	质量描述
水平 1	能够有条理地讲述历史上的事情，概述历史发展的基本进程；能够说出重要历史事件的经过及结果、重要历史人物的事略、重要历史现象的基本状况
水平 2	能够分析有关的历史结论；能够区分历史叙述中的史实与解释；能够在叙述历史时把握历史发展的各种联系，如古今联系、中外联系等，并将历史知识与其他相关学科如地理、语文、艺术等知识加以联系；能够选择、组织和运用相关材料并使用相关历史术语，对具体史事作出解释；能够尝试从历史的角度解释现实问题
水平 3	能够分辨不同的历史解释，尝试从来源、性质和目的等多方面，说明导致这些不同解释的原因并加以评析；能够选择、组织和运用相关材料并使用相关历史术语，在正确的历史观和方法论的指导下，对系列史事作出解释
水平 4	能够在独立探究历史问题时，在尽可能占有史料的基础上，尝试验证以往的说法或提出新的解释；能够在正确的历史观和方法论的指导下，全面、客观地论述历史和现实问题

表 5-5   家国情怀的学业质量水平描述

水平	质量描述
水平 1、2	能够发现历史上认同家乡、民族、国家的事例，知道中外优秀文化遗产的主要内容，认识社会主义核心价值观的历史依据，具有对祖国和人民的深情大爱
水平 3、4	能够把握中华民族多元一体的发展趋势，以及世界历史发展的进步历程，形成正确的世界观、人生观、价值观和历史观；能够表现出对历史的反思，从历史中汲取经验教训，更全面、客观地认识历史和现实社会问题；能够将历史学习所得与家乡、民族和国家的发展繁荣结合起来，立志为新时代中国特色社会主义建设、中华民族伟大复兴作出自己的贡献

从目标来看，基于学业水平合格性考试和等级性考试的不同要求，教师要使学生的整体水平能够达到学业质量水平 2 或水平 4。在教学过程中，学科核心素养的五个方面可能难以同时兼顾，这就需要教师根据课程内容，结合学生素养水平的差异，对学科核心素养的某一个或某几个方面进行纵向的深度培育，以达到相应学业质量水平描述的要求。

三、基于高中历史学业质量水平的课堂学习评价

课堂学习评价贯穿整个学习过程，是教学活动的重要组成部分，其作用非常重要。一是可以通过有效评价及时反馈出学生在知识、能力、素养等方面的实际水平；二是可以在评价过程中随时发现学生存在的问题和不足，以及时进行有针对性的教学活动；三是作为教学活动的一个环节，课堂学习评价是达成教学目标的重要途径。因此，作为课堂教学的一环，课堂学习评价除了具有检测和诊断功能之外，还具有明显的发展性功能，是课堂教学质量提高的一个关键环节。

课堂学习评价的形式非常广泛。课堂评价既包括各种课堂练习、课堂检测以及课后作业，也包括教学情境中师生问答和教师引导，还包括教师对学生表情、动作、学习状态和个性特征等情况随时随地的观察和判断。在学生学业成就评价体系中，课堂评价与学生日常的学习生活紧密相关，与教师和学校的教育活动水乳交融。在这个意义上，课堂评价才是实现新型学业成就评价的核心形式，在推进新课程所倡导的学业成就评价模式中占有极其重要的地位。[1]

---

[1] 豆雨松，杨向东.教师课堂评价任务的设计与实施情况：一种理论驱动的分析模式 [M] // 杨向东，崔允漷.课堂评价：促进学生的学习和发展.上海：华东师范大学出版社，2012：246.

根据新版课程标准要求，结合教育学相关研究成果，我们认为基于高中历史学业质量水平的课堂学习评价应该特别关注以下几个问题。

（一）基于学业质量水平，制定评价目标

基于学科核心素养的学业质量标准是促进教、学、评一体化的重要桥梁，也是制定教学目标和评价目标的重要依据。新版课程标准明确强调："评价目标的确定，必须以课程内容、历史学科核心素养水平为依据，符合学业质量要求。"教师在制定评价目标时，需要根据相应的学业质量要求，准确理解学业质量水平所描述的学科核心素养的表现特征，还要结合教学内容和学生实际。按照新版课程标准的要求，培养和提高学生的历史学科核心素养是历史教学的最终目标。

但是，历史学科核心素养的培养并不是一蹴而就的，不可能在一节课或一个较短的时期内完成，而是要在整个高中阶段的历史教学中来逐步完成。这就要求教师按照课程标准要求，"对学段、模块或主题、单元和课的评价目标进行整体规划和设计，注重对学生历史学科核心素养五个方面的发展状况进行综合评价"[1]。换言之，学生的历史学科核心素养全部达到相应学业质量水平，是整个高中阶段终结性的教学目标和评价目标。这个终结性目标需要被分解到教学过程中去。每一次课堂教学的教学目标和评价目标，都应该服从和服务于达成这个终结性目标。因此课堂教学一定不能急于求成，不能一味地求全和求快。教师应该根据相应的学业质量水平要求、教学内容和学生水平来确定学科核心素养某一方面或某几方面的某一水平或某几个水平作为课堂的教学目标和评价目标。

（二）根据评价时机，选择恰当的评价方式

新版课程标准要求将评价贯穿整个学习过程，不仅指向宏观上的每一个学习阶段，更指向学习过程中的每一个微观环节。深度学习理论把这种贯穿整个学习过程的评价称为"持续性评价"，其意义和价值在于"将评价的关注点从教师的教转向学生的学，注重学生学科核心素养的发展水平，以及学生在学习活动中的参与度、积极性及突破原有框架的创新能力"[2]。

从课堂教学来看，课堂学习评价至少应该贯穿课前自主学习、课堂重难点突破、课后反思巩固等基本环节。每一个环节的学习评价功能并不完全相同，评价的方式也应有所选择。选择评价方式最基本的原则，就是看它是否能够直接评价学习目标中所反映的学习结果。例如，除了随堂练习和课后纸笔作业等传统形式外，自主梳理教材知识、展示预习成果、讲述历史故事、

---

① 中华人民共和国教育部.普通高中历史课程标准：2017 年版 2020 年修订［M］.北京：人民教育出版社，2020：50-57.

② 刘月霞，郭华.深度学习：走向核心素养　理论普及读本［M］.北京：教育科学出版社，2018：87.

搜集并整理史料、探究和辩论历史问题、排练和展演历史剧等都可以成为评价的方式。

（三）及时、准确的反馈

评价任务实施之后，必须有及时准确的评价反馈才能保证课堂学习评价的有效性。其目的在于随时掌握学生学习的情况，并根据评价结果及时发现问题，调整教学策略。新版课程标准对评价反馈的基本要求是："要系统搜集学生日常的、阶段性的学习成果并进行判断分析；要结合历史学科核心素养的表现水平、学业质量水平和学生个人能力等因素，寻找学生表现和目标要求之间的差距；要针对学生具体情况调整、修改教学策略，提出有针对性的学习建议；要及时、准确地通过合适渠道向学生反馈某些结果信息，主动告知或引导学生自己寻求改善学习的方式方法；要建立师生对话交流的沟通途径，共同解读和分析评价结果信息，发挥评价反馈的最大效用；要尊重学生的心理感受。"

（四）重视主题教学的学习评价

新版课程标准明确鼓励教师开展"主题教学"，"对教科书的顺序、结构进行适当的调整，将教学内容进行有跨度、有深度的重新整合，也可以对必修、选择性必修、选修的不同模块进行整合，设计出更具有探究意义的综合性学习主题"。关于何为主题教学，以及如何实施主题教学，教育学界有很多研究成果。黄牧航根据历史学科的特点，对历史教学中的"主题"和"专题"进行了比较，指出"所谓历史专题，是指把若干孤立的史实按照一定的分类方法组合在一起的问题。所谓历史主题，就是有明确价值导向的专题。换言之，在专题的基础上，增添明确的价值引领目标，就形成了主题"[1]，从而明确了历史学科主题教学的概念和价值。

基于历史学科特点，新版课程标准指出教学内容的整合主要有两种方式：其一，加强历史横向联系的整合，即将同一历史时期的中外史事整合在一起，使学生以更为宽阔的历史视野认识历史；其二，凸显历史纵向联系的整合，即对历史发展中有前后关联的内容加以梳理，将分散在各专题中的相关内容整合在一起。通过对教学内容的重新整合和学习情境的有效建构，主题式教学有助于引导学生发现问题，激发深层学习动机，推动问题解决式教学的进行，从而实现深度学习。在这一教学过程中，不仅课程资源得到了重新整合，学生的学科核心素养也得以发展和整合。

为了帮助我们认识主题式教学，新版课程标准还在课程内容和实施建议中为我们提供了十个主题教学活动示例（表5-6）。

---

[1]　黄牧航.中学历史学科核心素养命题重要概念辨析［J］.历史教学（上半月刊），2020（8）：6-11.

表 5-6　主题教学活动示例主题

分布		序号	示例主题
课程内容	必修	1	世界视野下的中国航海活动与海上贸易
		2	"老兵"的故事
		3	20 世纪 80 年代以来社区居民生活变迁
		4	寻找资本主义制度确立的思想文化渊源
	选择性必修	5	探讨中国古代历史上中央与地方的关系
		6	考察中国历史上的外来农作物
		7	严复、商务印书馆与中国近代文化的变革
	选修	8	编制历史人物年表
		9	《资治通鉴》为何以"三家分晋"为开篇
实施建议		10	中国历代疆域的变迁

这十个主题教学活动示例，全部都有完整的活动方案，包括活动主题、活动目标、活动过程和活动说明等。对一线高中历史教师来说，每一个活动示例都具有很强的可操作性和可借鉴性。其活动方案具有明确的价值导向，体现了历史主题教学的价值和意义。而从活动目标和活动说明来看，这些示例都不仅仅着眼于历史知识的整合，而更加着力于通过主题教学活动来整合和提升学生的历史学科核心素养，以达到相应学业质量水平的要求。

但是，这十个主题教学活动示例，无一例外都没有提供学习评价设计。因此，如何基于学业质量水平，设计聚焦历史学科核心素养的主题学习评价，就成为一个具有重要价值和意义的课题。根据现有的认识水平，我们认为进行主题学习评价需要注意这些基本原则：评价目标与教学目标一致，围绕教学主题展开；评价目标除知识性目标之外，还要更加重视学科核心素养的交互与整合；创设具体历史情境，以有梯度的问题设计来分解评价目标；重视学生深层动机的激发和高阶思维的培养；采用多样化评价方式，如纸笔测试、课堂提问、分组讨论、学生展示和同学互评等；重视评价的及时和准确反馈。

四、基于高中历史学业质量水平的课堂学习评价案例

从教学经验来看，我们日常的课堂教学大致可以分为两种路径。一种是按照教材单元、章节和课时顺序按部就班进行，称为"课时教学"；另一种则是在整合课程资源基础上，根据教学主题展开的教学，称为"主题教学"。与之相应的，课堂学习评价也就包含了课时学习评价和主题学习评价

这两种基本形式。基于这一认识，我们根据高中历史学业质量水平的要求，分别探索设计了如下课时学习评价案例和主题学习评价案例。

（一）课时学习评价案例

【案例】　课时学习评价：以新版课程标准必修课程专题 1.10 "中华民族的抗日战争" 为例

课时学习评价案例是以新版课程标准中必修课程专题 1.10 "中华民族的抗日战争" 为例。虽然在统编高中历史教材《中外历史纲要（上）》中分布于第 23 课和第 24 课，但从课程标准要求和学习内容来看，都应该设计一个完整的课时学习评价。

1. 依据学业质量水平，结合课程内容，制定评价目标

本课属于高中历史必修课程，全体高中生都要学习并达到学业质量水平 2 的要求，选择历史学科学业水平等级性考试的学生还要达到学业质量水平 4 的要求。因此，本课的评价目标必须体现出学业质量水平的差异。

新版课程标准对本课内容的要求是："了解日本军国主义的侵华罪行；通过了解正面战场和敌后战场的抗战，感悟中华民族英勇不屈的精神，认识中国共产党是全民族抗战的中流砥柱；认识中国战场是世界反法西斯战争的东方主战场，理解十四年抗战胜利在中华民族伟大复兴中的历史意义。"这一内容标准在统编教材中得到了全面体现，如表 5-7 所示。

表 5-7　内容标准与教材内容对照

课程标准内容标准	统编教材标题
了解日本军国主义的侵华罪行	日军的侵华暴行
通过了解正面战场和敌后战场的抗战，感悟中华民族英勇不屈的精神，认识中国共产党是全民族抗战的中流砥柱	局部抗战；全面抗战的开始；正面战场的抗战；敌后战场的抗战
认识中国战场是世界反法西斯战争的东方主战场，理解十四年抗战胜利在中华民族伟大复兴中的历史意义	东方主战场；抗日战争的胜利

基于学业质量的差异化要求，结合课程内容和高一学生学习特点，本节课的学业质量目标确定为：时空观念素养达到学业质量水平 2 的要求，史料实证和家国情怀素养达到学业质量水平 4 的要求。具体评价目标如下：

（1）利用历史地图，从时间和空间上认识局部抗战与全面抗战、正面战场与敌后战场，以达到学业质量水平 2 关于时空观念的质量描述："能够将某一史事定位在特定的时间和空间框架下；能够运用各种时间术语描述过去；能够利用历史年表、历史地图等方式对相关史事加以描述。"

（2）通过自主搜集、整理抗战史料，达到学业质量水平1、2关于史料实证的质量描述："能够知道史料分为文献史料、图像史料、实物史料、口述史料等多种类型。""能够认识不同类型的史料所具有的不同价值。"利用史料，分析关于抗日战争的历史结论，达到学业质量水平3关于史料实证的质量描述："能够利用不同类型史料的长处，对所探究的问题进行互证。"形成史料辨析意识，达到学业质量水平4关于史料实证的质量描述："能够比较、分析不同来源、不同观点的史料；能够在辨别史料作者意图的基础上利用史料。"

（3）通过了解日军侵华罪行和正面战场、敌后战场抗战的史实，反思民族耻辱，感悟民族精神，强化对国家、民族的认同，深化爱国主义精神，以达到学业质量水平1、2关于家国情怀的质量描述："具有对祖国和人民的深情大爱。"通过认识中国战场的东方主战场地位和理解十四年抗战胜利对民族复兴的历史意义，达到学业质量水平3、4关于家国情怀的质量描述："能够将历史学习所得与家乡、民族和国家的发展繁荣结合起来，立志为新时代中国特色社会主义建设、中华民族伟大复兴作出自己的贡献。"

2. 选择评价时机和评价方式，明确评价任务

因人而异的课时教学策略可谓千差万别，但课时教学一般应包括课前自主学习、课中探究生成和课后反思巩固三个阶段。课时学习评价作为过程性评价的重要手段，也应体现在课时教学的这三个阶段之中。课前学习评价主要应该发挥诊断性或检测性功能，检验学生课前自主学习的成效，暴露学生的问题和教学内容难点，将其作为课堂教学的依据。课中学习评价应以问题为导向，在问题解决的过程中促进学生历史学科核心素养的形成和发展。课后学习评价则应立足于迁移运用，巩固课中探究生成的学业成果。

（1）课前评价任务

本课课前自主学习的主要任务，一是理清抗日战争的基本脉络，二是搜集、整理关于抗日战争的史料。我们根据这一自主学习任务，设计了以下评价任务。

任务1：以时空坐标的形式，自主整理抗日战争的基本史实。

任务2：通过图书馆、网络、走访等多种方式，从多个角度搜集关于抗日战争的史料。

在课堂上对这两个任务的评价，可以采取展示性评价的方式。通过任务1的成果展示，可以评估学生通过自主学习，对知识性问题和基本时空线索的掌握程度；通过任务2的成果展示，可以检测学生对不同类型史料的了解程度和搜集、整理史料的能力。

（2）课中评价任务

在课堂教学中，还需要根据教学内容适时设计评价任务。这既可以检测学生知识掌握和学科核心素养生成的程度，也可以促进学生掌握知识和提高学科核心素养。

为了检测时空观念素养的培养是否达到目标，可以再设计如下评价任务。

任务1：出示一幅抗战时期的地图，要求学生将抗战时期的重要事件

（如日军的暴行、重要的战役、重要的会议等）标注在地图上。通过这样一种评价方式，学生既能识别历史地图中的相关信息，又能利用历史地图对相关史事加以描述，以达到学业质量水平 2 "能够利用历史年表、历史地图等方式对相关史事加以描述"的要求。

任务 2：精选体现时空观念的习题。

（2015·新课标全国卷Ⅰ·30）1933 年到 1937 年上半年，国民政府军事委员会先后统筹完成了江宁、镇江、虎门、马尾、连云港等要塞区的建设，又大规模构筑了京沪、沪杭、豫北、晋北、绥东等侧重于城市和交通线防御的工事。它反映了国民政府（C）。

A. 力图防范各地兴起的反蒋运动　　B. 全力"围剿"红军的企图
C. 对日持久防御作战的战略意图　　D. 试图削弱各地军阀的实力

这道试题可以较好地将时间和空间融为一体，避免培养时空观念时存在片面强调时序或片面强调空间的误区。

关于史料实证素养的评价可以按照评价目标分为两个层次。

层次一，评价全体学生是否达到学业质量水平 1、2 的要求，可以设计如下评价任务。

任务 1：要求学生对课前搜集的抗战史料进行分类，以达到学业质量水平 1 "能够知道史料分为文献史料、图像史料、实物史料、口述史料等多种类型"的要求。

任务 2：进行史料分类后，请学生思考这些类型的史料分别具有何种价值，以达到学业质量水平 2 "能够认识不同类型的史料所具有的不同价值"的要求。同时，也可以利用这一评价时机，从更多角度介绍不同类型的史料及其价值，如一手史料与二手史料；实物史料、文献史料与口述史料；有意识史料与无意识史料等。

层次二，评价部分学生是否可以达到学业质量水平 3、4 的要求，可以设计如下评价任务。

任务 1：日本右翼势力极力美化侵略战争和否认战争罪行，请同学们思考如何反驳日本右翼势力的谬论。通过这一思考，检测学生是否能够运用搜集到的多种类型史料对日军侵华暴行进行互证，以达到学业质量水平 3 "能够利用不同类型史料的长处，对所探究的问题进行互证"的要求。

任务 2：提供日方美化侵略的材料，要求学生对其进行辨析。

材料一　日本《东京日日新闻》登载日军占领南京后，分发饼干、糖果救济难民，受到了南京人民的欢迎的照片。

材料二　正在南京的麦卡伦牧师（美籍）在日记中写道："有些（日本）报界人士来到一个难民营入口处，（向中国难民）分发饼干、苹果，并且拿出少许铜板给难民，还为这种'善行'拍了电影。就在同一时间，一伙日本兵爬越大院后墙，强奸了约 12 个妇女。这却没有拍电影带回去。"

——麦卡伦牧师日记（1938 年 1 月 9 日）

　　问题：材料一能否客观反映日军占领南京后的行为？请结合材料一、二说明理由。

　　这一任务旨在引导学生辨别史料来源和带有作者意图的史料辨析意识，以达到学业质量水平 4 "能够比较、分析不同来源、不同观点的史料；能够在辨别史料作者意图的基础上利用史料"的要求。

　　（3）课后评价任务

　　课后反思评价的主要目的是让学生通过迁移运用，巩固课堂教学的质量成果，最终生成具有广泛迁移力和深度影响力的学科核心素养。也就是说，课后反思评价的主要目的：一是要检测课堂上培养的学科核心素养学生内化了多少，二是要让学到的学科核心素养进一步巩固。

　　本课设计了以中国战场地位为主题的课后评价任务。

　　任务 1：制作二战各战场歼敌数对比表。

　　任务 2：搜集关于中国战场的评价。例如，不同国家对中国战场的评价、当事者的认识评价、学术著作中的认识评价。

　　任务 3：利用不同类型的史料，结合搜集到的关于中国战场的评价，写作一篇关于中国战场地位的小论文。

　　任务 1 主要关注的是学生是否达到了学业质量水平 2 关于时空观念的质量描述；任务 2 主要关注的是学生是否达到了学业质量水平 2 关于史料实证的质量描述；任务 3 则关注学生是否达到了学业质量水平 3 关于史料实证的质量描述；任务 2 和任务 3 还承担了对学生达到家国情怀素养的水平进行评价的任务。

　　3. 小结

　　本节课的课时学习评价设计思路如表 5-8 所示。

表 5-8　课时学习评价设计思路

评价时机	评价目标	评价任务	评价方式
课前评价	时空观念水平 1	以时空坐标的形式，自主整理抗日战争的基本史实	个人展示
	史料实证水平 1	通过图书馆、网络、走访等多种方式从多个角度搜集关于抗日战争的史料	小组展示
课中评价	时空观念水平 2	出示一幅抗战时期的地图，要求学生将抗战时期的重要事件（如日军的暴行、重要的战役、重要的会议等）标注在地图上	随机抽取学生现场标注
	时空观念水平 2	精选体现时空观念的习题	纸笔测试

续表

评价时机	评价目标	评价任务	评价方式
课中评价	史料实证水平 1	要求学生对课前搜集的抗战史料进行分类	个人展示
	史料实证水平 2	进行史料分类后，请学生思考这些类型的史料分别具有何种价值	随机发言
	史料实证水平 3	日本右翼势力极力美化侵略战争和否认战争罪行，请同学们思考如何反驳日本右翼势力的谬论	随机发言
	史料实证水平 4	提供日方美化侵略的材料，要求学生对其进行辨析	小组讨论并展示
课后评价	时空观念水平 2	制作二战各战场歼敌数对比表	纸笔作业
	史料实证水平 2	搜集关于中国战场的评价：如，不同国家对中国战场的评价、当事者的认识评价、搜集学术著作中的认识评价	纸笔作业
	史料实证水平 3 家国情怀水平 1、2 或 3、4	利用不同类型的史料，结合搜集到的关于中国战场的评价，写作一篇关于中国战场地位的小论文	个人写作

（二）主题学习评价案例

【案例】 主题学习评价：以"世界视野下的中国航海活动与海上贸易"为例

　　从主题教学的实施方式来看，"世界视野下的中国航海活动与海上贸易"属于"加强历史横向联系的整合，即将同一历史时期的中外史事整合在一起，使学生以更加广阔的历史视野进行认识"，至少需要整合明代中国的航海活动与海上贸易、新航路的开辟等相关内容。因此可以针对这一主题的主题学习评价，横向整合这一时期的中外史事，在世界历史的视野中进行设计。

　　同课时学习评价相比，主题学习评价的评价目标不再局限于学科核心素养的生成和培养，而是立足于在问题解决中提升学科核心素养，实现其交互与整合。但同课时学习评价一样，主题学习评价虽然立足于学科核心素养的交互与整合，但一个学习评价不可能关注到各个素养的全部层次和所有要求。因此，主题学习评价依然需要根据教学内容，确定学科核心素养的某几个方面作为重点整合和提升的目标。

1. 基于学业质量水平，制定评价目标

按照新版课程标准的要求，学习评价要"注重评价目标与教学目标的一致性，尽可能使教学和评价围绕学生学习这一中心展开，使教、学、评相互促进，共同服务于学生历史学科核心素养的发展"。因此，教师首先要将活动示例提供的活动目标（即教学目标）同学业质量水平描述——对应，明确这一主题教学活动的学业质量要求，如表5-9所示。

表5-9　"世界视野下的中国航海活动与海上贸易"学业质量要求

活动目标	活动说明	学业质量水平描述
深入认识16世纪中国航海活动的主要内容及其世界背景	加强时空观念	时空观念水平3：能够把握相关史事的时间、空间联系，运用特定的时间和空间术语对较长时段（如古代、近现代）、较大范围（如跨国家、跨地区）的史事加以概括和说明
利用现代信息技术，搜集并综合利用各类文献、水下考古等历史资料，了解这一时期中国和欧洲国家航海活动的性质和作用	对史料的新发现	史料实证水平3：能够在探究特定历史问题时，自主地搜集有关史料；能够利用不同类型史料的长处，对所探究的问题进行互证
重新认识这一时期发生的历史事件，深刻理解中外海上贸易给当时中国社会带来的巨大变化，以及对世界的影响	新视野带来对史料的新发现和对传统历史问题的新解释	历史解释水平4：能够在独立探究历史问题时，在尽可能占有史料的基础上，尝试验证以往的说法或提出新的解释

根据表格内容，我们可以明确这一主题教学活动的学业质量要求，在于通过整合时空观念水平3和史料实证水平3，达到历史解释水平4。教学活动的目标在于达到学业质量水平3和4，也说明这一示例的教学对象是选择参加历史学科学业水平等级性考试的高中学生。

依据这一学业质量要求，结合教学活动的过程和内容，我们可以制定如下的评价目标。

（1）利用中外历史地图，概括16世纪中国航海活动的主要线路，并结合所学知识理解当时的世界背景；达成学业质量水平3关于时空观念素养的质量描述："能够把握相关史事的时间、空间联系，运用特定的时间和空间术语对较长时段（如古代、近现代）、较大范围（如跨国家、跨地区）的史事加以概括和说明。"

（2）利用现代信息技术，搜集并综合利用各类文献、水下考古等历史资料，概括 16 世纪中国航海活动的特点（如商船规模、主要货物），了解这一时期中国和欧洲国家航海活动的性质和作用；达成学业质量水平 3 关于史料实证素养的质量描述："能够在探究特定历史问题时，自主地搜集有关史料；能够利用不同类型史料的长处，对所探究的问题进行互证。"

（3）通过解读相关史料，理解中外海上贸易给当时中国社会带来的巨大变化以及对世界的影响，形成自己关于这一问题的历史结论；达成学业质量水平 4 关于历史解释素养的质量描述："能够在独立探究历史问题时，在尽可能占有史料的基础上，尝试验证以往的说法或提出新的解释。"

2. 根据主题选择恰当的评价方式，重视评价的激励性原则

主题学习评价的评价方式应该根据主题进行恰当选择。围绕主题内容的基本特点及主题目标开发的评价体系，具体运用哪一种评价手段、评价形式或评价方法均要随当前主题的内容及目标而定。[①]

完成评价目标（1），可以采用课堂问答的形式：教师展示 16 世纪的中外历史地图，随机选择学生根据地图描述当时中国航海活动的主要路线，再结合所学知识概括其世界背景。

完成评价目标（2），可以采取课堂展示实践活动成果的形式：将评价任务前置，要求学生以小组为单位，课前搜集、整理、利用各类文献、水下考古成果等资料，概括 16 世纪中国航海活动的特点，理解其性质及作用；课堂上，各小组派代表展示小组课前活动的成果，并相互评价。

完成评价目标（3），可以采取课堂辩论的形式：学生根据自己搜集、整理的史料，以及教师展示的相关历史结论，对"中外海上贸易给当时中国社会带来的巨大变化，以及对世界的影响"这一问题形成自己的认识，并进行课堂辩论（可以支持、反对或修改以往的结论，也可以提出自己的新解释或新结论）。

和课时教学评价相比，主题教学评价无论是对必备知识、关键能力还是对核心素养的评价要求都更高。相应地，学生完成评价任务的难度也就更高。因此，在评价过程中，无论采用哪种评价方式，激励性原则都显得更为重要。激励性评价是指在教育教学中，通过教师的语言、情感和恰当的教育教学方式，不失时机地给不同层次的学生以充分的肯定、激励和赞扬，使学生在心理上获得自信和成功的体验，激发学生学习动机，诱发其学习兴趣，内化学生的人格，是使学生积极主动学习的一种策略。激励性评价的原则应该贯穿主题教学评价的整个过程。在一些情况下，教师的肯定和激励，可能比富有深度的问题更能激发学生的学习兴趣和深层动机。在评价的过程中，除了对学生的学习和活动效果进行激励外，教师还要对学生的学习态度和活动过程进行积极评价，以促进学生在发展中认识自我，建立自信。

---

3. 设计评价量表，及时和准确地反馈

评价反馈是教学评价的重要组成部分，也是教学活动的重要环节。它反映了学生的学习成果，体现了学科核心素养在学生身上的表现和整合程度。反馈的目的就是随时掌握学生的学习情况，并根据评价结果及时发现问题，调整教学策略。但在一线教学中，教学评价的反馈往往较随意，不够及时和准确。尤其是对于包括历史学科在内的文科而言，教学评价反馈的及时性和准确性往往更低。因为，相对于理科而言，文科的教学评价往往更多地体现为定性分析，定量分析和量化指标相对较少。要突破反馈环节的这个局限，设计评价量表不失为一个有效方法。

在"世界视野下的中国航海活动与海上贸易"的学习评价中，可以基于评价目标设计评价量表如表 5-10。

表 5-10 "世界视野下的中国航海活动与海上贸易"评价量表

评价目标	评价标准（每项 10 分，共计 30 分）	教师评价（60%）	同学互评（40%）
利用中外历史地图，概括 16 世纪中国航海活动的主要线路，并结合所学知识理解当时的世界背景	内容完整； 时空正确； 史实准确； 线索清晰； 语言精练		
利用现代信息技术，搜集并综合利用各类文献、水下考古等历史资料，概括 16 世纪中国航海活动的特点（如商船规模、主要货物），了解这一时期中国和欧洲国家航海活动的性质和作用	史料来源和类型丰富； 各类史料价值判断准确； 利用不同类型史料探讨历史问题； 论从史出，史论结合		
通过解读相关史料，理解中外海上贸易给当时中国社会带来的巨大变化，以及对世界的影响，形成自己关于这一问题的历史结论	论从史出，史论结合； 时空定位准确； 解释合理，逻辑性强； 条理清晰； 表达精练		

基于学业质量水平制作的评价量表，把学科核心素养分解为具体的目标，同时制定了可以量化的评价标准，提高了历史学科核心素养的可测试性。同时，评价的主体也由教师和学生共同组成。通过师生共同参与，多角度多方面呈现学生的历史学科核心素养发展水平。

第二节　高中历史学业水平考试与命题

评价的手段和方式虽然多样，但考试作为教育教学的重要一环，是评价教育教学质量和学生学习质量的有效手段，发挥着其他评价方式所不能取代的作用。命题是考试的关键环节，直接决定了考试评价的科学性和有效性。在各类考试中，作为终结性评价的学业水平考试，地位尤其重要。本节主要探讨高中历史学业水平考试的性质、命题原则和命题框架。

一、高中历史学业水平考试的性质

新版课程标准明确定义了普通高中学业水平考试的性质：是根据课程标准和教育考试规定，主要衡量学生达到课程标准规定的学习要求的程度，考试成绩是学生毕业和升学的重要依据。[1]

高中历史学业水平合格性考试，全体高中生都要参加，以必修课程（中外历史纲要）为考试内容，要求达到学业质量水平2，是学生学分认定和高中毕业的重要依据。学生只要能达到学业质量水平2，即可通过学业水平合格性考试，就可以高中毕业，成绩以合格或不合格呈现。当然，也不排除学生可以达到水平3或水平4。

高中历史学业水平等级性考试，则由学生根据报考高校的要求和自身特长自主选择。因只有部分选考学生参加，这一考试又称为高中历史学业水平选择性考试。等级性考试以必修课程（"中外历史纲要"）和选择性必修课程（"国家制度与社会治理""经济与社会生活""文化交流与传播"）为考试内容，以学业质量水平4为考查目标，成绩计入高考总成绩。同时，"等级性考试的学业质量水平4，还体现在作为校本课程的历史选修课程模块'史学入门'和'史料研读'中，将作为学业水平等级性考试后高等院校相关专业录取时的参考"。[2]

为了便于区分学业水平合格性考试和等级性考试的学业质量水平要求，汇总如表5-11和表5-12所示。

---

　①　中华人民共和国教育部.普通高中历史课程标准：2017年版2020年修订［M］.北京：人民教育出版社，2020：59.

　②　徐蓝，朱汉国.普通高中历史课程标准（2017年版2020年修订）解读［M］.北京：高等教育出版社，2020：195.

表 5-11　合格性考试应达到的学业质量水平 2

核心素养	质量描述
唯物史观	能够知道人类物质生活资料的生产是社会生活的基础，知道生产力是历史发展的决定因素，知道经济基础与上层建筑之间的辩证关系，了解人类社会形态从低级到高级发展的规律；能够理解唯物史观是科学的历史观
时空观念	能够将某一史事定位在特定的时间和空间框架下；能够运用各种时间术语描述过去；能够利用历史年表、历史地图等方式对相关史事加以描述；能够认识事物发生的来龙去脉，理解空间和环境因素对认识历史与现实的重要性
史料实证	能够认识不同类型的史料所具有的不同价值；能够掌握获取史料的基本方法；能够在对史事与现实问题进行论述的过程中，尝试运用史料作为证据论证自己的观点
历史解释	能够分析有关的历史结论；能够区分历史叙述中的史实与解释；能够在叙述历史时把握历史发展的各种联系，如古今联系、中外联系等，并将历史知识与其他相关学科如地理、语文、艺术等知识加以联系；能够选择、组织和运用相关材料并使用相关历史术语，对具体史事作出解释；能够尝试从历史的角度解释现实问题
家国情怀	能够发现历史上认同家乡、民族、国家的事例，知道中外优秀文化遗产的主要内容，认识社会主义核心价值观的历史依据，具有对祖国和人民的深情大爱

表 5-12　等级性考试应达到的学业质量水平 4

核心素养	质量描述
唯物史观	能够从生产力与生产关系、经济基础与上层建筑的辩证关系来理解历史上的发展变化和社会形态的演变过程，理解阶级斗争是推动阶级社会发展的直接动力；理解人民群众在历史发展中的重要作用；能够史论结合、实事求是地论述历史与现实问题
时空观念	在对历史和现实问题进行独立探究的过程中，能够将其置于具体的时空框架下；能够选择恰当的时空尺度对其分析、综合、比较，在此基础上作出合理的论述；能够根据需要并运用相关材料和正确方法，独立绘制相关图表，并加以说明
史料实证	能够比较、分析不同来源、不同观点的史料；能够在辨别史料作者意图的基础上利用史料；在评述历史时，能够对材料进行适当的取舍；在对历史和现实问题进行探究的过程中，能够恰当地运用史料对所探究问题进行论述；能够符合规范地引用史料

核心素养	质量描述
历史解释	能够在独立探究历史问题时，在尽可能占有史料的基础上，尝试验证以往的说法或提出新的解释；能够在正确的历史观和方法论的指导下，全面、客观地论述历史和现实问题
家国情怀	能够把握中华民族多元一体的发展趋势，以及世界历史发展的进步历程，形成正确的世界观、人生观、价值观和历史观；能够表现出对历史的反思，从历史中汲取经验教训，更全面、客观地认识历史和现实社会问题；能够将历史学习所得与家乡、民族和国家的发展繁荣结合起来，立志为新时代中国特色社会主义建设、中华民族伟大复兴作出自己的贡献

二、高中历史学业水平考试命题原则

（一）落实立德树人根本任务

立德树人是普通高中历史课程的根本任务，也是高考的核心功能。无论是学业水平合格性考试，还是学业水平等级性考试，都必须以落实立德树人这一根本任务为命题的首要原则。

那么，如何在学业水平考试命题中落实立德树人这一根本任务呢？徐奉先根据《中国高考评价体系》的要求做了如下概括："全面贯彻落实党的教育方针，加强对学生进行理想信念、爱国主义、品德修养、知识见识、奋斗精神、综合素质教育，引导学生树立正确的国家观、民族观，塑造健全人格，形成正确的世界观、人生观，践行社会主义核心价值观；引导学生增强对中华优秀传统文化、革命文化和社会主义先进文化的认同，树立新时代中国特色社会主义道路自信、理论自信、制度自信、文化自信；引导学生开拓视野，认识历史发展规律，形成人类命运共同体意识；引导学生提高历史思维能力，探求真相，崇尚美好，增强创新意识；引导学生实现德智体美劳全面发展。"[1]这一概括，虽然是针对学业水平等级性考试的，但其实也适用于学业水平合格性考试。在落实立德树人根本任务这一基本原则上，合格性考试和等级性考试的命题要求是一致的。

（二）以课程标准为依据，等级性考试还应以《中国高考评价体系》为命题指南

正如徐奉先指出的，实验版课程标准没有针对内容标准和表现水平标准

---

[1] 徐奉先.基于高考评价体系的历史科考试内容改革实施路径［J］.中国考试，2019（12）：59-64.

的明确描述，因而只能是作为教学标准，而不能作为考试标准。但新版课程标准以明确的内容要求和学业质量要求弥补了这两点不足，为实施基于标准的学业水平考试奠定了基础。新版课程标准颁布后，取代了原来的考试说明，成为高中历史学科学业水平考试的依据。学业水平考试命题必须树立"依标命题"的意识。试题既不能低于课程标准要求，也不能超标命题。依标命题，要求命题的评价目标和课程标准中的课程目标相一致，考查内容和评定标准与课程标准中的内容要求和学业质量要求相一致。因此，学业水平考试命题，需要围绕历史学科核心素养，研究质量标准，制定测量目标。作为达到高中毕业要求所依据的学业水平合格性考试，其命题就要以学业质量水平2作为评价标准；计入选考学生高考成绩的学业水平等级性考试，其命题就要以学业质量水平4作为评价标准。

需要特别说明的是，除课程标准以外，学业水平等级性考试命题同时还需要以《中国高考评价体系》作为命题指南，符合"一核""四层""四翼"的基本要求。《中国高考评价体系》是与课程标准相适应的命题标准，回答了学业水平等级性考试"为什么考""考什么""怎么考"的问题。其中，"一核"是学业水平等级性考试的核心功能，即"立德树人、服务选才、引导教学"，回答了"为什么考"的问题；"四层"是学业水平等级性考试的考查内容，即"核心价值、学科素养、关键能力、必备知识"，回答了"考什么"的问题；"四翼"是学业水平等级性考试的考查要求，即"基础性、综合性、应用性、创新性"，回答了"怎么考"的问题。

（三）以考查历史学科核心素养为目的

培养和提高学生的历史学科核心素养，是普通高中历史课程的目标。因此，学业水平考试命题也应该以考查学生历史学科核心素养的具备程度为目的，以实现教、学、评一体化。按照新版课程标准的要求，以考查历史学科核心素养的具备程度为目的，命制学业水平考试试题，需要注意以下几个问题。

1. 选取对评价历史学科核心素养具有重要意义的内容

学业水平考试不应仅限于对具体知识的考查，而应通过对知识内容的考查来实现对历史学科核心素养具备程度的考查。因此，只有可以使历史学科核心素养能得到有效考查的知识内容，才能成为学业水平考试考查的必备知识。学业水平考试命题内容的选择，要围绕学生历史学科核心素养具备程度这个考查目的，考查学生在新情境下解决问题时所表现出来的历史学科核心素养水平。

2. 既要注重对历史学科某一方面核心素养的评价，更要注重对学科核心素养的综合评价

历史学科核心素养的五个方面是一个整体，只有全部达到相应的学业质量要求，才能实现培养目标。因此，学业水平考试命题，要对学科核心素养的五个方面进行全面考查。一方面，要做到全部覆盖。学业水平考试应该包括对这五个方面相应学业质量水平的考查。另一方面，还要注重学科核心素养五个方面的交互与整合。试卷中除了侧重考查学科核心素养某一方面的试题外，还应该有对学科核心素养的综合考查，以呈现学生历史学科核心素养整体水平的试题。

3. 测试梯度能反映学业质量水平的不同层次

根据学业水平考试的性质，合格性考试以学业质量水平 2 为考查目标，等级性考试以学业质量水平 4 为考查目标。但无论是学业质量水平 2 还是水平 4，其培养和达成都不是一蹴而就的，而是循序渐进生成的。同理，学业水平考试命题也要坚持循序渐进的原则，按照梯度配置的原则编制试题，以实现学业质量水平逐层逐级得到考查。

此外，还要合理考虑试卷结构中内容分布、历史学科核心素养水平与分值配置之间的关系；试题在立意、设问、答案和评分标准等方面做到科学、合理、可操作；题型设置和题型比例要满足考查学科核心素养的要求；等等。

（四）以新情境下的问题解决为重点

学生的历史学科核心素养表现水平，需要通过在具体情境中解决问题来展现。新版课程标准明确指出：“学生能否应对和解决陌生的、复杂的、开放性的真实问题情境，是检验其核心素养水平的重要方面。”因此多维度地创设试题情境，考查学生在新情境下如何解决问题，有利于检测和评价学生的历史学科核心素养水平。《中国高考评价体系》也把情境作为学业水平合格性和等级性考试的考查载体，承载考查内容，实现考查要求。[①]

试题情境是指呈现问题的模式和背景环境，包括与题目内容相关的文化、环境、活动等，是实现学科考查目的和考查要求的载体。[②]而“新情境”，就是指新版课程标准所要求的陌生、复杂、开放、真实的情境。在学业水平考试中，历史学科的“新情境”按照素材可以分为四种类别，按照情境复杂程度可以分为三种类别，如表 5-13 和表 5-14 所示。

表 5-13　按照素材划分的情境类别

情境类别	具体含义
学习情境	在历史学习中遇到的问题，如史料、图表、历史叙述、史论等问题
生活情境	在个人生活、家庭生活、社区生活中遇到的与历史有关的问题，如在倾听长辈的回忆、观看影视剧、游览名胜古迹时遇到的问题
社会情境	对社会问题进行历史考察，如某种社会风俗的来源、某一国际争端中的历史背景问题
学术情境	历史学术研究中的问题，如历史学家对某一历史问题有多种看法等

① 教育部考试中心.中国高考评价体系［M］.北京：人民教育出版社，2019：7.
② 徐奉先.基于高考评价体系的历史科考试内容改革实施路径［J］.中国考试，2019（12）：59-64.

表 5-14 按照复杂程度划分的情境类别

情境类别	具体含义
简单情境	对历史素材的基本理解,其材料信息构成单一,问题指向是显性的,方法和路径是再认再现已有知识,作答指向是材料和已有知识的对应
综合情境	对素材的理解、分析、整合与论述,其材料的信息构成多样,问题指向是显性和多维度的,方法和路径需要比较、概括和说明,作答指向需要叙述和论证
复杂情境	对素材的解释、辨析、探究与实证,其材料的信息构成复杂,问题指向是多维度和多层级的,方法和路径需要分析和论证,作答指向需要现实材料、观点、论述和历史价值观的有机统一

无论是合格性考试还是等级性考试,都应该多维度创设试题情境,通过在新情境下解决问题,来考查学生历史学科核心素养的具备程度。二者的区别不在于是否需要创设情境或创设何种情境,而是如何通过试题情境来实现相应的学业质量水平考查目标。

三、高中历史学业水平考试命题框架

为了规范学业水平考试命题工作,需要根据新版课程标准设计的学业水平考试命题框架。命题框架主要包括考试目标、考试内容、核心素养水平的分布、试题类型、数量和赋分、考试时间等。根据新版课程标准的要求,结合部分省市的实践,我们对命题框架进行了一些思考。

(一)考试目标

高中历史学业水平考试的目标,不是考查学生对知识的记忆程度,而是考查学生历史学科核心素养的具备程度。合格性考试命题要以考查学生历史学科核心素养能否达到学业质量水平 2 的要求为目标,等级性考试命题要以考查学生历史学科核心素养能否达到学业质量水平 4 的要求为目标。如对"唯物史观"素养的考查,合格性考试命题可以将目标确定为:了解唯物史观的基本观点,即知道生产力是历史发展的决定因素,知道经济基础和上层建筑之间的辩证关系,了解人类社会形态发展的规律。等级性考试命题则可以将目标确定为:能够运用唯物史观的基本原理解释历史事物,即从生产力与生产关系、经济基础与上层建筑的辩证关系来理解历史上的发展变化和社会形态的演变过程,理解阶级斗争是推动阶级社会发展的直接动力,理解人民群众在历史发展中的重要作用。

(二)考试内容

学业水平考试命题要严格依照课程标准中内容标准的规定进行,尽量扩

大知识内容的覆盖面，但一定不能超出内容标准的范围。按照学业水平考试的性质，合格性考试是全体高中生都要参加并作为高中毕业依据，以必修课程"中外历史纲要"的内容作为考试内容。等级性考试是选修学生参加并作为升学依据，以必修课程"中外历史纲要"和选择性必修课程"国家制度与社会治理""经济与社会生活""文化交流与传播"作为考试内容。

（三）核心素养水平的分布

学业水平考试命题要根据相应学业质量水平的要求，将学科核心素养按照不同水平划分，具体体现在各类试题之中。虽然合格性考试和等级性考试分别以学业质量水平 2 和学业质量水平 4 为考查目标，但并不是说不涉及其他学业质量水平。在合格性考试命题中，学业质量水平 2 是最高水平，也应该有试题涉及学业质量水平 1；在等级性考试命题中，学业质量水平 4 是最高水平，但也应该建立在对前三个学业质量水平的考查基础之上。试题应该根据不同的学业质量水平，按照从低到高、从易到难的顺序排列，以到达循序渐进、逐层考查的效果，以衡量学业通过学习所表现出来的进步程度。

还需要特别强调的是，学业水平考试的命题一定要注重对学生历史学科核心素养整体水平的综合考查。也就是说，试卷中"既要有侧重考查某一两个方面学科核心素养的试题，更要有对学科核心素养进行综合测评的试题"[1]。

（四）试题类型、数量和赋分

基于学科特点，目前历史试题一般都由选择题和非选择题两部分构成。在学业水平考试命题中，要根据考试性质和学情，对试题的类型、数量以及难度做合理设置。关于试题难度，课程标准的研制专家建议："容易题约占70%，稍难题约占20%，中难题约占10%。"[2]关于试题的数量和赋分情况，我们搜集了已经启动高考综合改革的部分省市情况如表 5-15、表 5-16 所示。

表 5-15   部分省市高中历史学业水平合格性考试试卷结构

	选择题	非选择题
北京市	40 题，每题 1.5 分，共 60 分	材料解析题 2 题，每题 20 分，共 40 分
天津市	30 题，每题 2 分，共 60 分	材料解析题 3 题，共 40 分
海南省	38 题，每题 2 分，共 76 分	材料解析题 2 题，每题 12 分，共 24 分
山东省	25 题，每题 2 分，共 50 分	材料解析题 4 题，共 50 分

① 中华人民共和国教育部.普通高中历史课程标准：2017 年版 2020 年修订［M］.北京：人民教育出版社，2020：60.

② 徐蓝、朱汉国.普通高中历史课程标准（2017 年版 2020 年修订）解读［M］.北京：高等教育出版社，2020：200.

续表

	选择题	非选择题
浙江省	25 题，每题 2 分，共 50 分	材料解析题 2 题，每题 10 分，共 20 分
重庆市	24 题，每题 3 分，共 72 分	材料解析题 2 或 3 题，共 28 分
湖北省	25 题，每题 2 分，共 50 分	判断题 12 题，每题 2 分，共 24 分； 材料分析题 2 题，共 26 分
湖南省	25 题，每题 2 分，共 50 分	材料解析题 2 题，共 35 分； 探究题 1 题，共 15 分
广东省	20 题，每题 3 分，共 60 分	材料解析题 2 题，每题 20 分，共 40 分
河北省	45 题，每题 2 分，共 90 分	材料解析题 1 题，共 10 分
江苏省	38 题，每题 2 分，共 76 分	材料解析题 2 题，每题 12 分，共 24 分
福建省	30 题，每题 2 分，共 60 分	材料解析题 4 题，每题 10 分，共 40 分

表 5-16　部分省市高中历史学业水平等级性考试试卷结构

	选择题	非选择题
北京市	15 题，每题 3 分，共 45 分	5 题，共 55 分
天津市	15 题，每题 3 分，共 45 分	3 题，共 55 分
海南省	20 题，每题 2 分，共 40 分	必考题 3 题，每题 15 分，共 45 分 选考题 1 题（3 选 1），共 15 分
山东省	15 题，每题 3 分，共 45 分	4 题，共 55 分
浙江省	25 题，每题 2 分，共 50 分	4 题，共 50 分
重庆市	15 题，每题 3 分，共 45 分	3 或 4 题，共 55 分
湖南省	16 题，每题 3 分，共 48 分	必考题 3 题，共 42 分； 选考题（3 选 1），共 10 分
广东省	16 题，每题 3 分，共 48 分	必考题 3 题，共 40 分； 选考题（4 选 1），共 12 分
辽宁省	16 题，每题 3 分，共 48 分	4 题，共 52 分
江苏省	15 或 16 题，每题 3 分，总分 45 或 48 分	必考题 2 题，选考题 2 题，总分 52 或 55 分
河北省	15 题，每题 3 分，共 45 分	必考题 3 题，共 43 分； 选考题 1 题（3 选 1），共 12 分

　　从这两个统计表中可以看出，这些省市的高中历史学业水平考试试卷结构基本大同小异。总体来说，合格性考试试卷中选择题分值较高，等级性考

试试卷中非选择题分值较高。尤其是等级性考试的试卷结构，这些省市表现出高度一致的特点。

（五）考试时间

已经启动高考综合改革的省市，学业水平考试的考试时间并不完全一致。多数省市的高中历史学业水平合格性考试时间均为 60 分钟，也有个别省市为 75 分钟或 90 分钟。高中历史学业水平等级性考试的考试时间，第一批启动高考综合改革的上海为 60 分钟，第一批的浙江和第二批的北京、天津、山东、海南均为 90 分钟，第三批的重庆、湖南、湖北、河北、辽宁、江苏、福建、广东等 8 省市则均为 75 分钟。

四、高中历史学业水平合格性考试典型试题分析

以下从 2021 年广东省的学业水平合格性考试和学业水平等级性考试试题中各选取了一道典型试题，进行简要分析。限于章节结构，本节只分析合格性考试的典型试题，等级性考试的典型试题在第三节分析，特此说明。

【案例】2021 年 6 月广东省普通高中学业水平合格性考试历史试题·21

教育为百年大计，与国家的前途命运息息相关，目的是促进人的全面发展。阅读材料，完成下列要求。（20 分）

材料一　1913 年《壬子癸丑学制》在课程设置上，取消经科，强调以美育代宗教；重视授予学生实际生活必需的知识技能，加强自然科学和实用生产技能的培养；要求留意儿童身心特点，以促进年轻一代德、智、体、美和谐发展。

——摘自陈学恂主编《中国教育史研究》

材料二　1985 年 5 月 27 日，中共中央和国务院发布《关于教育体制改革的决定》，指出：教育体制改革的根本目的是提高民族素质，多出人才，出好人才；要把发展基础教育的责任交给地方，有步骤地实行九年制义务教育；调整中等教育机构，大力发展职业技术教育。

——摘编自陈述《中华人民共和国史》

（1）根据材料一，指出《壬子癸丑学制》在课程设置上的特点。（6 分）结合所学知识简要分析产生上述特点的原因。（4 分）

（2）简要概括材料二中《关于教育体制改革的决定》的主要内容。（4 分）结合所学知识回答该《决定》制定的背景。（3 分）

（3）结合上述材料，谈谈你对教育政策变化的认识。（3 分）

参考答案：

（1）特点：受西方近代化教育理念的影响；注重实用性；注重德智体全面发展。（6 分）原因：西学兴起，西方教育制度的不断传入中国；民国

成立以后，注重通过教育改造国民素质；民族资本主义的发展。（任答两点给4分）

（2）主要内容：提高民族素质；实施义务教育；发展职业技术教育。（任答两点给4分）背景：原有教育体制存在明显弊端；改革开放；社会主义现代化建设的需要；世界新技术革命蓬勃发展。（3分）

（3）认识：教育发展应符合社会发展的需要；教育发展受政治、经济形势的影响。（3分，言之有理即可）

对于这道试题，我们分析如下：

（1）试题类型：材料解析题。

（2）考查的学科核心素养：本题考查的学科核心素养主要是时空观念、历史解释和家国情怀。考查重点是学生在已有知识的基础上，将具体史事分别置于不同的时空框架下，理解其产生的历史背景，正确认识和解释历史变化，理解和认同社会主义先进文化。

（3）涉及的内容：必修课程专题1.7"晚清时期的内忧外患与救亡图存"和专题1.14"改革开放新时期与中国特色社会主义进入新时代"。

（4）涉及的情境：学习情境；综合情境。

（5）考查学业质量水平预估：水平2。

（6）预估难度：0.65。

（7）评分标准如下：

水平1：第（1）问和第（2）问，学生都只能概括材料内容，而不能结合时代特征分析历史背景；第（3）问，学生只能具体阐述，不能归纳概括。

水平2：第（1）问，学生能准确概括"壬子癸丑学制"在课程设置上的特点，并能结合近代中国的历史背景分析产生这些特点的原因；第（2）问，学生能准确概括《关于教育体制改革的决定》的主要内容，并能结合时代特征分析其历史背景；第（3）问，学生能准确概括影响教育政策变化的因素。

第三节　高中历史高考试题命题与备考策略

伴随着高考综合改革的全面启动和持续深入，新高考基本定型。经过探索，"3+1+2"模式在成为全国更多省市，尤其是中西部地区省市推广的新高考模式。中国高考评价体系的成功研制，为深化新时代高考内容改革和命题工作提供了理论支撑和实践指南。为了让读者更加清晰地了解新高考的基本模式和基于高考评价体系的高中历史学业水平等级性考试试题如何命制，我们简要梳理了"3+3"模式走向"3+1+2"模式的基本过程，基于高考评价体系分析了 2021 年广东省学业水平等级性考试的一道典型试题，提出了我们关于备考策略的一些初步思考。

一、从"3+3"到"3+1+2"：高考综合改革述评

2013 年 11 月，党的十八届三中全会通过《中共中央关于全面深化改革若干重大问题的决定》，高考改革被纳入"深化教育领域综合改革"的重要内容。2014 年 9 月，国务院正式公布了由中共中央政治局审议通过的《关于深化考试招生制度改革的实施意见》，高考综合改革的帷幕全面拉开。到 2021 年 9 月，全国已有 21 个省市及自治区先后四批次启动了高考综合改革，基本形成了"3+3"和"3+1+2"两种新高考模式。具体情况如表 5-17 所示。

表 5-17　21 个省市及自治区的高考综合改革模式

批次	启动时间	模式	省、自治区、直辖市
第一批	2014 年	3+3	上海、浙江
第二批	2017 年	3+3	北京、天津、山东、海南
第三批	2018 年	3+1+2	河北、广东、辽宁、福建、湖北、湖南、重庆、江苏
第四批	2021 年	3+1+2	甘肃、黑龙江、吉林、安徽、江西、贵州、广西

从上表统计可以看出，在 21 个启动高考综合改革的省市中，6 个省市实施的是"3+3"模式，15 个省市及自治区实施的是"3+1+2"模式。除港澳台以外，尚未启动高考综合改革的河南、四川、青海、新疆、西藏、云南、山西、陕西、内蒙古和宁夏等 10 个省市及自治区如果启动高考综合改革，也很有可能采用"3+1+2"模式。下文简要介绍一下这两种模式，对比两种模式的特点和优劣。

（一）"3+3"模式

按照《关于深化考试招生制度改革的实施意见》，上海和浙江两省市作为改革试点区，在 2014 年 9 月率先公布了高考综合改革方案，成为首批实行新高考的省市。2017 年，北京、天津、山东、海南四省市作为第二批试点，公布了新高考方案。这两个批次共 6 个省市的高考改革方案，取消了长期存在的文理分科模式，形成了"3+3"模式。

按照"3+3"高考模式，高考成绩由语文、数学、外语的统一高考成绩和选考三科的学业水平等级性考试成绩两部分组成。其中，语文、数学、外语三科以高考原始成绩计入总分，选考三科则进行等级赋分。关于三科选考科目，上海、北京、山东、天津、海南五省市均采用"6 选 3"模式，即从

思想政治、历史、地理、物理、化学、生物学 6 个科目中自主选择 3 科作为学业水平等级性考试科目。而浙江省在这 6 个科目之外还有一门技术学科，即采用"7 选 3"模式。第一批启动高考综合改革的浙江省，为了打破传统高考"一考定终身"的弊端，还对选考科目和外语实施一年两考的制度。

"3+3"模式的形成，充分贯彻了以学生发展为本的评价理念，有利于促进学生的个性化成长。但是，在探索和实施的过程中，也发现了这一模式的一些弊端。

（1）选考科目采用"6 选 3"或"7 选 3"模式，充分尊重了学生自主选择的权利。但是，选考科目的组合方式过多，对学校组织教育教学带来挑战。据统计，"6 选 3"的选科组合一共有 20 种，而浙江省"7 选 3"的选科组合更是高达 35 种。学校的教室、师资等教育教学资源一时难以满足学生学习需要，尤其是中西部地区的学校实施难度更高。

（2）选考科目完全由学生自主选择，缺乏合理的规定和指导，导致因"功利"而引发的学科配置不平衡。高中物理学习难度大，考试要求高，在第一批改革中，就有一部分学生弃考物理，导致被称为"科学之父"的物理学科选考学生少，不利于国家的长远发展。

（3）浙江省试行的选考科目一年两考制度，给予了学生多次考试的机会，有利于降低考试成绩的偶然性，受到学生的欢迎。但是，这一制度的出现，同时也进一步加重了学生学习和备考的负担，加重教师的工作压力，一定程度上加剧了教育的"内卷化"。因此，从第二批试行"3+3"的省市开始，就把选考科目的考试改为了一次，时间定在全国统一高考期间。

基于"3+3"模式在试行中暴露出的这些弊端，相关省市进一步修改、完善高考综合改革方案势在必行。尤其是教育发展相对不平衡的中西部地区，更需要探索出符合本地实际情况的新高考模式。

（二）"3+1+2"模式

2019 年 4 月 23 日，河北、辽宁、江苏、福建、湖北、湖南、广东、重庆共 8 个省市发布了高考综合改革实施方案，明确从 2018 年秋季入学的高中一年级学生开始实施。这批高中学生已于 2021 年 6 月毕业，并参加了第一次"3+1+2"模式的新高考。2021 年 9 月 15 日，甘肃、黑龙江、吉林、安徽、江西、贵州、广西七省及自治区也宣布从 2021 年秋季入学的高一新生开始，启动高考综合改革，并明确采用"3+1+2"模式。至此，全国已有 15 个省、自治区、直辖市采用"3+1+2"模式。

"3+1+2"模式同"3+3"模式一样，仍然采用"两依据一参考"的高考招生考试录取办法。所谓的"两依据"，就是指语文、数学、外语三科参加全国统一高考的成绩和选考三科学业水平等级性考试成绩；"一参考"则是把综合素质评价作为招生录取参考条件，并将使用权交给高校。

"3+1+2"模式最大的变化发生在选考科目上。"3"仍为全国统考科目语文、数学、外语，所有学生必考，每科满分 150 分，以原始成绩计入高考总成绩；"1"为首选科目，考生须在物理和历史两个学科中选择一个学科参加学业水平选择性考试，满分 100 分，以原始成绩计入高考总成绩；"2"为再选科目，考生可在化学、生物学、思想政治、地理 4 个科目中选择两科参加学业水平等级性考试，满分 100 分，以等级转换分计入高考总成绩。学业水平等级性考试只有一次机会，并且安排在全国统一高考期间进行，第三批启动的八省市考试时间完全一致，如表 5-18 所示。

表 5-18　第三批八省市高考和学业水平等级性考试时间安排表

日期	科目及时间			
6 月 7 日	语文（9：00—11：30）		数学（15：00—17：00）	
6 月 8 日	物理／历史（9：00—10：15）		外语（15：00—17：00）	
6 月 9 日	化学 （8：30—9：45）	地理 （11：00—12：15）	思想政治 （14：30—15：45）	生物学 （17：00—18：15）

相比于"3+3"模式，"3+1+2"模式以其独特的优势受到众多省市及自治区，尤其是中西部地区省市的欢迎。

（1）选考科目的选择，既充分尊重学生的个性，又减少了组合方式，有利于学校教育教学的正常展开。相比于"3+3"模式下的 20 种或 35 种组合方式，"3+1+2"模式只有 12 种组合方式（见表 5-19），有效减少了给中西部地区学校带来的冲击和挑战。

表 5-19　"3+1+2"模式的选考组合方式

序号	物理科目组合	序号	历史科目组合
1	物理、化学、生物学	1	历史、政治、地理
2	物理、化学、政治	2	历史、政治、化学
3	物理、化学、地理	3	历史、生物学、政治
4	物理、生物学、政治	4	历史、地理、化学
5	物理、生物学、地理	5	历史、地理、生物学
6	物理、政治、地理	6	历史、化学、生物学

（2）合理规范和引导选考科目的选择，有利于保证国家的战略发展需要。"3+1+2"模式把物理和历史作为首选科目，并且要求学生必须二选一，且以原始成绩计入高考总分，突出了这两个学习难度较大的学科在人才选拔和培养中的基础作用。同时，各高校提前公布本校各专业招生对选考科目的要求，引导学生清晰地认识高校专业，为个人生涯规划提供参考。

（3）学业水平等级性考试和全国统一高考同步进行，既减轻了多次考试给学生、教师和高中学校带来的负担，也便利了考试安排，避免了社会资源的浪费。

总之，在"3+3"模式基础上优化而成的"3+1+2"模式因更能满足国家人才需要、更加适应大多数省市及自治区的教育现状，逐渐成为新高考的主流模式。

二、基于高考评价体系的高中历史学业水平等级性考试典型试题解析

【案例】　2021年广东省普通高中学业水平等级性考试历史试题·19

关于历史课程标准的研制，新中国成立前也进行过一些探索。阅读材料，完成下列要求。（12分）

材料

目标

（壹）研求中国民族之演进；特别说明其历史上之光荣，及近代所受列强侵略之经过与其原因，以激发学生民族复兴之思想，且培养其自信自觉发扬光大之精神。

（贰）叙述中国文化演进之概况；特别说明其对于世界文化之贡献，使学生明了吾先民伟大之事迹，以养成其高尚之志趣，与自强不息之精神。

（叁）叙述各国历史之概况，说明其文化之特点，以培养学生世界的常识，并特别注意国际形势之由来，与吾国所处之地位，以唤醒学生在本国民族运动上责任的自觉。

（肆）叙述中外各时代文化之变迁；应特别说明现代政治制度，及经济状况之由来，以确立学生对于民权主义、民生主义之信念。

——《初级中学历史课程标准》（1932年颁行）

评析上述材料所示历史课程的目标。（说明：运用具体史实，对材料所示历史课程目标的一点或整体展开评析。要求观点明确、史论结合、表述清晰，不能重复材料。）

参考答案示例：

示例1：目标一

观点：了解历史上的荣光以及近代列强侵略，激发学生的民族复兴思想，培养其自信自觉精神。我认为这一目标顺应了救亡图存的时代主题。

分析：中华文明悠久灿烂，我们的祖先建设了长城、大运河等举世闻名的伟大工程，发明了造纸术等推动人类文明进程的伟大科技成果，为我们留下宝贵财富。近代以来，随着列强的侵略，两次鸦片战争、甲午中日战争、八国联军侵华战争，以及30年代日本加紧侵华战争，民族危机不断加深；

各阶级、阶层不断进行救亡图存的探索，民族意识不断觉醒。在这个过程中，对于青年学生的思想启蒙愈发重要。

结论：1932年民国政府颁布的初级中学历史课程标准目标一，既可以激发学生的民族复兴思想，培养其家国情怀，也是实现中华民族伟大复兴的一个重要举措。

示例2：目标二

观点：了解中国文化演进历程，尤其对世界文化的贡献，培养高尚的志趣和自强不息的精神。我认为这一目标有利于培养学生的文化自信与道德品质。

分析：中华文化曾长期领先世界，中国对世界文化做出了重要的贡献。汉代丝绸之路开通，中国的丝织、冶铁技术传入中亚、欧洲，推动了世界文明进程；唐代丝绸之路海陆并举，茶叶、瓷器、纸张等传播到世界，丰富了世界文化生活；宋元时期指南针、火药、印刷术传播到欧洲，促进欧洲社会的进步；明代郑和下西洋后，华侨下南洋，促进了东南亚的开发。结合30年代以来日本侵华加剧，民族危机空前加深，这一目标既可以培养学生的高尚志趣，又可以培养其自强不息的精神。

结论：1932年民国政府颁布的初级中学历史课程标准目标二，既树立了青年学生对本民族的文化自信，又锤炼了学生的意志，提升了其品德修养。

示例3：目标三

观点：了解各国历史的特点，培养学生的世界常识，关注国际形势，唤醒学生对民族运动的责任自觉。我认为这一目标有利于培养学生的国际视野与责任担当。

分析：近代以来，随着西学东渐，中国传统文化与西方文化不断碰撞，如何看待传统文化，如何认识西方文化，洋务派的中体西用，维新派的托古改制与宣传进化论，孙中山的三民主义、袁世凯的尊孔复古、陈独秀等先进知识分子高举民主与科学两面大旗，这些论调在新文化五四运动后逐渐归于理性，青年学生既要汲取传统文化中的精华，又要吸收西方先进文化。30年代以来日本侵华加剧，民族危机空前加深，这一目标既可以引导学生关注国际形势的变化，了解中国在国际上的地位，又可以培养其对本民族运动的责任自觉。

结论：1932年民国政府颁布的初级中学历史课程标准目标三，既可以培养学生的国际视野，又可以培养学生的综合素质和责任担当。

对于这道试题，我们分析如下：

（1）试题类型：本题属于开放性试题。

（2）命题立意：落实立德树人的根本任务，凸显核心价值观的引领意义。本题旨在对学生进行爱国主义教育，培养学生的家国情怀，在拓宽世界视野的同时，增强其对中华优秀传统文化的认同，增强文化自信和民族精神，树立正确的国家观和民族观，形成正确的世界观、人生观和价值观，立志为中华民族伟大复兴而奋斗。

（3）考查内容：聚焦学科素养，考查关键能力。本题考查的学科素养主要是时空观念、历史解释和家国情怀。考查重点是学生在独立探究历史问题的过程中，能在正确历史观和方法论的指导下，选择恰当的时空尺度进行分析和综合，在此基础上全面、客观、合理地论述；能够从中认识中华优秀传统文化，把握中华民族多元一体的发展趋势，认识世界各国的优秀文化和世界历史发展的进步历程；能够认识近代以来的民族屈辱和中国人民的伟大抗争，立志为中华民族伟大复兴作出自己的贡献。本题对关键能力的考查较为全面，包括整理材料，最大限度地获取和解读有效信息，理解历史叙述与历史结论、观点，发现并论证历史问题，以及独立提出观点等。对关键能力的综合考查，涵盖了"获取和解读历史信息的能力""分析历史问题的能力""历史探究能力"这三项历史学科的关键能力。[1]高考评价体系要求的"知识获取""实践操作""思维认知"三大能力群，[2]也在这里得到了全面考查。

（4）考查要求：注重基础性，突出综合性，立足应用性，体现创新性。从基础性的要求来看，本题考查了中国历史上的诸多重大历史事件、历史现象和文明成果，如古代文明贡献、近代反侵略斗争和思想解放等；也考查了获取和解读材料信息、基于一定的时空架构认识和论证历史问题等基本的学科方法、能力和素养。在综合性方面，本题整合了中国古代史和中国近代史的知识体系，使各模块得以相互交叉与渗透，也对历史学科关键能力和核心素养进行了多层次、综合性的考查，最终实现了爱国主义这一历史价值观与社会主义核心价值观的有机统一，有利于帮助学生塑造正确的历史观和价值观。从应用性来看，本题作为开放性试题，充分考查了学生运用历史学科的知识和方法发现、分析、解决和论证历史问题，并形成正确历史结论的能力。以对历史经验的总结和反思，为现实提供有意义和有价值的参考，体现了历史学科的特性和功能。在创新性方面，本题考查学生在解读史料的基础上，从新的角度出发，对中国古代史和中国近代史的相关史实重新整合，发掘其内在联系，并加以论证，体现了高考评价体系关于创新性的考查要求。

（5）试题情境：本题创设了复杂的学习情境。

（6）考查学业质量水平和难度预估：本题考查的学业质量水平为水平4，难度为0.55。

（7）评分标准：

水平4（10—12分）：能准确概括材料所示课程目标的整体或部分观点，

①　徐奉先.高考历史学科关键能力考查路径研究［J］.历史教学（上半月刊），2019（3）：10-16.

②　教育部考试中心.中国高考评价体系［M］.北京：人民教育出版社，2019：23.

且本人态度和观点明确；能够引用具体史实，支持本人观点；史实准确，论证充分，结论合理；逻辑严谨，文字通顺。

水平 3（7—9 分）：能准确概括材料所示课程目标的整体或部分观点，且本人态度和观点明确；能够引用具体史实，支持本人观点；史实较准确，论证较充分，结论合理；逻辑较严谨，文字较通顺。

水平 2（4—6 分）：能够基本概括材料所示课程目标的整体或部分观点，本人态度和观点较明确；能够运用史实支持本人观点；有一定的分析、论证；表述较通顺。

水平 1（0—3 分）：能够基本概括材料所示课程目标的整体或部分观点，本人态度和观点不明确；论述文字与本人观点无关或与观点关系不大；结论不合理；没有逻辑性，文字不通顺。

三、高中历史学业水平等级性考试备考策略

基于以上对典型试题的分析，我们认为在新高考背景下，基于学业质量标准和高考评价体系的高中历史学业水平等级性考试备考，大致应该坚持以下基本策略。

（一）深刻把握学科核心素养内涵，准确把握学业质量标准

课程标准明确指出，高中历史的学业评价要以学生历史学科核心素养的整体发展为着眼点。学业水平合格性考试和等级性考试的命题，都要从传统的"知识立意"转向"素养立意"，以考查学业历史学科核心素养的具备程度为评价目标。因此，一线教师在教学和备考中首先一定要深刻把握历史学科核心素养的具体内涵及其水平划分。

基于历史学科核心素养制定的高中历史学业质量标准，是"对学生学业成就表现的总体刻画"[①]，是国家对学生经过高中历史学习后历史学科核心素养具备程度的预期目标，也是学业水平考试的命题标准。学业水平等级性考试以学业质量水平 4 作为质量要求。但是，学业质量水平的四个层次具有明显的连续性和递进性。学业质量水平 4 的达成，应该建立在前三个水平的基础之上。因此，针对等级性考试的备考，教师需要准确把握学业质量水平各层次的质量要求，有梯度地对学生进行培养和提升。

（二）研读高考评价体系，把握历史学科的考查内容和考查要求

学业质量标准是学业水平考试的命题依据和评价目标。但是，承担高考功能的学业水平等级性考试，还要以中国高考评价体系作为命题指南。因

[①] 徐蓝. 基于历史学科核心素养的课程结构与内容设计：2017 版《普通高中历史课程标准》解读［J］. 人民教育，2018（8）：44—52.

此，我们一线历史还要认真研读《中国高考评价体系》及其说明。徐奉先关于历史学科如何落实高考评价体系，以及高中历史学业水平等级性考试如何实施的系列文章，是我们把握历史学科考查内容和考查要求的重要参考，值得认真阅读。

（三）以新情境下的问题解决为重心，提升学生的学科素养和关键能力

陌生、复杂、开放的真实问题情境是实现学业水平等级性考试考查目的和考查要求的载体。[①]在新情境下解决问题，既能考查学生必备知识的掌握程度，又能考查学生分析、解决问题的关键能力，还能检测学生学科核心素养的具备程度。通过新情境下的问题解决，考查学生的学科核心素养和关键能力，成为基本的考试命题思路。但是，这种能力和素养，是通过教师的日常教学来实现的。因此，在复习备考过程中，我们一定要牢固树立通过新情境下的问题解决来提升学生学科核心素养和关键能力的意识。

（四）以开放性试题为抓手，提升学生的思维品质

徐奉先和刘芃认为开放性试题不是特指哪一种具体题型，而是指试题的整体设计必须是开放式的而不是封闭的。且近年来在新版课程标准核心素养理念的引领下，开放性试题以其良好的情境设计和灵活的考查思路，逐渐成为落实各学科素养考查的重要手段，同时与关键能力的考查也密切相关。[②]教师应该准确把握这一命题动向，在教学和备考中通过开放性试题的训练，帮助学生打破思维定式，培养自主发现、解决和论证问题的能力，锻炼学生从多角度得出历史结论的批判性和探究性思维，从而提升思维品质。

（五）积极研究真题，尝试命制模拟试题，提高命题意识和能力

《中国高考评价体系》由教育部考试中心从 2016 年开始研制，2019 年正式颁布。这几年的高考全国卷历史试题，都从不同角度反映了高考评价体系的研究成果。2020 年和 2021 年的高考全国卷历史试题，更是全面落实了高考评价体系的要求。因此，2016 年以来的高考全国卷历史试题是我们了解高考评价体系下历史学科命题的重要依据。率先启动高考综合改革的 14 个省市，都已经成功进行过高中历史学业水平等级性考试。这些省市的等级性考试试题，也是师生复习备考的重要参考，值得认真研究。对于教师来说，教学评价可能更多地表现为作业设计，而对命题往往重视不够。但是，正如吴伟所说，在新版课程标准发布之后，由于有了明确的学业质量及其水

① 徐奉先.基于高考评价体系的历史科考试内容改革实施路径［J］.中国考试，2019（12）：59-64.
② 徐奉先，刘芃.新课程标准背景下的开放性试题开发［J］.历史教学（上半月刊），2021（1）：22-26.

平划分，一线教师都不能再仅仅停留在讲好课上，还应该重视研究和尝试命制试题。[1]总之，通过研究真题和命制模拟试题，提高命题意识和命题能力，也是复习备考的重要内容，应该引起教师的重视。

● 思考与讨论

  * 学科核心素养和关键能力是什么关系？

  * 根据以下材料思考，高考试题或学业水平等级性考试试题是否重视主题学习评价。

  基于整合课程资源和学科核心素养的主题式评价，已经大量出现在高考试题中。黄牧航就曾系统分析过广东卷中的主题式高考历史试题。在全国卷中，主题试题更为常见。主观题部分的 25 分学科内综合题和 12 分开放性试题都是典型的主题试题。而且，近几年的全国卷还有多道试题就直接取材于课程标准提供的十个示例主题，如表 5-20 所示。

表 5-20   2016—2021 年高考全国卷主题试题和课程标准示例主题对照

全国卷主题试题	新课标相关示例主题
2021·全国甲卷·42 （明代卫所的分布）	中国历代疆域的变迁
2020·全国卷Ⅲ·42 （1995 年江浙农民调查统计）	20 世纪 80 年代以来社区居民生活变迁
2021·全国甲卷·45 （孝文帝地方行政制度改革）	探讨中国古代历史上中央与地方的关系
2019·全国卷Ⅲ·40 （罗马帝国和汉朝国家治理）	
2019·全国卷Ⅲ·46 （郭子仪维护国家统一）	
2018·全国卷Ⅲ·47 （唐宪宗平定"跋扈"藩镇）	
2016·全国卷Ⅰ·48 （唐代名将高仙芝）	探讨中国古代历史上中央与地方的关系

---

[1] 吴伟.新课标框架下学业质量和学业质量水平刍议［J］.中学历史教学参考，2018（14）：26-29.

续表

全国卷主题试题	新课标相关示例主题
2018·全国卷Ⅱ·41 （大豆从中国传入北美）	考察中国历史上的外来农作物
2017·全国卷Ⅰ·42 （郑和下西洋与哥伦布开辟新航路）	世界视野下的中国航海活动与海上贸易
2016·全国卷Ⅰ·41 （制度构想与实践）	探寻资本主义制度确立的思想文化渊源
2016·全国卷Ⅲ·46 （严复关于"民智"的认识）	严复、商务印书馆与中国近代文化的变革

第六章　　核心素养导向的课堂教学难点问题

● 内容提要

　　* 课堂教学是落实课程标准、课程目标和学科核心素养等历史教育要素的最关键环节。结合新版课程标准要求，选择教师在历史课堂教学中可能面临的五个难点进行分析、阐释，并提出相应的教学建议。

　　* 课程标准、教材和课时三者关系密不可分，课程标准是指导，教材是依据，课时是保障。

　　* 历史学科的情境教学，要确保权威性、科学性，力避历史虚无主义。

　　* 引导学生深度学习，拓展历史认识的广度和深度，使学生对重大历史事件有本质认知，形成高阶历史思维，进而学以致用，解决现实问题。

　　* 在教学过程中，教师既要进行史料教学，也要防止史料泛滥。同时要关注史料学研究动向，夯实史料教学内功，以提高自身的学术和教学水平。

　　* 学生历史阅读能力的培养是一个生成性的过程。综合培养学生"获取与筛选""理解与解释""整合与判断""运用与创新"四类历史阅读能力，能够有效促进学生完整的历史阅读素养的生成。

第一节　如何处理课程标准、教材和课时三者之间的关系

在历史教学过程中，课程标准、教材和课时三者关系密不可分。面对新课程改革，历史教师要协调好三者之间的关系。

一、以课程标准为指导整合教材

无论是从课时调控还是从教材内容安排角度，整合教材都是必要的，但并不是说每一课都需要整合，处处需要整合，而是要按需整合，不做无用功。这里说的教材整合，有两层含义：其一，针对单元和课时的教学环节的整合；其二，针对几个单元、全书乃至跨册的整合。例如，《中外历史纲要》以"时间"排序，以"空间"分野，以"事件"为纹理，以"活动"分层级。[1]这一概括大体准确。对比上轮课程改革，统编教材对单元和课时教学环节的整合压力减小，针对几个单元、全书乃至跨册的复习环节的整合压力则加大。

（一）针对单元和课时的教学环节的整合

高中历史教师的首要任务是落实立德树人根本任务，具体到教学工作中，就是把教材内容和价值观准确传递给学生。高中历史教师不是历史学家，只能在有能力和精力的条件下，才可能创新、出新，但前提是不能违背国家意志，不能脱离教材。搬弄各种未经检验的所谓新史料、新观点进课堂，只是表面的创新，多不足取；而标新立异，甚至故意与教材唱反调的行为，不但达不到创新的目的，反而有悖国家意志和历史学科的尊严，必须予以警惕和遏制。作为一线历史教师，如果没有反复研究、整理、吃透教材，就不会取得理想的教育教学效果。至于他人的教研经验与成果，有必要去了解，但要慎重吸收，尤其是要抵制历史虚无主义。既不能失去教材也不能失去自我，既符合国家意志又尊重历史学科规律，既适合自己又适合学生的课堂，才是最好的课堂。对于历史课堂来说，各种技术、技巧、方法等只是辅助元素，不应视为目的。要确保正确的教学方向，必须坚持围绕课程标准设计教学，开展教学。具体到教材整合，就更要以课程标准为指导。

1. 单元环节

在新版课程标准中，必修课程的内容要求是："本课程以通史的叙事框架，展示中国历史和世界历史发展的基本过程。本课程共有 24 个专题，是高中历史学习的基本内容。"统编教材《中外历史纲要（上）》和《中外历

① 陈国兵.统编高中历史教科书的编写特点及使用策略：以必修课程教科书《中外历史纲要》为例[J].江苏教育研究，2020（Z5）：104-107.

史纲要（下）》把 24 个专题编写为上册 10 单元、下册 9 单元，共计 19 单元，说明教材对课程标准进行了整合。比较明显的，如教材上册第一单元"从中华文明起源到秦汉统一多民族封建国家的建立与巩固"包含了课程标准的专题 1.1—1.3，即"早期中华文明""春秋战国时期的政治、社会及思想变动""秦汉大一统国家的建立与巩固"，共 4 课。"早期中华文明"为第 1 课"中华文明的起源与早期国家"，"春秋战国时期的政治、社会及思想变动"为第 2 课"诸侯纷争与变法运动"，"秦汉大一统国家的建立与巩固"为第 3 课"秦统一多民族封建国家的建立"和第 4 课"西汉与东汉——统一多民族封建国家的巩固"。无论是从课程标准要求还是从历史自身容量（如时间跨度和历史内容）看，本单元的承载量都是极大的。在这种情况下，教材整合就变成了教材分解与整合同时进行，基本思路是以原始社会、夏商西周、春秋战国、秦汉四个时段为划分标准，这既符合课程标准要求，也符合学生的已有认知。这样一来，第 1 课"中华文明的起源与早期国家"可以分解为原始社会和夏商西周两部分，第 3 课"秦统一多民族封建国家的建立"和第 4 课"西汉与东汉——统一多民族封建国家的巩固"则可以整合为一部分。

2. 课时环节

以必修课程专题 1.1"早期中华文明"为例，其要求是："通过了解石器时代中国境内有代表性的文化遗存，认识它们与中华文明起源以及私有制、阶级和国家产生的关系；通过甲骨文、青铜铭文及其他文献记载，了解私有制、阶级和早期国家的特征。"这一表述有明显的侧重点，强调的是各种历史现象之间的关系，这是教学的目标。但在设计教学环节时，需要进行时段划分，即国家产生之前的原始社会时期和早期国家夏商西周，否则很难开展教学，也无法完成课程标准设定的教学任务。依据分期进行教学十分必要，符合学生的认知。对原始社会的分期，教材给出两种标准，一种强调"原始社会因石器制作技术的不同而被区分为旧石器时代和新石器时代"，另一种则强调"中国原始社会经历了约 200 万年的历史，分为原始人群、母系氏族社会和父系氏族社会三个阶段"。对于学生来说，第一种分期标准容易理解，但要完成课程标准任务，显然要突出第二种分期标准，才更有助于学生理解私有制、阶级和国家等概念。而两种分期标准又是相互交叉的，这是教学和学习的难点，教师要处理好。下面两种比较典型的做法可供借鉴（图 6-1、图 6-2）。

显然，图 6-1 没有整合教材，图 6-2 则整合了教材，更适合教学，更有助于教学目标的达成。教师教学时可以采用第二种处理方式，把"从部落到国家"一目一分为二，把夏朝作为中国奴隶社会第一个国家处理。由于至今没有确切的文化遗存证实夏朝的存在，因此夏朝的存在有争议，教材把夏朝放在"从部落到国家"部分叙述，是对其进行模糊处理，但同时在行文中明确说"禹建立了我国最早的奴隶制国家夏朝"。因此，直接把夏商西周放在奴隶社会进行教学，完全可行。

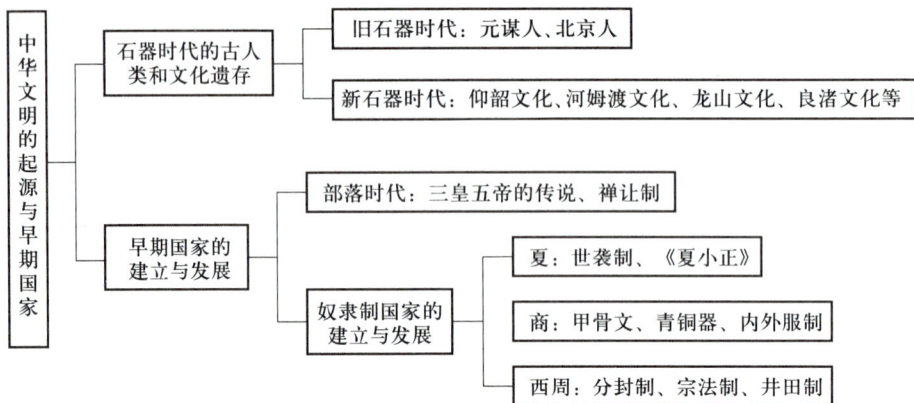

图 6-1 原始社会分期思维导图

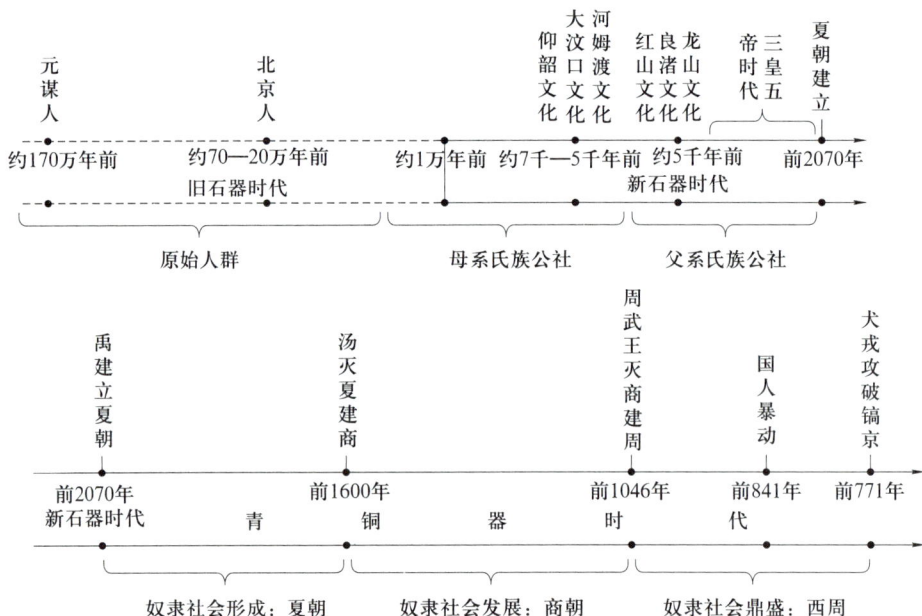

图 6-2 原始社会分期时间轴

　　需要指出的是，历史是客观的，历史记录和历史研究则有很强的主观色彩。对同一问题的历史认识，时有分歧，甚至意见完全相反。对于中学历史教学，教材具有很强的权威性。对于一些有争议的历史问题，要以教材结论为依据。例如，对于夏朝是否存在的问题，学界一直有争议，但教材明确指出夏朝的存在及演变过程，所以教师进行夏朝历史教学时，就应采用教材的观点。这种处理方式也适用于其他问题。

（二）针对几个单元、全书乃至跨册的整合

　　教材整合无处不在，这是由历史自身的复杂性和任何历史叙写方式都有其局限性决定的。任何经过比较严格的史学训练的历史教师，在教学中都会

对教材进行整合，尤其是针对几个单元、全书乃至跨册的整合。教材内容和形式的整合具有多样性，有的整合是显性的，有的整合是隐性的。例如，在讲授《中外历史纲要（上）》第21课"五四运动与中国共产党的诞生"时，对教材中"巴黎和会""马克思主义""共产国际"三个概念，就需要隐性地把世界史中的内容整合到教学过程中。如果学生对这三个概念没较为深入的理解，一定会影响课堂学习效果，甚至会影响今后对其他内容的学习。部分学生因为对共产国际了解不够，所以始终对中共初期的历史（主要是国民大革命和国共十年对峙）模模糊糊，这就需要教师通过对教材进行隐性整合来解决。对教材进行显性整合的情况也有很多，如中国古代地方管理和治理、中央政府的少数民族政策的整合等，或者两个单元、多个单元的整合，有时都是必要的。

二、依据课程标准中的课程内容要求确定教学重点

直观看，教材所有文字都是深思熟虑的凝结，不可或缺。但因此就平均着力，则一定不可取，至少在课时容量上不允许。通俗地说，就是教学要有重点，必须进行重点教学。这既是课堂调控的需要，也是课程标准的要求。

面对各种教学参考书和辅导书，教师容易拿过来就用，这就不是自己的课堂，而是别人的课堂。就教学重点而言，无需参阅类似资料，直接以课程标准为准，时刻牢记课程标准中的课程内容要求就是教学重点。以《中外历史纲要（下）》第10课"影响世界的工业革命"为例，课程标准的课程内容要求是：改变世界面貌的工业革命。通过了解工业革命带来的社会生产力的极大发展以及所引起的生产关系的深刻变化，理解工业革命对资本主义世界体系的形成及对人类社会生活的深远影响。

课程标准把两次工业革命的教学重点定位在其深刻影响上，教材设计的标题也体现了这一点，这就是本课的教学重点。某教师备课时设计的教学重难点如下：

教学重点：理解两次工业革命产生的原因和历史条件；两次工业革命的成果和特点。

教学难点：理解工业革命对资本主义世界体系的形成和人类生活的深远影响。

这显然是没有认真研究课程标准造成的偏差。用一课时讲两次工业革命，对任何历史教师来说都是严峻的挑战，教材编写者也不能保证自己能讲完、讲好。依据课程标准设计教学流程和教学重点，是解决这一难题最好的办法。本课教材分三目：第一目"工业革命的背景"，讲第一次工业革命发生在英国的原因。第二目"工业革命的进程"，讲第一次工业革命的内容、进程；第二次工业革命的背景、内容、进程；两次工业革命的比较。第三目"工业革命的影响"，讲工业革命的积极与消极影响。显然，第三目是教

学重点，在时间上，以半课时为宜。工业革命是近代史最重要的历史事件之一，如果不能准确把握其背景和过程，就很难分析其影响，也不利于其他章节的学习。鉴于此，建议采取表格形式对工业革命的背景和过程进行教学，又鉴于两次工业革命在时间、内容和特点上的明显差异，建议重构教材，并采用表格形式对两次工业革命进行对比整理，以便最直观地将相关内容展示给学生。前文已述，对于初中教材叙写较多的两次工业革命的内容，可以快速处理，但不能不讲。表格的设计不宜过于复杂，建议以"两次工业革命的不同点"为题，设计时间、主要背景、主要国家、主要标志、重要成果、工业结构、特点等比较项目即可。表格的设计能体现教师对教材的理解和思考。对同一题目，每位教师的设计都会有区别，建议教师亲自设计，也可以参考他人的设计，但不要照搬。表 6-1 是一位教师的设计。

表 6-1   两次工业革命对比

项目	第一次工业革命	第二次工业革命
时间	18 世纪 60 年代—19 世纪中后期	19 世纪 70 年代—20 世纪初
发生地	先在英国发生（一枝独秀），后扩展到其他欧美国家，英国法国最快	同时在主要资本主义国家发生（遍地开花），美国德国最快
标志性发明	蒸汽机广泛应用，进入"蒸汽时代"	电力和内燃机广泛应用，进入"电气时代"
其他重要发明	珍妮纺纱机、轮船和火车	汽车和飞机、电话和无线电
动力机（实质）	蒸汽机（取代自然力）	电动机、内燃机（取代蒸汽动力）
能源	煤	石油
发明者	技师、工人	科学家、工程师
发明来源	工匠的实践经验，科学和技术尚未真正结合	科学家的研究发现，科学和技术实现真正结合
工业结构	棉纺织业（轻工业）	重工业

该设计忽视了两次工业革命的背景，但所设项目值得借鉴。这样的表格就很有参考价值，但不能照搬。

两次工业革命的影响是教学重点，也是难点。教材把两次工业革命的影响，从生产力、生产组织与管理方式、社会阶级、社会生活、负面影响和国际关系方面综合叙述，教学难度极大，教师需要对教材进行整合处理。处理方式有两种：一种是分别讲解两次工业革命的影响，这种处理方式可以参考老教材和初中教材。另一种是依据教材，逐条分析，对分属两次工业革命的影响的鲜明之处予以特别说明。例如，两次工业革命促进了生产力前所未有的大发展，教学时需强调两次工业革命对交通运输行业提高的不同表现，商业和农业则没必要展开。又如，两次工业革命对国际关系的影响，教材叙述比较简略，但这一影响是教学重点，尤其需要重新整理，并特别强调第一次工业革命后，资本主义国家以商品输出为主，使资本主义世界市场初步形成；第二次工业革命后，资本主义国家对外侵略以资本输出和瓜分世界为主，使资本主义世界经济体系最终形成（资本主义世界市场最终形成、资本主义世界殖民体系最终形成）。

三、依据初中教材斟酌详略

统编高中历史教材容量大，如想顺利完成教学任务，还需对初中历史教材有所了解，并据此斟酌详略。同时，要详知某一知识点在初中教材中写了什么，侧重点是什么。初中教材以点和线为主，高中教材更侧重面，有整体感，且有一定深度。但也不尽然，初中教材对某些问题的叙述要比高中教材更全面、更深入。初高中教材之间是双向互动关系，不是单向的由简至繁。

在高中历史教学中，如果教师不借助初中教材做详略处理，就很难完成教学任务。即使勉强讲完，也很难达到课程标准的教学要求。高中历史教材容量大，但教师不能因此进行选择性教学，不能因为课程标准没有明确要求就不讲，有些铺垫性知识是完成课程标准内容要求所必需的。

初高中教材的章节安排不尽一致，高中一课教材的知识，初中教材往往分散在两课甚至三课中，教师在备课时要充分注意。例如，《中外历史纲要（下）》第14课"第一次世界大战与战后国际秩序"在初中教材中是两课，即《世界历史（九年级下册）》第8课"第一次世界大战"和第10课"《凡尔赛条约》和《九国公约》"，部分内容还涉及第5课"第二次工业革命"。教师在备课时，应先通览高中教材，做到心中有数，然后阅读初中教材，详细分析二者叙述的异同。以第一次世界大战背景为例，二者的叙述角度和手法不尽一致，但史实没有冲突，要点也没有遗漏，择要汇总如表6-2所示。

表6-2　初高中教材内容对比

高中	初中
美西战争拉开帝国主义时代大规模战争序幕	未涉及
主要资本主义国家发展到帝国主义阶段	第5课"第二次工业革命"有明确的叙述
瓜分世界狂潮	第8课"第一次世界大战"有明确叙述

续表

高中	初中
帝国主义各国实力对比发生重大变化，英德矛盾、法德矛盾、德俄矛盾、奥俄矛盾	第8课"第一次世界大战"都有叙述，且正文对英德矛盾叙述明显多于高中教材
同盟国和协约国形成	第8课"第一次世界大战"都有叙述，且与高中教材内容体量相当
萨拉热窝战争、第一次世界大战爆发	第8课"第一次世界大战"都有叙述，且体量大于高中
《三国同盟与三国协约示意图》（地图）	没有此图

经过对比，似乎高中这部分内容的教学只要交代一下美西战争和《三国同盟与三国协约示意图》就可以了。这种认识显然不正确。作为教材的有机组成部分，任何小目都需要讲解，关键是侧重什么。因课堂时间有限，一些在初中已经学习过的基础事实，如英德矛盾、萨拉热窝事件等，可以简略处理，但不能不讲。另外，学生的历史认识只有上升到一定高度，才能达到高中教学目标，这是初高中历史教学的重要区别。初中教材涉及的知识可以简略讲解，但分析归纳的环节必不可少。教师只有深入分析第一次世界大战的背景，才能深化学生的历史认识，充分体现初高中教学侧重点的不同。如果教师对历史事件的处理能力很强，可直接依据教材内容分析第一次世界大战的背景。如果掌控能力略差，可借助史料进行教学。

第一次世界大战结束已经100年，然而，这场人类历史上第一场全球性战争究竟为何爆发，其根源是什么，迄今依然争论不休，没有普世性的结论。"必然说"有之，"误判说"有之，"垄断资本"挑起战争说有之，列强要求"重新瓜分世界"论者有之，德国挑战英国"守成大国"地位的"修昔底德陷阱说"有之，威廉二世的个性挑起战争说有之，军备竞赛引发战争说有之，"该死的同盟体系"引发战争说亦有之。在第一次世界大战起源问题上的见仁见智，再次证明研究战争起源是一个主观性很强的议题。对于同一场战争的起源，不同的国家、不同的民族、不同的意识形态，甚至不同时代的人，都会有完全不同的认识与结论。

——摘编自林利民、刘丹《第一次世界大战起源再探》

通过阅读这段材料，我们该如何分析第一次世界大战的背景？

此外，教师对教材思考点"为什么说第一次世界大战是帝国主义战争"也要重点处理，这也是初高中历史教学的差异所在。教材对第一次世界大战爆发的原因的叙述比较谨慎，没有明确的结论性语言。传统观点认为，英德矛盾是第一次世界大战前欧洲的主要矛盾，英德争夺是第一次世界大战爆发的主要根源。但教材强调英德矛盾激化的同时，也讲述了法德关系剑拔弩张、德俄关系恶化，而欧洲"火药桶"则在俄奥矛盾集中的巴尔干半岛，没有明确说英德争夺是第一次世界大战爆发的主要根源。这是教材做了模糊处理，对争议较大的历史问题进行模糊处理反而是科学的。在这种情况下，教师要反复分析教材，给学生提供稳妥的结论。有人主张要发挥学生的积极性，让学生参与，但必须把握度，在关键问题上，要以教师为主，关于第一次世界大战爆发的原因这个问题，最后还是要教师给出结论。

第一次世界大战的爆发有其历史必然性，有深刻的经济、政治和历史原因。首先，最主要的原因是资本主义政治经济发展不平衡。其次，两大帝国主义军事集团的形成和疯狂扩军备战催化了战争。最后，萨拉热窝事件成为第一次世界大战全面爆发的导火索。

帝国主义战争是指帝国主义国家之间为瓜分世界、争夺霸权而进行的战争，是非正义的、掠夺性的战争。第一次世界大战显然符合帝国主义战争的特点，属于帝国主义战争。经过对第一次世界大战背景的分析，这一结论的得出也就水到渠成了。

对于教材中叙述过于简略，但又有必要强调和扩充的知识点，应如何处理呢？搜集可靠的材料和信息是一种选择，另一种比较可靠而又省力的做法是从初中教材中找可靠的历史素材。还是以第一次世界大战背景为例，英德矛盾是第一次世界大战爆发的重要原因，但教材正文和史料阅读栏目对英德矛盾的叙述还略显不足，这时可以使用初中教材"相关史事"中的材料做补充：

1871年，四分五裂的德国完成统一，为它后来的崛起奠定了基础。德国工业本来落后于英、法、美三国，但后来居上。同英国一样，德国发展工业也需要从海外获得原材料和市场，但是德国占有的殖民地相对较少，只有英国殖民地的1/10。在世界基本被瓜分完毕的情况下，德国只能向英、法等国家"要求日光下的地盘"。德国与英、法等国的冲突不断加剧。

这段材料对解释高中教材中的"后起而强大的德国把英国视为'日益衰落的国家'，开始寻求在欧洲乃至世界的领导地位，英德矛盾逐渐激化"很有用，足够说明问题。这一方面减轻了教师的备课压力，也能确保材料的可靠性。虽然这些知识学生在初中接触过，但不一定理解到位。而且随着年龄和阅历的增长，学生对同一事物的认识也会有所不同，有所深化。创新是美德，但事事求创新、盲目创新、标新立异、故意反权威反经典就是误区，务必警惕。

《中外历史纲要（下）》第17课"第二次世界大战与战后国际秩序的形成"一课，关于20世纪20年代的资本主义世界经济大危机，在引言部分就出现了，正文对其影响也时有提及，可见其重要性，因此需要进行必要的展开讲解。初中教材对这一知识点的叙述较多，教师在教学时可直接引用其中的重要材料和结论。巧妙利用学生相对熟悉的知识，可以获得事半功倍的效果。以下是初中教材正文的一段话：

1929—1933 年，整个资本主义世界的工业产量下降了三分之一以上，贸易额减少了 2/3。其中，美国工业产量下降 40%，贸易额减 70%。大量企业破产，银行倒闭，失业人数激增，美国有 1 500 万～1 700 万人失业，整个资本主义世界的失业人数更是超过 3 000 万。穷人们想尽一切办法艰难度日，常常食不果腹，衣不御寒；资本家为了维持商品价格，保证利润，不惜销毁大量商品。大量玉米、小麦、棉花和牛奶，或被当作燃料，或被倒进河流。

本课正文侧重的是这场经济危机的危害，引用上述内容非常恰当，而且对开展"法西斯主义与亚欧战争策源地的形成"的教学很有帮助。

由于本课立意和篇幅所限，教材对一个十分重要的知识点"罗斯福新政"仅在"历史纵横"栏目中体现，而且内容高度概括，一些重要知识（如"以工代赈"）没有展开。类似的情况，在《中外历史纲要》中并不少见。有些内容，可直接跟着教材节奏，如本课"历史纵横"中的斯大林格勒战役，依据教材讲解即可。但对于"罗斯福新政"，无论是从其重要性还是应试角度，都不能一带而过。如果课堂时间紧张，无法深入讲解，可以用课后作业或复习课的形式弥补。引用学生不熟悉的史料，效果不一定好，毕竟时间有限。但如果把初中教材中我们认为重要或者需要的知识引用过来，即使学生在课后阅读，也容易读懂，毕竟有相应的知识基础。初中教材以表格呈现的"罗斯福新政的主要内容"（表 6-3）就可以直接使用，以加深学生对教学内容的理解。

表 6-3 罗斯福新政的主要内容

项目	具体措施
整顿金融体系	通过《紧急银行法案》，对银行业进行整顿，恢复银行信用
加强对工业的计划指导	通过《全国工业复兴法》，规定公平竞争法规，协调各个工业部门的企业活动；规定雇员有组织起来进行谈判的权利，确定最低工资标准，限制工时；通过《全国劳工关系法》，在一定范围内维护工人合法权益
调整农业政策	通过《农业调整法》，对全国农业生产和销售进行调节，限制产量，稳定农产品价格
推行"以工代赈"	通过投资兴建大量公共设施，如水库、发电站、公路、桥梁、机场、运动场、公园等，为失业者提供就业机会
社会福利	通过《社会保障法》，建立社会保障制度；建立应急的救济机构，利用过剩物资救济失业家庭

综上可见，高中师生要充分重视初中教材，它是教师最得力的参考书，学生最熟悉的辅导书。

此外，初中教材中的史实、观点和结论，高中教师教学时可以直接使用，教材编写组对二者的一致性是有协调的。例如，《中外历史纲要（上）》第 10 课"辽夏金元的统治"有 6 页内容，文字、图片、地图信息量大，如果用一课时讲完，难度很大。此时，对照初中教材选择教学重点就很必要。关于元朝的民族歧视政策，初中教材对高中教材是一个很好的补充。我们甚至可以把初中教材的正文和史料作为高中课堂的史料。这样的史料是可靠的，而且是高效的，可以直接使用。如果缺少可靠的史料获得途径和可靠的史料，就可以把初中教材的叙述内容作为高中教学的史料。例如，初中教材《中国历史（七年级下册）》第 52 页最后一段就可以直接作为一则史料来讲《中外历史纲要（上）》第 57 页的元朝形势图。

四、针对几个单元、全书乃至跨册的整合

（一）通过专题教学，深化核心素养培养

为达到培养历史学科核心素养（唯物史观、时空观念、史料实证、历史解释、家国情怀）的目的，实现历史学科立德树人的功能，整合历史知识是必不可少的环节。历史本身不自带划分标准，所有划分都是人为的。无论是课程标准还是教材，所划分的单元及课时内容，虽有一定的史学依据，但也难免顾此失彼。如《中外历史纲要（下）》按时序在第六、七、八三个单元叙述亚非拉民族独立和解放运动，而中国的民族解放运动主要在《中外历史纲要（上）》中叙述。作为编年体教材，这样安排有其合理性。但如果要使学生对近现代民族解放运动有全面认识和深刻理解，就有必要进行跨单元和跨册整合，这不仅仅是复习考试的需要，更是培养学生历史学科核心素养的需要。学生如果没有深刻理解近现代的民族解放运动，就不会对中国近代史有深刻理解。毛泽东在《唯心历史观的破产》中说："艾奇逊以一个资产阶级大学教授讲述无聊课本的姿态，向人们表示他在寻求中国事变的因果关系。中国之所以发生革命，一因人口太多，二因西方思想的刺激。你们看，他好像是一个因果论者。接下去，他就连这点无聊的伪造的因果论也不见了，出现了一大堆莫名其妙的事变。中国人就是那样毫无原因地互相争权夺利和猜疑仇恨。"[1]毛泽东之所以批判艾奇逊，是因为艾奇逊无视或回避近代西方侵略中国和中华民族求解放的历史大背景妄论中国革命。这种唯心历史观不但成为西方侵略者自我辩护的遮羞布，也迷惑了一部分中国人，使他们与狼共舞，忘记西方侵略者的残忍和中华民族的创痛，陷入贬低自己国家和民族历史的泥潭不能自拔。加强民族解放运动史的整合，使学生深刻理解民族解放运动的深刻背景，对培养学生的唯物史观、时空观念和家国情怀等

---

① 　毛泽东选集：第 4 卷［M］．2 版．北京：人民出版社，1991：1516．

核心素养有重要的教育意义和价值，有必要开展专题教学。"进入 20 世纪，被压迫民族陆续掀起的以反抗帝国侵略、反抗殖民统治、争取民族独立和民族解放为目标的三次浪潮，标志着民族主义进入更高发展阶段。"[1]近代亚非拉民族革命，尤其是中国革命的根本背景是列强的不断侵略，因此革命的首要目的是反侵略，这是我们应传递给学生的基本历史认识和历史情怀。"1840 年鸦片战争以后，中国逐步成为半殖民地半封建社会，国家蒙辱、人民蒙难、文明蒙尘，中华民族遭受了前所未有的劫难。从那时起，实现中华民族伟大复兴，就成为中国人民和中华民族最伟大的梦想。"[2]

（二）通过教材整合，使学生正确认识中国历史，增强文化自信

教师在教学中既要使学生认识到中国近现代史是世界史的一部分，受西方资本主义国家影响较大，也要使学生认识到，中国近代史也有自己的特质，尤其是中国共产党的历史，不能完全用世界历史来解释。同时还要使学生认识到，中国虽然在向西方学习，但最终还是要走中国自己的路。拒绝向别人学习，难免会失败。但完全学习别人，失去自我，也不会真正成功。如果对此没有深刻认识，就无法正确并深刻理解中国共产党的历史和中华民族的伟大复兴。走中国特色社会主义革命和建设道路，就是中国共产党的历史特质，也是历史结论。教师在讲解这部分历史时，有必要整合国际共产主义运动，尤其是苏联历史。结合苏联社会主义发展史，可以使学生更深刻地理解中国特色社会主义的内涵和重要性，这就需要跨册整合。

环顾历史和现实，一些国家虽已独立，但仍然徘徊在苦难中，全盘照搬西方而失去自我无疑是重要原因之一。以此为参照，学生会对中国历史有更深刻的理解，会增强学生的道路自信、理论自信、制度自信和文化自信。讲解中国的新民主主义革命和社会主义建设的历程以及取得的辉煌成果，有必要整合世界史教材，尤其是《中外历史纲要（下）》第 21 课"世界殖民体系的瓦解与新兴国家的发展"第 3 目"发展中国家面临的挑战"。这部分内容对学生理解中国特色社会主义道路至关重要。部分发展中国家之所以迟迟无法摆脱各种发展问题，如承受风险能力差、贫困、民族矛盾、政局动荡等，主要原因之一就是没能找到符合本国国情的发展道路。对比之下，学生就会全面认识今天中国的发展来之不易，对中国共产党的革命道路和建设道路充满自信，对中华民族的伟大复兴充满自信，从而才会深刻理解"中国人民不但善于破坏一个旧世界，也善于建设一个新世界，只有社会主义才能救中国，只有中国特色社会主义才能发展中国"；才会深刻体悟"中国特色社会主义是党和人民历经千辛万苦、付出巨大代价取得的根本成就，是实现中

① 李义天，赵嘉.作为政治思潮的民族主义：历史与问题［J］.山西师大学报（社会科学版）2021，48（4）：73-80.

② 习近平.在庆祝中国共产党成立 100 周年大会上的讲话［N］.人民日报，2021-7-2（2）.

华民族伟大复兴的正确道路";才会深刻认识"以史为鉴、开创未来,必须坚持和发展中国特色社会主义"。[①]

第二节　如何进行历史情境教学

所谓情境教学,是指在教学过程中,为激发学生的情感,有目的地引入或创设具有一定情绪色彩的、以形象为主体的生动具体的场景,以引起学生一定的态度体验,从而帮助学生理解教材,并使学生的心理机能得到发展的教学方法。历史学科的情境教学与其他学科有同有异,其实施效果与历史教师的能力、阅历密切相关,主要取决于教师的学识、见识和认识。

新版课程标准十分重视历史情境教学。在必修课程的教学提示中强调,在教学过程中,教师要注意通过历史情境的设计,让学生体验当时人们所处的历史背景,感受当时所面临的社会问题。在此基础上,引领学生在对历史问题的探究过程中,认识史事的性质、特点、作用及影响等。通过对课程内容的整合,引导学生深度学习,促进学生带着问题意识和证据意识在新情境下对历史进行探索,拓展其历史认识的广度和深度。在选择性必修课程的教学提示中强调,教师可通过"情境—问题"的设置,引导学生从多个层面进行探讨,如国家层面、社会层面、民众层面等,以深入认识某一制度的作用及影响;或从中央与地方、法律、经济、民族、教育、外交等角度进行综合考查。同时指出,在教学过程中,教师要注意引导学生在具体的历史情境下探讨文化交流与传播的方式,在问题的引领下促进学生对优秀文化的特色及影响等进行分析。教师要充分调动学生的学习积极性,促使学生主动学习和积极探究,通过多样的教学活动,激发学生结合已学的历史知识,在新情境下运用多种类型的材料,对历史上的文化交流与传承进行探究,形成对人类文化发展的正确认识。

依据新版课程标准相关阐释和要求,历史情境教学大致包括两个方面。一方面是基本的历史情境教学,即史料教学。另一方面是新情境下的历史教学。何为新情境?课程标准在"学业水平考试与命题建议"的"学业水平考试命题的主要原则"中作了具体说明:学生能否应对和解决陌生的、复杂的、开放性的真实问题情境,是检验其核心素养水平的重要方面。历史学科核心素养的测试中,新情境可以有多种类型,包括:学习情境,指在历史学习中遇到的问题,如史料、图表、历史叙述、史论等问题;生活情境,指在个人生活、家庭生活、社区生活中遇到的与历史有关的问题,如在倾听长辈

①　习近平. 在庆祝中国共产党成立 100 周年大会上的讲话 [N]. 人民日报, 2021-7-2 (2).

的回忆、观看影视剧、游览名胜古迹时遇到的问题；社会情境，指对社会问题的历史考察，如某种社会风俗的来源、某一国际争端中的历史背景问题；学术情境，指历史学术研究中的问题，如历史学家对某一历史问题有多种看法等。多维度地创设试题情境，考查学生在新情境下如何解决问题，有利于检测和评价学生的历史学科核心素养水平。也就是说，新情境教学可以从学习情境、生活情境、社会情境和学术情境四个方面着手。

一、确保科学性和权威性

基于学科特点和国家意志开展历史情境教学，必须保证情境的科学性和权威性。情境教学必须坚持科学性原则，要做到科学性，前提是情境要有权威性，这是情境教学最根本的要求。设计历史情境必须要遵循科学性原则。在不能确保科学性和权威性的情况下，宁可不使用情境教学。

（一）不能违背历史学科的特点

历史学科的情境教学在根本上属于史料教学，有不可替代的历史学科特点，即不能伪造或假设情境。这就要求教师在培养学生的历史学科核心素养时，要给学生严谨的历史教学示范。良好的示范本身就是润物细无声的、有效的历史教育。胡乱设置未经证实或假设甚至伪造的历史情境，不仅无益甚至有害于塑造学生的历史意识，更会极大地伤害历史学科的尊严。

（二）情境要为教材服务，而不是忽视教材

历史课堂是历史教学的主体，教材是历史教学的根本依据。教师不可依个人喜好选择教学内容进行教学，更不能逆教材而动。历史课堂也不是教师夹带私货、发泄不满情绪和不恰当地展示自我的场所。虽然历史研究不可避免地会带有个人主观色彩，但也要遵循历史学科的原则。研究历史的确需要价值判断的介入，历史学家也应当是某些价值的坚守者和捍卫者。只不过这种价值判断的依据不是纯粹个人的、集团的乃至民族的偏好，而应是人类所共有、时代所弘扬的价值，如真理、善良、正直、平等、自由、权利等人类共同追求的理想。[1]所选情境要严格按照对教材知识和观点进行补充、延伸和深化的原则，这是权威性的含义之一。那些明显违背史实和国家意志的历史情境绝不可作为情境素材。

有的教师喜欢脱离教材上课，这是极其错误的做法。教材是最权威的教学依据，脱离教材的教学，其权威性就会有被削弱的风险。例如，《中外历史纲要》的每一课都有设计好的导言，这些导言就是权威的教学情境素材。有些教材提供的导言情境性很强，如《中外历史纲要（下）》第1

---

① 李剑鸣.历史学家的修养和技艺［M］.上海：上海三联书店，2007：122.

课"文明的产生与早期发展"的导言提供了《阿尔及利亚塔西利－恩－阿耶洞穴壁画》，形象生动，很有画面感，是理想的情境教学素材，可以直接使用。有的导言情境感稍差，如《中外历史纲要（上）》第 27 课"社会主义建设在探索中曲折发展"的导言理论色彩较强，情境感不强。这时，教师可以依据这些文字去寻找材料，如为庆祝中国共产党成立 100 周年而摄制的大型纪录片《敢教日月换新天》第七集"奠基固本"和第八集"艰辛探索"中有大量可以直接使用的珍贵影像。总之，关于导入新课这一部分，教材提供的内容很有权威性，围绕它进行设计，大方向就不会偏。情境教学素材可以来自初中教材，也可以来自高中教材或一些权威的大学历史教材。例如，大学教材《中国古代史》中的"丁村石制品"对《中外历史纲要（上）》第 1 课"中华文明的起源于早期国家"的教学就很有助益。其中的图片和文字说明就是很权威的情境教学素材，对学生理解中国旧石器时代的历史颇有帮助。类似的素材在网上也可以下载，但使用时要十分慎重。

此外，教师在开展情境教学时，要果断抛弃不恰当的历史教学方式。所谓不恰当，就是为吸引眼球、为创新而创新、违背实事求是原则而进行的有悖于历史学科特点的教学活动。所有辅助手段，如课件、音像资料等，都是配角，教师要根据主要教学内容来安排，而不是反客为主。如果一节课不用课件就能讲好，就没必要用课件。为了用课件而用课件，那不是历史课，而是信息技术课。有的教师满堂课都是新情境、新材料、新观点，却忽视了教材，有的内容甚至违背教材观点。

（三）情境素材，应选自权威渠道

如今自媒体盛行，选择素材貌似变得更容易，实则变难，因为甄别素材的难度加大了。互联网信息良莠不齐，稍有不慎就会掉入陷阱。历史学科讲求实事求是，教学难度很大。历史教师虽然是历史学专业出身，但由于种种条件限制，有时也难以有效区分真假信息。此时，教师的心中一定要有权威意识。教师在教学时要灵活且恰当地使用情境教学，无需每个知识点都刻意设置情境，要选择有必要、有操作性且有价值的知识点进行情境教学，每学时精选一个知识点认真设计情境即可，以确保教学效果。这个知识点很可能不是本课时的第一个知识点，如果有可能，可以把围绕所选知识点设置的情境教学作为课堂导入，如果不适合导入，则可以在讲到该知识点时进行情境教学。这种选择也要坚持权威性原则，权威性在这里的含义，既是教学方法的权威，也是素材来源的权威。也就是说，没有必要开展情境教学的地方，不开展情境教学，需要进行情境教学的地方，要做到严谨、有效，这是方法的权威。至于素材来源，则要视情况而定，文字来源应以经典文献和大家认可的大学教材或者学术著作为主，图片或影像来源要选择权威网站（如新华网、人民网等）和纪录片（如央视纪录片）或影片等。

（四）处理好形式与内容的关系

近年来，历史教学中的形式主义现象日益严重，其根本原因在于追求时髦，忽视内容。有些只追求形式的行为，如课件泛滥等，尚不至于产生大的危害，但有些形式主义已经伤害到教学内容和原则，教师在进行情境设计时要尽量避免。例如，课程标准明确把"增强学生的世界意识，拓宽国际视野"作为指导思想，并有两处说明，即能够以开放的心态，认识到世界各地区、各民族共同推动了人类文明的进步，初步具有世界意识；历史教科书要注意借鉴外国文化的优秀成分，体现出世界历史发展中的文化多源性和多样性，具有世界意识和国际视野。按照课程标准，世界意识就是以认同世界文化多源性和多样性为前提，认识、承认并借鉴吸收外国文化优秀成分的开放心态和国际视野。这样的界定符合历史学科的特点和教育教学实际。有历史教师把世界意识简化为整体史观，认为历史教学中的世界意识是指将世界作为一个整体的意识，正确认识一个国家或地区与世界整体关系的意识，这是对世界意识的简化与误读。①

世界意识不是要有凡事都与国际接轨的意识和做法，而是要立足自我，放眼世界。培养世界意识的目的是丰富、完善自我，而不是失去自我。失去自我，不但中国的特性没了，也不会被世界接受和承认。"全球化对所有国家及其国民都提出了尖锐的挑战，不论是哪个民族或哪个国家的哪个人，都将从一国的'国民'或'公民'变成全球的'村民'或世界的'公民'。……与'世界公民'的现实需求相适应，强调培养具有世界视野和全球意识的'世界公民'教育应运而生。"②世界形势表明，一国的"国民"或"公民"变成全球的"村民"或世界的"公民"，在当前是一种狂躁臆想和自我陶醉。近年来，美国逆全球化潮流，执意挥舞关税大棒打压中国，并以"不满非法移民涌入"为借口对邻国墨西哥加征关税，大耍霸凌行径，根本看不到全球村民和世界公民的影子。"近年来一个个'黑天鹅'事件让人惊讶不已，如欧洲的难民危机、美国在世界'毁约''退群'、搞保护主义和民族主义。"③在这样的背景下，世界意识的教学必须立足现实，而不是人云亦云，充满假设和想象。世界意识是一种立足自我的自信品格、谦虚态度和开放心态，绝不是削足适履以适应世界潮流的附庸风雅。皮之不存，毛将焉附？主体意识是皮，世界意识是毛，失去了自己，世界意识将毫无意义。

如何处理好世界意识与国际责任之间的关系，是历史课程无法回避的问

---

① 王新香，赵恩仓.世界的中国 中国的世界：也谈高中历史教学中的世界意识教育［J］.中学历史教学参考，2004（Z1）：32–34.

② 姜元涛."世界公民"教育思想研究［D］.大连：辽宁师范大学，2012：1.

③ 李滨."百年未有之大变局"：世界向何处去［J］.人民论坛（学术前沿），2019（7）：39–47.

题。如何回应西方国家把中国列为"负责任的利益攸关方"，要求中国承担更多国际责任，应该成为历史课堂讨论的问题，因为现在的学生在将来担负治国重任时，这个问题会更加突出。

"随着中国国家地位和综合国力的提升，中国的'大国责任'问题开始凸显。中国履行更多的大国责任已是形势所趋，但同时应该以国家利益为首要考量，强调权责相适、协调发展，实现中国和平崛起。"[①]这种首先考量国家利益、权责相适的态度是正确的，属于世界意识的正确运用。那种无视国家利益，空谈国际责任的言论，要么是妄自尊大，要么是另有所图或"捧杀"，必须警惕。需要特别指出的是，教师在教学中要联系中国的外交政策，给学生讲解国际责任。例如，针对难民问题，要特别强调中国历来奉行的和平外交政策，那些因西方国家推行霸权主义和强权政治引发的国际问题，必须要让西方国家承担责任。权利与义务、导因与责任之间的平衡，才是正确的世界意识。

历史课要与时俱进，但必须坚守历史学科的原则和底线，不能盲目追求时髦。历史教师设计情境教学时要冷静、理性，这是历史学科教学的基本要求。

二、避免历史虚无主义

近年来，历史虚无主义泛滥，已经渗透到历史课堂，情境教学环节更是重灾区。

"大道以多歧亡羊，学者以多方丧生。"这句话教诲人们为学做事要有明确的行动指南，行动指南是成败利钝的关键。万物复杂多变，没有明确的行动方向和指导思想，不可能求得真理。历史盘根错节，历史学见仁见智，师心自用者多，各种学说层出不穷，令人眼花缭乱。历史是客观的，历史学和历史课程则是主观的，一旦离开指导思想，实施过程和结果就会出现混乱。由此，历史情境设计必须确保权威性，反对和抵制历史虚无主义。

历史虚无主义是一种价值虚无主义，在本质上是唯心主义历史观，产生于 18 世纪的欧洲，最初以反资本主义的面貌出现，是资本主义精神危机的产物，其最主要的特点是"对事物不作具体分析，无原则地、任意地否定一切"[②]。20 世纪 80 年代，历史虚无主义在苏联盛行，否定苏联的一切历史，包括苏共在反法西斯战争中的作用，导致思想混乱，这是导致苏联解体的原因之一。

在中国，历史虚无主义萌发于鸦片战争。新文化运动后的"全盘西化"

①　刘振华.大国责任与中国的国家利益［J］.法制与社会，2009（15）：193-194.
②　杨龙波，季正聚.历史虚无主义的流变逻辑及其新表现［J］.当代世界与社会主义，2018（4）：43-48.

思潮是第一次高峰，"文化大革命"彻底否定传统文化、打碎一切的思潮是第二次高峰。苏联解体后，历史虚无主义在中国出现第三次高峰，至今未能得到有效遏制，如"陈忠实的《白鹿原》是历史叙事的优秀文本，但其中却包含着大量的历史虚无主义因子"①。

与当前历史虚无主义思潮关系密切的几个元素是爱国主义、文化自信、"西方中心论"和学术自由。历史虚无主义的本质不是学术思潮，而是政治思潮，是打着学术自由的幌子，以西方中心论为核心理念，贬损、否定中国文化和中国历史，讥讽爱国主义，并"发展为通过否定马克思主义的指导地位和中国走向社会主义的历史必然性，进而否定中国共产党执政合法性的错误思潮"。②《逸周书·官人解》有言："华废而诬，巧言令色，皆以无为有者也。"历史虚无主义正是以花言巧语伪装正义，制造无中生有之谎言，侵蚀民族文化灵魂，损害国家利益。历史虚无主义具有极大的渗透性、隐蔽性、蛊惑性，必须予以高度警惕和坚决抵制。作为历史教师，我们要守住历史学科的灵魂和民族利益的底线，以爱国主义为根本立场，通过扎实的学习增强文化自信，运用唯物史观正确认识历史和历史规律，积极贯彻落实立德树人根本任务，充分发挥历史学应有的教育功能。

三、选材案例

（一）文字情境

以《中外历史纲要（上）》第21课"五四运动与中国共产党的诞生"为例，本课可以选择的情境教学点比较多，如五四运动过程、中共一大召开过程、北伐进程及反革命政变等。这里我们选择"五四运动中参加巴黎和会的中国代表拒绝在和约上签字"作为情境教学点进行设计，情境文字来自唐启华《被"废除不平等条约"遮蔽的北洋修约史（1912—1928）》。

教师在讲到五四运动取得初步胜利时，可以围绕下述材料设计情境：

巴黎和会并没有令中国人如愿。消息传回国内，引发了以"五四运动"为代表的"国民外交"浪潮，各派政治力量都向社会展现自己的主张，从而出现了一场对中国内政、外交都有深远影响的思想启蒙运动，打破了只为高官垄断外交的禁戒。北京政府对是否在和约上签字发生分歧，无奈之余任由代表团自行决定。中国代表团拒绝在这个和约上签字，成为27个参会国中唯一拒绝签字的国家。美国驻华公使芮恩施评价道："这一次中国民意的大觉悟，总括看来，可以使我们断定中国将来的重要国事必须要先得国民的意见，必须要合乎国民的需要。"巴黎和会代表团于1919年9月10日签字对奥和约，废除了奥匈帝国在中国的一切特权；10月13日，顾维钧签署航空

---

① 李舫.历史虚无主义的文化表征［J］.文艺理论与批评，2007（3）：4-14.

② 杨龙波，季正聚.历史虚无主义的流变逻辑及其新表现［J］.当代世界与社会主义，2018（4）：43-48.

专约，使中国领空权得以维护。

这段文字材料很有情境感，有利于学生深刻理解五四运动的历史作用，同时也会使学生对中国代表团在巴黎和会上拒绝签字的具体情形有更立体的感知。针对这一情境，教师可以根据整节课的节奏和学生的情况灵活处理，可以设问，也可以不设问。如果设问，可以让学生假定自己是当时的美国驻华大使，谈谈当时的心情等。

（二）影像情境

《中国通史》是由国家新闻出版广电总局和中国社会科学院共同监制指导，社科院历史研究所撰稿，中央电视台电影频道节目中心制作出品的百集大型电视纪录片。该纪录片制作严谨、精良，可视性强，很适合作为情境教学的影像素材。例如，教师在讲授《中外历史纲要（上）》第5课"三国两晋南北朝的政权更迭与民族交融"的"北魏孝文帝改革"时，可以利用其中的影像素材。纪录片中关于孝文帝的汉化措施的展现比较充分、生动，特别是通婚、语言和服饰方面，适宜作为情境教学素材。

（三）图片情境

图片是历史教学的重要载体，也是情境教学的重要素材。图片可以是历史图片、漫画或历史地图等。需要注意的是，选用图片时要确保其来源的科学性和权威性，避开那些不负责任地调侃历史的漫画等。

长征期间，以蒋介石为首的国民党反动派污蔑红军和中国共产党，并封锁消息，禁止正面宣传红军和中国共产党。1936年6月，在宋庆龄的安排下，斯诺首次访问陕甘宁边区，拜访了许多中共领导人。他拍摄的影像和照片，让红色中国的真相逐渐被中外熟知，更多的人看到了"红旗下的中国"生气勃勃、积极向上的情景。在设计《中外历史纲要（上）》第22课"南京国民政府的统治和中国共产党开辟革命新道路"一课的情境教学时，教师可以使用这些影像和照片素材。

第三节　如何引导学生深度学习

深度学习是近年来的教育热词，其内涵易于理解，但落实起来难度较大。"当今时代是一个信息化的时代，它以其信息量大、知识爆炸和传播速度快等特点不断对人们的思维方式、学习方式提出挑战。面对日新月异的技术和瞬息万变的知识，人们需要更好的组织思维、更好的意义建构，以实现对知识内容更深层次的理解。深度学习源于对知识的深度理解，而不只是机械记忆、简单运用。"①可见，深度学习的核心内涵是对知识的深度理解。新版课程标准对深度学习有明确要求：建议通过对课程内容的整合，引导学生深度学习，促进学生带着问题意识和证据意识在新情境下对历史进行探索，拓展其历史认识的广度和深度。深度之外，又突出了广度。深度学习是高投入学习，是学习的高级状态。具体到历史学科，就是通过拓展历史认识的广度和深度，使学生认识重大历史事件的本质，形成高阶历史思维，进而能够学以致用，解决现实问题。在课堂教学中很难做到解决现实问题，但可以把解决现实问题作为开展深度学习的目标，把这一过程提高到为学生终身成长提供成熟的历史思维的高度去认识。

历史学从来不是简单化、表面化的学科，历史教育强调的融会贯通就是深度学习的目标。历史是立体而复杂的，真正的历史学习必然是深度学习。回顾中国史学发展史，可以发现深度学习并非新事物。中国古代历史学家司马迁提出的"通古今之变""事势之流，相激使然"，以及顾炎武提出的"天下，势而已矣""势有相因，而天心系焉"等具有唯物主义色彩的历史演化观，都饱含深度的历史意识。

一、历史意识的培养

早在先秦时期，中国人的历史意识就已经萌发，"我们的先民从很早的时代起，就对历史抱有一种特殊的温情和敬意。从现有的材料来看，最迟从西周初年起，以史为鉴的意识就开始慢慢地滋长起来。"②两千多年来，深沉的历史意识始终是中国史学的底色。

与其他诸多概念一样，史学家对历史意识的定义也多种多样，莫衷一是。这是因为概念太大，内涵模糊，外延甚广，难以一言蔽之。历史意识是指人们在历史认知基础上凝聚、升华而成的经验性心理、思维、观念和精神状态。③这一提法有道理，但太过抽象，要落实到高中历史教学中还需要将其具体化。

第一，历史意识首先是历史观，是人们对社会历史的根本观点和总的看法，是世界观的组成部分。对于当前历史教学而言，要坚持唯物主义历史观。

第二，历史意识是特定的、不可取代的时空观。历史发生在特定环境中，不可改变。只有着眼当时的历史环境，才可能真正认识历史。诚然，学习历史是为了指导现实，但以现实的思维去衡量历史，历史学习则会失去其应有的价值。这是由历史特定的时空属性决定的。以此为视角，"一切历史都是当代史"的提法，完全没有科学依据。

第三，历史意识是抽象的，体现方式则是具体的，要通过对具体历史事

① 樊雅琴，王炳皓，王伟，等.深度学习国内研究综述［J］.中国远程教育，2015（6）：27-33，79.
② 王东.历史意识在先秦时期的演进［J］.河北学刊，2002（4）：124-128.
③ 徐兆仁.历史意识的内涵、价值与形成途径［J］.中国人民大学学报，2010，24（1）：108-114.

件和历史人物的评价去体现。由此，对历史的态度就是历史意识，如情感、态度和价值观等。

　　引导学生深度学习，首先就要引导学生树立正确的历史意识。建议每一课先依据课程标准选择一个要点，然后展开深度学习。例如，课程标准对"中外历史纲要"中专题1.7"晚清时期的内忧外患与救亡图存"的要求是：认识列强侵华对中国社会的影响，概述晚清时期中国人民反抗外来侵略的斗争事迹，理解其性质和意义；认识社会各阶级为挽救危局所作的努力及存在的局限性。据此，义和团运动是学习的重点之一，可在其性质、意义、为挽救危局所作的努力和局限性中选择一项作为深度学习点。《中外历史纲要（上）》第18课"挽救民族危亡的斗争"对义和团运动有一定篇幅的叙述。因课时有限，选择深度学习点时宜用"小切口，深挖掘"。四者之中，性质、意义、为挽救危局所作的努力学生比较容易理解，而对其局限性则有必要进行深度学习。这并不是因为义和团运动的局限性是主要的，而是因为历史虚无主义者为达到不可告人的目的，对义和团运动极尽贬损之能事，混淆视听，误导人们对义和团运动的评价，所以教师有必要在历史课堂上正确引导学生，这涉及理性看待中国近代史的问题。虽然义和团运动的发生与当时山东自然灾害频发有关，但根本原因在于列强侵略给山东人民带来的不尽苦难，而其针对教堂的行为，更与当时教民欺压百姓和进行文化侵略有直接关系。义和团盲目排外，造成了破坏，首要原因是列强和清政府。如果把义和团看成火药库，列强和清政府则是其制造者。对义和团的行为，我们反思的重点是如何避免，而不是谴责。有些历史破坏行为，问题不是出在破坏者本身，而是管控者。单纯或过度批评义和团盲目排外，有掩饰列强侵略和清政府统治腐败之嫌。这涉及历史意识中的历史观问题，把义和团盲目排外的行为记在列强和清政府账上还是义和团账上，显然是相反的历史观。要想正确认识中国近代史，对于类似问题，我们必须选择前者，这是抵制历史虚无主义的需要，更是实事求是地评价历史应有的态度。我可以侵略你、压迫你，但你不能反抗，更不能野蛮反抗，这是典型的帝国主义强盗逻辑和思维扭曲的历史观，必须予以否定，决不能进课堂。"由于阶级、时代的局限性，义和团运动存有盲目排外主义的落后性，对此，我们今天不必过分苛求，也不应多方掩饰。义和团运动的正义性、进步性也决不会因此而被抹杀。"[①]就时空观而言，苛求义和团的学者，显然是从现在的视角评价历史，而没有置身于历史，犯了"一切历史都是当代史"的时空认知错误，也就不能从历史中得到真正有价值的启示。我们需要汲取历史教训，但决不能以歪曲、苛求历史为前提，必须坚持科学的历史时空观。

　　以《中外历史纲要（下）》第8课"欧洲思想解放运动"为例。课程标准要求，通过了解文艺复兴、宗教改革、启蒙运动与资产阶级革命的历史渊

---

　　①　刘建军. 略论义和团反帝排外思想中的几个问题［J］. 河北大学成人教育学院学报，2006（2）：106-109.

源，认识资产阶级革命的发生和资本主义制度的确立，是近代西方政治思想理念的初步实现。显然，启蒙运动是学习的重要内容，而"认识资产阶级革命的发生和资本主义制度的确立，是近代西方政治思想理念的初步实现"这句话更值得深入探究，重点是如何理解启蒙思想家的政治思想的初步实现。

资产阶级启蒙思想家提出的一些基本的政治思想，如天赋人权、平等、自由、法制、权力制衡等，是西方反封建君主专制和教会统治的产物，有其革命意义，要承认其进步性。但是，作为资产阶级意识形态，又充满欺骗性和工具性，如果不认清其本质，就容易被西方国家打着人权幌子干涉他国内政的卑劣行径迷惑。苏联解体、阿拉伯之春等，皆属此类。一些西方国家以启蒙思想家的基本政治思想为幌子，到处侵略，干涉他国内政，制造地区混乱，荼毒生灵，这些美好的政治思想的历史作用不可避免地、悲哀地走向历史的反动。让学生深入学习启蒙思想家的政治思想，必须要从情感、态度、价值观角度引导学生，使学生树立正确的历史意识。教学时不妨设计三个思考题：这些思想的历史进步性在哪里？西方国家真正实现这些思想了吗？我们如何认识西方国家以这些思想为借口实行侵略和霸凌行径？

只有对启蒙运动倡导的理性有正确的历史意识，才能真正认识历史，并服务于现实。历史、现实和未来，从来都不是空想的，盲目推崇理性的人恰恰是基于想象而狂欢，进而混淆视听，这在历史教学中必须予以警惕和避免。

以上事例说明，培养学生正确的历史意识，既是尊重历史，更是正确认识现实的需要，对学生成长和国家发展的意义不言而喻。引导学生深度学习，离不开历史意识的培养，必须以正确的历史意识护航。

历史意识涵盖了历史研究的价值观和方法论，与中学历史教学密切相关的问题意识、证据意识和价值意识，都是历史意识的范畴，也是引导学生深度学习的关键。

二、问题意识的引领

"哲学家们只是用不同的方式解释世界，而问题在于改变世界。"[1]这是马克思的问题意识。问题意识在本质上也是一种历史意识，是历史教学的重要内容，也是深度教学的抓手，离开问题意识，深度教学就会空洞无物。教师要通过培养学生的问题意识，引导学生进行深度学习，不断发现问题、研究问题和解决问题。

经常有学生提出一些稀奇古怪的问题，这是问题意识吗？培养学生的问题意识，要认真体会课程标准的要求，围绕学科核心素养展开。最重要的一环是以唯物史观为指导培养学生的问题意识，避免泛化问题意识。

---

[1]　马克思恩格斯全集：第3卷 [M]．北京：人民出版社，1960：8.

历史学科的指导思想有鲜明的思想导向和价值判断色彩，唯物史观是根本指导思想，其他核心素养蕴含于唯物史观中。"历史唯物主义不能完全代替或包含历史学的全部理论，历史学除了以历史唯物主义作为指导，还有广阔的理论空间。"①家国情怀、文化自信、时代精神、人文关怀和世界意识也是指导思想。这些指导思想与唯物史观不是同一层面的表达，并不冲突。唯物史观强调总体认识，家国情怀强调根本功能，文化自信强调价值取向，时代精神强调现实意义，人文关怀强调深层目标，世界意识强调学科格局。

历史观分为唯物史观和唯心史观，其他史观均包含其中。"文明史观""全球史观""现代化史观""革命史观"是从属于唯物史观和唯心史观的二级史观，可称为历史研究范式。基于历史唯物主义的历史观，即是唯物史观。历史唯物主义偏向哲学范畴，也被称为马克思主义历史哲学；唯物史观则偏向历史学范畴。多数情况下，二者可以通用。

"我们仅仅知道一门唯一的科学，即历史科学。"②有人将此理解为唯物史观使历史学科真正成为一门科学学科，显然是断章取义的误读，忽略了"历史可以从两方面来考察，可以把它划分为自然史和人类史。但这两方面是不可分割的；只要有人存在，自然史和人类史就彼此相互制约。自然史，即所谓自然科学，我们在这里不谈；我们需要深入研究的是人类史，因为几乎整个意识形态不是曲解人类史，就是完全撇开人类史。意识形态本身只不过是这一历史的一个方面"③。

马克思着眼于历史的包容性，提出这一命题。但是，科学是一个建立在可检验的解释和对客观事物的形式、组织等进行预测基础上的有序的知识系统，只有可以进行重复实验的学科才能称为科学学科。如果说过去的都是历史，那么自然科学学科也是历史学科，这种解释忽略了历史学的基本定位——研究人类过去的学科，模糊了人文学科与自然学科的界限，使得这一命题没有实际意义。而人类历史根本无法用重复实验的手段去研究，所以从学科属性出发，历史学不可能是科学学科。

马克思所说的科学，应该是承认客观历史可以被认知，而且可以用科学的方法（这里的科学方法是指符合人文学科特点的研究方法）去认知，在这个意义上，历史学才可以被称为社会科学。列宁评价历史唯物主义为"科学的社会学""唯一的科学的历史观"，也是基于研究方法的科学性。

历史学既不是艺术学科，也不是科学学科，而是最典型的人文学科。把历史学归于艺术或自然科学，是忽视了其人文学科属性。前者容易使历史学失去可信度，后者则会使历史学沦为社会达尔文主义，成为崇尚丛林法则的国家或个人恃强凌弱的借口，会导致对生产力的绝对崇拜，进而把物质进步

---

① 瞿林东.中国史学的理论遗产［M］.北京：北京师范大学出版社，2005：1.
② 马克思恩格斯选集：第1卷［M］.北京：人民出版社，1995：66.
③ 马克思恩格斯选集：第1卷［M］.北京：人民出版社，1995：66.

作为历史发展和人类进步的唯一标准，弱化人文学科的价值观功能和调节社会矛盾的作用。如果把历史学科看成科学学科，就不会对人类历史是否不断趋于进步产生争议，因为生产力是不断进步的，所以不存在历史退步的可能。但事实是，生产力的高速发展并没有得到相应的价值认同，尤其是两次世界大战带来的人类价值贬损和技术革命带来的环境破坏，使人类的悲观情绪弥漫。当今时代，实际上是一个进步观念离场、人们谨言慎行、很少谈进步的时代，不会有人认为物理学在退步，这就是人文学科与自然科学学科的区别。价值判断既是历史学科的特点，也是它的魅力。

唯物史观是包含价值观的历史观，既秉持历史尺度，也有深切的人文关怀。"当马克思主义历史观用生产力与生产关系的矛盾运动来研究社会发展时，即强调历史的必然性，确立历史尺度时，并没有否定价值尺度、伦理尺度，而是把价值尺度、伦理尺度置于历史尺度的基础之上。"[1]第二次世界大战期间，为抗击德国法西斯，斯大林提出"落后就要挨打"的命题。这一命题作为鼓舞和激励民族自强的口号无可厚非，但不能作为历史规则。秉持历史尺度，这句话有其合理性，但从价值和伦理角度，这句话就不能被认可，这就是历史学科作为人文学科的属性所在。所以，从价值和伦理角度，我们反对把历史学科列为科学学科。新版课程标准中的"深化人与自然、人与社会等和谐发展的认识""不同文化之间要相互尊重、平等相待，加强交流互鉴，促进共同发展"等表述，也都是在突出历史学科的人文属性。

唯物史观的内涵与外延十分丰富，准确掌握唯物史观，是对历史教师提出的基本要求，也是较高的要求。教师只有具备一定的马克思主义理论修养，才能胜任历史教育教学工作。马克思主义哲学中的辩证唯物主义思想，是准确理解历史唯物主义的重要保证。也就是说，坚持唯物主义历史观，就必须坚持辩证唯物主义哲学观，这要求历史教师必须掌握辩证唯物主义哲学的基本思想和方法。

三、证据意识的养成

在当前中学历史课堂中存在着一种倾向，那就是历史知识的学习过于"迷信"历史课本，不太重视史实、史论的求证。也正因为如此，学生学习历史知识往往缺少探索、求证的环节，缺乏证据意识。一味依赖课本上呈现的历史知识不利于历史知识的学习，不利于培养学生历史思维，因此证据意识是学生学习历史需要具备的意识。这段话说得高大上，但很难落实，不够接地气。证据意识是历史学的灵魂之一，但在中学历史教学中，强调和培养证据意识，必须具体问题具体分析。从狭义的角度，历史学科的证据就是考证，更严格地说，一手史料才是真正意义上的证据。但中学师生并没有考证

---

① 杨耕.马克思主义历史观研究［M］.北京：北京师范大学出版社，2012：134.

的条件和能力。例如,《中外历史纲要(下)》第 1 课"文明的产生与早期发展"说埃及人根据尼罗河水的涨落制定了世界上第一部太阳历,中学师生没有能力考证这一说法是否正确,诸如此类的知识,就不应该成为培养学生证据意识的教学内容。但这并不是说培养证据意识就无从开展了。教师可以把证据意识的概念转换为原因意识,让学生探究埃及人制定了世界上第一部太阳历的原因,这就比较可行。学生能把埃及太阳历和尼罗河等因素联系在一起思考,培养证据意识的目的就已经达到了。

比较难以操作的问题是,有的历史教师会找出一些材料,推翻教材的说法。有时候是对同一问题有不同认识,这比较好处理,可以求同存异。例如,"20 世纪六七十年代兴起的后现代主义,对于作为现代性基石的启蒙运动大加鞭挞,指责它具有欧洲中心论、帝国主义、反女性主义等倾向,甚至声称它应对 20 世纪的极权主义、环境危机等问题负责"[①],这种观点与教材观点不构成绝对矛盾。但有些时候,因为证据来源问题,会对同一问题的叙说完全相反,就会产生一些问题。例如,《中外历史纲要(上)》第 23 课"从局部抗战到全面抗战"明确说明九一八事变后中国丢失东北三省,是国民政府对日本侵略实行不抵抗政策造成的。但不抵抗主义是张学良之过还是蒋介石之过,人们存在分歧。20 世纪 90 年代,张学良回忆这一事件,说是他下达的不抵抗命令,而不是蒋介石。如何求证究竟是谁下的不抵抗命令?对于中学师生而言,即使有证据意识,也没有求证的能力。这时,把狭义的证据意识转化为广义的原因意识、分析意识,就是深化教学和学习的最好办法。无论张学良所说的是真是假,不抵抗政策的始作俑者都是蒋介石,张学良只是执行者。教材的结论是合理的,东北三省的丢失,是南京国民政府的反动统治者对外出卖民族利益的必然。证据意识在这里的运用就是一种透过现象看本质的方法。可见,在教学中,只有将证据意识真正转化为原因分析,才有可行性。原因分析就是证据意识的体现。

需要注意的是,证据意识不等于怀疑意识。怀疑一切就等于否定历史教育,更谈不上深度学习。有充足证据时,怀疑才有依据,证据意识才成立。没有依据的怀疑,只是思维的个性化,或者别有用心,不是历史思维,更不是证据意识。

历史教师在解读教材时,也要有证据意识。例如,《中外历史纲要(上)》第 15 课"明至清中叶的经济与文化"最后一段写的是明清时期传教士来华。教材的叙述比较平实,强调这些传教士在一定范围内传播西方科学知识。对此,有人解读为,在中国古代史的尾声写西方传教士来华是有深意的,意在预示中国的近代历史即将开始。我们不反对对教材结构等进行解读,但需持之有据。关于传教士,罗志田先生的一段话对中学历史教师很有警示意义:"许多学者爱讨论中国'早期现代化'的'外发'特点,其下意

---

① 庞冠群. 后现代之后重审法国启蒙运动 [J]. 上海师范大学学报(哲学社会科学版), 2019 (1): 120–130.

识显然是把'西方'作为一个已经'早期现代化'的定量来看待。实则近代西方本身也处在不断'现代化'的进程之中，特别是与中国人接触的西方人（以传教士为最多，其次是商人），大部分是西方人中不怎么'现代化'的那一部分；这些人带来的观念，有些或反不如某些常规观念那么'现代化'；他们中有的是到中国后才开始'现代化'，有的更是从中国文化里汲取'现代化'的成分。"[1]由此看来，中学历史教师开展深度教学难度颇大，动不动就会"踩雷"。

历史教学中的证据意识，既是以证据来证明历史的意识，也包含没有证据不要轻易解读历史的意识。历史学中的"可以如何"，同时也暗示着"不可以如何"。教师给学生培养证据意识时，两者要兼顾。

历史人物评价是历史学科最为复杂也最吸引眼球的领域，历史人物评价几乎凝结着人们对历史的全部认识，是马克思主义认识论的重要内容。以唯物史观指导的历史课程，就必须运用唯物史观正确评价历史人物。评价历史人物要有标准，这个标准也是一种证据意识。

瞿林东先生提出的评价历史人物的要求与方法就非常符合唯物史观的标准，他说："同一个历史人物，为什么会有种种不同的评价？一是见识上的高下，二是资料上的丰寡，三是判断的当否，四是爱憎标准的不同。'知人论世'是评价历史人物重要的方法论之一，脱离一定的历史条件去'评价'历史人物，不可能得到正确的结论。论定历史人物的功过得失、善恶是非，一是察其言而观其行，二是看其是促进还是阻碍社会发展、历史进步。"[2]这里体现的唯物史观主要要素包括时空意识、实践观念和价值尺度，这是评价历史人物要把握的重要标准。有时空意识，才能做到"知人论世"，客观公正，不苛求不拔高历史人物；有实践观念，才能做到"察其言而观其行"，拿事实说话，不乱放空言；有价值尺度，才能挖掘历史的真善美、抵制假丑恶。同时，只有做到三位一体，才能真正客观、公正地评价历史人物。

四、价值意识的彰显

历史学科有强烈的价值观色彩，即价值意识，也是历史意识的内容之一。在五大核心素养中，家国情怀充分体现了价值意识培养目标。培养学生的价值意识，是深度学习的归宿。培养学生的家国情怀，关键是增强学生的文化自信，这是教师深度教学和学生深度学习的重要环节。文化自信是人们对自身文化价值的充分肯定、对文化发展的饱满信心、对文化取向的坚定信仰。[3]从历史上来看，文化传统是国人的情感寄托于中华民族统一与复兴的价值保证、

① 罗志田.近代中国史学十论［M］.上海：复旦大学出版社，2003：8.
② 瞿林东.关于评价历史人物的是非非［J］.湖北大学学报（哲学社会科学版），1997（2）：62-64.
③ 黄蓉生.文化自信与高校意识形态安全［N］.光明日报，2016-12-11（6）.

精神支柱。从文化传统到文化自信，是历史之发展与时代之所需。[①]

我们提倡的爱国主义，必须以文化自觉和文化自信为前提，否则就会失去爱国主义的根基。无论是历史还是现实，文化中国都无法被取代，这是已被历史也被现实反复证明过的。文化自信是最高层次的爱国主义。文化自信非文化自恋，它源于文化自觉与坚守，并在文化自省与创新中升华。文化自省的关键是准确理解民族文化特点，并用理性批判的态度加以甄别光大。若想保持道德文化不亡，就必须反省和检讨民族文化。对民族文化的反省、检讨、梳理、创新，可避免文化自信沦为文化自恋。

需要指出的是，坚持文化自信，但不可故步自封，作茧自缚。无论是文化自信还是与国际接轨，都必须是理性的，不可缘木求鱼，迷失方向，更不可涸泽而渔，自毁前程。理性不仅可以使文化自信免于异化为文化自大，还可以使开放不至于沦为崇洋媚外。

凡读本书请先具下列诸信念：

一、当信任何一国之国民，尤其是自称知识在水平线以上之国民，对其本国已往历史，应该略有所知。二、所谓对其本国已往历史略有所知者，尤必附随一种对其本国已往历史之温情与敬意。三、所谓对其本国已往历史有一种温情与敬意者，至少不会对其本国历史抱一种偏激的虚无主义。亦至少不会感到现在我们是站在已往历史最高之顶点，而将我们当身种种罪恶与弱点，一切诿卸于古人。四、当信每一国家必待其国民具备上列诸条件者比数渐多，其国家乃再有向前发展之希望。

——钱穆《国史大纲》序言

以上是钱穆对文化自信的表达和理解，中学历史教师当反复品读其中的深意。没有文化自信的历史教师群体，培育不出有文化自信的国民。历史教师肩负传承民族文化的重任，以学术自由、思想解放、方法创新为幌子诋毁民族文化，绝不该发生在历史课堂，这是爱国主义的底线，也是作为一名教师的底线。

第四节　如何开展基于史料研习的教学活动

史料是历史研究的基础和重要依据。在中学历史教学中，既要进行史料教学，也要防止史料泛滥，这是由中学历史教学和历史研究的性质、定位不同决定的。新版课程标准在课程目标中要求，"知道史料是通向历史认识的桥梁，了解史料的多种类型，掌握搜集史料的途径与方法；能够通过对史料

---

①　陈祝华，丁成际."文化自信"意涵的四个向度[J].武汉理工大学学报（社会科学版），2019（2）：19-22.

的辨析和对史料作者意图的认知，判断史料的真伪和价值，并在此过程中增强实证意识；能够从史料中提取有效信息，作为历史叙述的可靠证据，并据此提出自己的历史认识；能够以实证精神对待历史与现实问题。"这一目标对高中师生要求极高，如何落地，效果怎样，需要研究和观察。

一、史学研究史料与历史教学史料

史料的分类有多种，虽然信息技术引发了史料革命，但从史料学角度看，依然大体分为文字史料与非文字史料。这里所说的史学研究史料与历史教学史料，严格说来并不是对史料的分类。但根据中学历史教育教学的特点，却有必要作出这一区分，这源于专业历史研究与中学历史教学的差异。混淆这种区分与差异，中学历史教学便会陷入困境。当前中学历史教学中存在的种种问题与此有直接关系。一些教师把中学历史课上成历史研究课，不但超越了学生的接受能力，也不利于完成历史教学的任务和目标。在考查层面同样如此，一些历史试题根本不用掌握历史知识，直接分析史料就能正确作答，导致学生忽视历史知识的学习，根基不牢。凡此种种，都需要纠偏。教师要厘清历史研究与中学历史教学的差异，在史料教学中区分史学研究史料与历史教学史料。

史学研究史料与历史教学史料之间的关系，类似一手史料与二手史料的关系，但又不完全相同。二者的界限有时很难明确，有些一手的史学研究史料可以作为中学教学的史料，但大部分史学研究史料需要整理以后，才可以运用于中学历史教学，如《史记》和《汉书》，有人说是一手史料，有人说是二手史料，这里不予置评，但其作为史学研究史料则基本是共识；运用于中学历史教学时，有些需要整理加工，有些则可以直接使用。2021年浙江省高考历史试卷第4题，就是直接把《汉书》的内容作为史料：

《汉书》称颂汉武帝："雄材大略……虽《诗》《书》所称，何有加焉！"他在位期间（   ）。

A. 推行科举制　　　　　　　　　B. 令各郡国建立学校

C. 不改汉初的休养生息政策　　　D. 重新确立儒学为正统思想

而2021年广东省高考历史试卷第17题则是对《汉书》内容的加工整理：

作为中国共产党思想路线的"实事求是"，植根于中国优秀的传统文化。阅读材料，完成下列要求。

材料　汉武帝时，广开献书之路。河间献王好儒学，从民间收集经过秦火保留下来的《尚书》《礼记》等古文先秦旧书，经考辨将正本献给朝廷。《汉书》评价献王"修学好古，实事求是"。唐代颜师古作注解释为："务得事实，每求真是也。"与之形成对比的是，淮南王亦好书，但"所招致率多浮辩"，故颜师古说他"言无实用耳"。

——摘编自《汉书》等

思考并回答：结合材料和所学知识，概括汉武帝"广开献书之路"的背景，并简析河间献王被评价为"实事求是"的原因。

以上两例是考查环节的史料运用，在教学环节也要依据实际情况进行处理。总之，史料教学要符合学生的特点和接受能力。

除了依据学情，还要坚持立德树人的原则。中学历史教育在根本上是要培养有家国情怀的人，而不是历史学家。因此在选择史料时，要侧重价值观培育而不是学术研究，这是史学研究史料与历史教学史料之间存在差异的另一种体现。

2019 年北京市高考历史试卷第 41 题，通过一段承德避暑山庄的材料，引导学生认识中国古代国家统一、民族融合和文化交流的历史。

承德避暑山庄是中国古代皇家园林的典范，始建于清康熙年间，分山区、平原区和湖区，集北国山岳、塞外草原、江南水乡风景于一园。宫殿建筑布局多为方形，以围墙和长廊构成封闭式整体。八座庙宇围绕在避暑山庄外，呈放射状布局，如众星捧月称为"外八庙"。外八庙既有汉式传统宫殿、府邸，又有佛教庙宇，分别呈现出蒙、藏、汉的建筑风格。

思考并回答：分析避暑山庄园林建筑体现的中国传统政治和文化内涵。

乾隆三十二年六月二十九日。造办处领催段六送到太监胡世杰传旨：交到热河鹿角宝椅一分，有伤处，随红白毡二块；妆缎坐褥二件，随绢挖单一件；万壑松风前檐挂纪恩堂匾一面；青白玉双马一件，有瑕，随紫檀木座有缺……

乾隆三十二年闰七月初七日。总管太监张玉传旨：将旷观榆树挪到千尺雪补栽。赏栽树千总六员各赏银一两，兵四十八名各赏银五钱，共银三十两。钦此。

第一段材料是明显的历史教学史料，而且有强烈的家国情怀色彩。第二段史料选自《热河避暑山庄奏档》抄本，属于典型的史学研究史料，对于史学研究有重要意义，但对于中学历史教育，意义就会打折扣，不如前段材料有教育价值。

还需要注意的是，历史教学史料要源于史学研究史料。大部分中学历史教师不具备搜集和整理第一手史料的主客观条件，所选用的史料基本都是专业历史学者整理的。一些教师在备课或命题时，到处搜集所谓的新史料，这可能是一个误区。求新不是坏事，但要注重实用性，要看所选史料是否有助于讲解知识点。新史料有新史料的作用，旧史料有旧史料的价值，有时新旧史料之间并非泾渭分明，可能我们认为的新史料，只是认识论上的新史料，而不是文献学意义上的新史料。"所谓新史料，主要是指在某个研究领域以往未曾发现或使用的史料，这是在比较狭义上说的，也是学术界比较普遍使用的含义。……对于理解历史而言，新旧史料之间，不存在一道不可逾越的鸿沟。"[1]对于中学历史教师来说，掌握未曾发现或使用的史料的可能性极

---

① 赵世瑜.旧史料与新解读：对区域社会史研究的再反思［J］.浙江社会科学，2012（10）：125–131，160.

低，而找到的所谓的新史料也可能只是人们对以往史料的新解读、新认识。这就转变为历史观和认识论的选择，史料的客观性往往转变为事实上的主观性。而对于历史观和认识论的选择，就必须回到历史学科核心素养上，至少不能违背核心素养，尤其是唯物史观，毕竟诸多招摇过市的新史观、新认识很多时候是唯心主义的。唯物主义是朴素的，一目了然；唯心史观则是花哨的，难于分辨。这也提醒我们，在选择历史教学史料时要进行甄别。

二、教学活动中的史料筛选与甄别

从历史学的学科特点和当前历史教学的趋势看，无论是在教学环节还是在考查环节，史料都是中学教师无法回避的。作为课堂的主导者，教师运用史料的前提是选择史料，好的史料是课堂成功的一半。课程标准和教材无法指导教师具体选择哪些史料，所以历史教师必须具备筛选和甄别史料的意识与能力。

（一）不可使用的史料

历史学家面对浩如烟海的史料也常常迷茫，甚至不知所措，何况中学历史教师。因此，中学历史教师在筛选和甄别史料时要先画红线，明确哪些史料一定不可使用，在无法判断时，宁可只用教材史料，把教材讲透，也不可触碰红线。

1. 违反国家大政方针和教育理念的史料不可使用

具体来说，就是所选史料不能违背课程标准的相关规定。例如，课程标准前言引用习近平总书记在全国教育大会上的讲话，强调"要在党的坚强领导下，全面贯彻党的教育方针，坚持马克思主义指导地位，坚持中国特色社会主义教育发展道路，坚持社会主义办学方向，立足基本国情，遵循教育规律，坚持改革创新"，教师在筛选和甄别史料时不能违背这些原则。有些历史教师选取的史料不符合中国国情，最后还要强行得出历史结论，这就是违背课程标准的行为。

2. 有历史虚无主义倾向的材料不能选

历史教育是接续家国情怀的主阵地。爱国主义和文化自信是家国情怀的基本呈现方式。弘扬家国情怀，必须警惕和抵制历史虚无主义。时常有老师抱怨历史教材观点滞后，这要做客观分析。有人说辛亥革命史研究得差不多了，很难再深入。针对这种说法，辛亥革命史研究专家章开沅先生说："说它对，是因为经过近几年来中外学者的共同努力，辛亥革命史研究的起点确实比过去高得多，要想更上一层楼就得费很大的力气。……说它不对，是因为辛亥革命史研究，从总体上看，还远远没有达到完全成熟的水平。"[1]这

---

① 章开沅．章开沅演讲访谈录［M］．武汉：华中师范大学出版社，2009：212.

是理性认识，历史研究每前进一步都很难。但是，对于那些基于历史虚无主义目的提出的问题，就要予以警惕。

3. 违背科学性的史料不能选

关于史料的科学性，有些容易鉴别，如一些自媒体不负责任的言论等，就是不科学的史料。而有些就比较难鉴别，如在西方中心论盛行的影响下，一些人用西方的历史观察中国，在中国史料中，选择只言片语比附西方，这样的史料即使真实存在，在使用者那里也是以反科学的面目出现的，比较典型的是关于明清资本主义萌芽问题。何兆武先生说："历史学界热衷于寻找中国资本主义萌芽，西方有资本主义，中国也非要有资本主义不可吗？这不是研究历史，而是想化解心理上的疙瘩，——中国也得有资本主义，至少是萌芽。我觉得这是心理学问题，而不是历史学的问题……"[①]同样，在解释中国历史问题时，也有人喜欢引用西方史料否定中国历史特色，进而又陷入历史虚无主义的深渊。例如，有人以古希腊为标准，给科学下定义，进而否定中国古代存在科学。这是违背科学性的。

（二）选择史料的原则

1. 确有需要

史料是历史研究的必须，但不是历史教学的必须，要防止唯史料、无史料不上课的倾向。有些知识，直接讲解教材即可。对于中学师生来说，教材才是最权威的史料。例如，第一次世界大战后，意大利、德国和日本产生了法西斯组织，这是历史定论，直接让学生掌握教材内容即可，不必进行史料教学。对于需要深入解读的知识，如果教师素养较高，也可以直接讲授和分析，如对王安石变法的评价等。对于需要深入探究且超出教师知识和能力范围的知识，可以借助史料，让史料说话。当然这都是相对而言的，对一些教师陌生的知识，对另一些教师可能就很熟悉，所以要具体问题具体分析。

2. 来源权威

史料教学必须确保史料来源的权威性。对于中学历史教师而言，最权威的史料是教材及教材所选的史料。如果教材内容或各栏目所用史料能够支撑课堂史料教学，就不建议教师四处搜集史料，只要把教材中的史料用足用好即可。例如，《中外历史纲要（下）》第2课"古代世界的帝国与文明的交流"的"历史纵横"栏目提供的关于古代罗马奴隶起义的一段史料，对学生理解古罗马的奴隶制很有帮助，教师自行搜寻的史料不一定较之更好。权威的另一种含义是，出自权威著作的史料不一定权威。例如，《史记》是正史，在历史学中，无疑属于权威著作，但是《史记》中的一些内容早已为人诟病，直接引用显然不能算权威史料。在这种情况下，历史学家们对《史记》的研究与解读无疑更权威。至于哪些是权威的研究结论，历史教师要用

---

① 何兆武. 何兆武思想文化随笔［M］. 北京：科学出版社，2012：3.

心甄别。此外，历年高考试题所用的史料，大多是专家学者深思熟虑的选择，可以作为中学历史教学的权威史料。总体来看，中学历史教学不适合选用原始史料，那些经过整理的史料更有权威性。当然，这不是绝对的，有些原始史料反而更有权威性，如《中华民国临时约法》和英国的《权利法案》等。

3. 符合学生身心特点

有些史料看起来高大上，但超越了中学生的理解能力，要慎重、科学地选择。例如，20 世纪末，上海博物馆从香港文物市场购回 1 000 多枚战国楚简（后简称"上博简"），其中绝大部分为先秦佚籍，其珍贵程度不言而喻。但把古奥难解的简文直接作为史料用于中学历史教学显然超越了学生的理解能力。又如，康德的认识论巨著《纯粹理性批判》，内容繁杂，很难直接作为中学历史教学史料。教师在选择史料时，要对学生的接受能力和认知水平有准确估计。否则，史料教学只能流于形式，收效甚微。

三、基于史料研习的学生探究活动

探究学习是外来品，起源于 20 世纪 60 年代的美国，是指学生在主动参与的前提下，根据自己的猜想或假设，在科学理论指导下，运用科学的方法对问题进行研究，在研究过程中获得创新实践能力、获得思维发展，进而自主构建知识体系的一种学习方式。对于历史学而言，探究学习并不是新鲜事物，中国传统史学从未中断探究活动，如对于长城、大运河、郡县制与王朝兴衰关系的长时段研究与争论等。新版课程标准在基本理念中指出，在课程实施上，进一步改进教学方式、学习方式和评价机制，将教、学、评有机结合，促进学生的自主学习、合作学习和探究学习，提高实践能力，培养创新精神。这对探究学习作了明确要求。探究学习有个大前提，即学生主动参与。如果学生没有主动参与，探究过程就会流于形式。高中历史教学，课时少，内容多，基本不具备严格的探究学习条件，至少在时间上不允许。探究学习需要一些支持性的物质条件，但在某些地区难以实现，如学生缺乏足够的探究时间，学校或地方图书资料匮乏，班级人数较多等。在目前状况下，推行完全的、由学生独立自主进行的自由探究学习有诸多的困难。[①]但简单的、随机的探究学习活动还是可以开展的。

历史课的探究学习，在本质上是思想交锋，研究结论往往是多元化的。至于有学者认为探究学习以史料为核心，则要具体问题具体分析。一种情况是直接给学生命题，学生自己搜集材料，如探究秦朝短命是历史的必然还是偶然、第二次世界大战是否可以避免等。另一种情况，也是目前教育生态下普遍的情况，即探究活动离不开史料，史料成为探究学习的核心。

至于哪些史料适合探究活动，教师要精挑细选。所选史料要有历史感和时代意义，要能激发学生的学习兴趣，三者缺一不可。所谓历史感，是指所选史料要叙述重大的或者有标志性意义的历史事件，而不是野史杂谈、街谈巷议的毫无历史依据的事件或者没有太多研究价值的历史事件。历史学是鉴古训今的学科，没有现实的借鉴意义，历史学的价值就会大打折扣，其教育意义就会丧失，从某种意义上说，历史学是一门立足于现实的关于价值判断的科学。①中国社科院世界历史所于沛说："'史不可亡'，它是民族灵魂的具体内容之一，中华民族的历史记忆从来不曾中断。加强中华民族的凝聚力，不能离开对民族历史的系统认识和科学理解。歪曲、丑化、否定中华民族特别是中国共产党领导中国人民争取自由、独立、解放，以及进行社会主义革命和建设的历史，宣扬历史虚无主义，与弘扬民族精神，建设社会主义核心价值体系完全背道而驰。"如果所选史料对学生毫无吸引力，这样的史料最好不要用于探究学习，学生很难会主动参与、自主学习毫无兴趣的话题。此外，作为探究学习的史料，最好选择加工过的史料。加工过的史料有加工者的思维痕迹，自带问题和价值取向，在无形中给学生提供了探究话题。例如，下面两则史料就比较适合探究学习。

　　亚洲的命运，尤其中国的命运，不会由欧洲列强来决定。1912 年，中华民国的成立是另一个预兆，其重大意义由于随后 30 年间发生的内战和内部衰落状况而被掩盖。

　　　　　　　　——《新编剑桥世界近代史·世界力量对比的变化 1898—1945》

教师可以给出探究话题：针对材料观点探究辛亥革命的历史意义。

　　辜鸿铭先生尝讥西洋，不是教会僧侣借上帝威权吓人（中古），便是国家军警以法律管制人（近代），离斯二者，虽兄弟比邻不能安处。（辜先生原著以英文德文写成，刊于欧战之后，以示西人。此据《东西文化及其哲学》附录辗转引来。）

　　　　　　　　　　　　　　　　　　——梁漱溟《中国文化要义》

教师可以给出探究话题：结合辜鸿铭对西方的评价，探究西方文明的本质。

　　历史虚无主义无孔不入，这是探究教学选用史料时需要警惕的。探究教学是开放性的，但思想的开放和结论的开放要有原则和底线，忽视底线思维，就会进入历史虚无主义的陷阱。

四、课堂史料研习与课外史料阅读

　　所谓课堂史料研习，就是利用和解读教材提供的史料。史料可分为大史料和小史料，从文献角度，所有叙述和分析历史的文字都是史料，这就是大史料。例如，《史记》对司马迁而言是历史叙述和历史阐释，对今天的

---

① 石嘉. 历史学不能没有价值判断［N］. 中国青年报，2007-12-16（2）.

我们来说就是史料。以教材为例，对教材编写者而言，正文是历史阐述和历史分析，但对师生来讲，那就是大史料。而教材中的"学思之窗""史料阅读""历史纵横""探究与拓展"等栏目提供的有出处的未经加工的史料，才被认为是史料，这些都是小史料。

在课堂史料研习环节，要有大史料的概念，不但把小栏目的内容作为史料，把教材的一部分正文也要作为史料。例如，《中外历史纲要（下）》第6课"全球航路的开辟"第一目有这样的叙述：

从13世纪开始，伊比利亚半岛的居民就尝试从大西洋中的马德拉群岛、加那利群岛等岛屿获取木材、粮食和糖等资源。他们不断取得成功，迈向海洋的步伐随之加快。

这段正文实际上就是史料。仔细品味，一些公开课和史料试题采用的史料，大多是类似的行文。在教学过程中，对类似的史料，也要适当进行分析。例如，有的学生对伊比利亚半岛、马德拉群岛、加那利群岛没有地理概念，就有必要用地图对此进行解读，以加深学生的理解。

对小专栏中的史料要分层对待，要视教材重难点而定。结合新版课程标准的相关要求，本课重点研习的史料应是"史料阅读"选用的哥伦布《航海日记》、"学思之窗"涉及的西班牙国王和麦哲伦等人订立的关于发现香料群岛的协定和"学习拓展"关于马克思和恩格斯对世界历史形成的论述。这三则史料有内容可挖掘，有利于培养学生的唯物史观和时空观念等核心素养。而"历史纵横"所选的"麦哲伦船队在太平洋上的艰苦生活"相对容易理解，可让学生自行阅读。

现在流行在课堂上进行课外史料阅读，似乎一节课没有涉及课外史料阅读，就是低水平的课。这是一种误区，必须要纠正。如果教材提供的史料，经过深入挖掘，能够满足课程标准提出的要求，完全没有必要引入课外史料。如前文所述，教师搜集到的课外史料很可能不如教材提供的史料权威、贴切，教学效果很难超过教材史料。对于有些难点知识，教材没有提供史料，这时候有必要引入课外史料。例如，本课第三目"其他新航路的开辟"中关于西欧人探寻南半球新世界的一段，教材地图中有所体现，难度不大，无须引入课外史料。而对于本目"这些航海探险，进一步丰富了人类的地理知识"这一表述，学生不易理解，教材也没有提供相关史料，教师可以选择课外史料，加深学生的认识和理解。

地球表面只有两种最基本的自然物质形式，即陆地和水域。地理发现最基本、最主要的内容和任务便是查明和了解地球表面两种最基本的物质形式。

学术界往往把地理发现的途径只理解为航海，这是不全面的。地理发现的途径也包括陆上的跋涉和探险。如巴尔波亚发现"大南海"，钱姆普林发现五大湖区，俄国人发现北亚等。当然，航海探险是地理发现的第一途径，陆上探险则是处于第二位的地理发现途径。

学术界一般把发现的成果仅理解为大片陆地，这个认识是片面的。地理发现的成果除了大片陆地外，还应包括大片水域，如发现北冰洋、太平洋、北美五大湖等。

——张箭《地理大发现新论》

类似这样的史料有助于学生理解航海探险丰富了人类的地理知识，可以选用。

需要特别强调的是，课外史料的选择要重视高考试题所用史料。这些史料来源的权威性、内容的深刻性和素养考查的精准性，大多经得住考验，是大浪淘沙后的精华。

英国作家笛福创作的小说《鲁滨孙漂流记》出版于1719年，其中许多情节反映了世界近代早期的重大历史现象。小说梗概如下：

鲁滨孙出生于英国一个生活优裕的商人家庭，渴望航海冒险。他在巴西开办了种植园，看到当地缺少劳动力，转而去非洲贩卖黑奴。在一次航海途中，鲁滨孙遇险漂流到一座荒岛上。他凭借自己的智慧和力量，制造工具，种植谷物，驯养动物，经过十多年，生活居然"过得很富裕"。

后来，鲁滨孙救出一个濒临被杀的"野人"，岛上居民也有所增加，整个小岛是他的个人财产。鲁滨孙获救回国后，还去"视察"过他的领地。

上述史料出自2018年全国卷Ⅰ第42题，对学生理解近代西欧殖民扩张及其影响大有裨益，很适合作为本单元的课外史料。

"史料的范围几乎无所不包，文字形态的史籍、文集、诗歌、议论，实物形态的文物、器物、遗址，社会现存的民俗生活、追忆口述等等，均可能成为很有价值的史料。"[1]教材严肃有余、活泼不足，引入课外史料在一定程度上可弥补这一缺憾。学生在历史课堂上能够接触到实物形态的文物、器物或民俗生活、追忆口述等，无疑会提高对历史课的兴趣，加深对历史事件的印象，拓展对历史理解的广度和深度。

"史料学已经进入一个新的历史时代，在相当长的一段时间内，应对'史料革命'的影响和冲击仍然是史料学面对的主要课题，需要学界开展进一步深入的研究。"[2]在历史学界，史料和史料学是永恒话题，中学历史教师要通过各种途径关注其研究动向，夯实史料教学内功，以提高自身的学术和教学水平。

---

① 乔治忠.对"史料学"、历史文献学与史学史关系的探析［J］.学术研究，2009（9）：94-100.
② 刘萍."史料革命"：近十年来的史料学研究及反思［J］.北方论丛，2021（5）：43-53.

第五节　如何进行历史阅读教学

囿于课程与教学视域的局限性，我国中小学生阅读素养的培养长期被定格于语文学科教育。目前，我国中学历史教学基本未能认识到历史阅读是解决有效教学问题的一把钥匙，所涉及的历史阅读教学也大多停留在低阶学习、低阶思维和低阶能力的层次上，难以有效促进学生高阶思维能力的发展，也难以有效塑造学生适应社会发展所需要的历史学科核心素养。阅读是人类特有的最普遍最持久的学习方式，是观察、分析、思维等高层次能力的基础。学生的智能发展，则取决于良好的阅读能力。历史学科是培养学生阅读素养的重要载体，历史阅读素养的培养是历史学科教育不可忽视的重要任务，是发展学生历史学科核心素养的重要基础。新版课程标准指出：教师应鼓励学生充分发挥自己的主观能动性，促进学生进行拓展性的深度阅读，开展对问题的积极思考和广泛探讨。史料研读课程重在对学生的历史阅读理解能力的培养，教师教学要以开展学生历史阅读活动为主，将课堂学习与课外阅读活动有机结合，引导学生进行"深度阅读"。

一、历史阅读能力的内涵

阅读是运用语言文字获取信息、认识世界、发展思维、获得审美体验的重要途径。阅读素养主要是指个体为了实现个人发展目标，增长知识、发展潜力，以及为了参与社会生活而有效地寻求信息、理解使用和反思文本的能力。[1]阅读既是信息提取的过程，也是意义获得的过程。因此，阅读至少有三个层次的意蕴：一是从材料、文本或信息中获取信息，明确材料、文本或信息是什么；二是从材料、文本或信息中提出问题，即问题的生成；三是使提出的问题得到回答，即问题的解决。关于阅读能力系统的内容，国际学生评估项目（PISA）将之分为"访问和检索""整合和解释""反思和评价"三种类型，美国国家教育进展评估（NAEP）则从"寻找/回忆""整合/阐释""批判/评价"三个维度进行分类，我国的一些学者则进一步将之划分为复述、解释、重整、伸展、评鉴、创意等层面。[2]可以看到，虽然阅读能力系统内容的划分存在较大差异，但无不重视整合、解释（阐释）、运用、评价、批判、创意等高阶思维能力的发展。

---

① 何立新，王雁玲.阅读素养的教学逻辑与变革策略［J］.中国教育学刊，2017（4）：71-76.
② 祝新华.教育质量标准体系中学生语文能力等级描述的研制策略［J］.课程·教材·教法，2014，34（3）：49-55.

作为基础的人文学科，历史教育重在将历史知识、历史思维、历史方法、历史视野、历史意识等作用于养成学生的人文性和发展学生健全的人格。高中历史课程旨在拓宽学生视野，发展历史思维，提高历史学科核心素养，为学生未来的学习、工作与生活打下基础。这表明，历史阅读不仅有着一般阅读的共性特征，更具有鲜明的学科特性，它不同于语文等其他学科的阅读。那么，历史阅读能力是什么呢？研究者指出，历史阅读能力是个体在一般阅读能力和已建构的历史知识基础上，借助多种途径，对阅读材料理解、分析，以获得新知识并且能够运用历史知识解决问题的基本能力。

如前文所述，历史阅读能力的发展既是历史信息获取的过程，也是历史意义获得的过程。新版课程标准所强调的"深度阅读"，就是不仅要获取信息，还要获得"意义"。深度阅读包含对材料、文本或信息进行提取、筛选、理解、判断、运用的能力。作为一种独特的心理认知过程和个性心理特征，历史阅读能力呈现出如下特性：其一，以语言运用为条件，以一定的历史知识和一般阅读能力为前提；其二，具有相对稳定性；其三，不同个体的阅读能力存在差异性；其四，具有鲜明的指向性，即阅读能力水平需要通过阅读活动来养成与检验；其五，具有发展性或可变性。

二、历史阅读能力的要素与结构

历史阅读能力是一种综合能力，包括多种构成要素和不同层次的具体能力。就构成要素而言，历史阅读主要涉及历史阅读主体、历史阅读客体和历史阅读本体三大要素。历史阅读主体即学生，学生成为真正意义上的历史阅读主体，需要兼备三个条件，即有历史阅读欲望、具备一定阅读能力和从事历史阅读活动。历史阅读客体即作为阅读主体的学生在一定的情境下采取一定的手段所指向的对象，包括阅读对象、阅读环境、阅读时间和阅读工具等。历史阅读的对象是历史阅读客体中的第一要素，在历史教学中主要指以文字为主体符号、固定在一定物质载体上并为学生所阅读的历史资料，如文献、实物、图像、音像等史料。历史阅读具有本体地位，基于阅读本体论的认识，我们认为历史阅读是物质过程与精神过程的统一、心理活动和生理活动的统一，既是智力活动也是操作技能，既是吸收也是倾吐，既是个人行为也是社会活动，既是现实行为也是历史记录。

历史阅读能力系统主要包括历史信息的获取与筛选能力、理解与解释能力、整合与判断能力、运用与创新能力。其一，历史信息的获取与筛选能力，一方面是在已有历史知识的基础上，明确不同史料、文本的中心思想和主要信息，认识其与已有知识间的区别与联系；另一方面，是对历史资料或文本中有用信息的筛选能力，即对文本内容（主要信息、次要信息、冗余信息或显性知识信息、隐性知识信息）的判断、挖掘与取舍。它始于阅读准备阶段，贯穿于阅读感知、理解、诠释、运用、评价等阶段中，标示着阅读能力走向成熟，是提高阅读效率的必要基础。其二，理解与解释能力，指在阅读过程中运用各种思维活动，确定文本及所涉及的重要概念的含义，并描述文本如何呈现信息。它贯穿于整个阅读过程的始终，渗透在感知、理解、诠释、运用、评价、研读的各个阅读层级中，阅读质量的高低取决于理解思考的深度与广度。其三，整合与判断能力，即把已掌握的历史文本与信息进行系统整合，包括视觉信息与其他文本信息，在文本中区分事实、观点和合理的判断，分析主题下不同性质和层次史料之间的关系等，进一步形成对问题更全面、丰富的解释。其四，运用与创新能力，即运用已获得的知识、技能和思维方法，在历史和现实中发掘和生成新问题，探寻新的解决办法，并产生新的思维成果的一种动态的个性心理特征。

三、历史阅读能力培养的策略

历史阅读的心理过程并非是对历史材料的简单"识读"或"解读"过程，也并非各种技能、能力的简单累积过程，而是历史阅读能力的获得过程和历史意义的生成过程。根据历史阅读的主体从历史阅读对象文本的内容与形式中获取、处理和表述信息及感受的过程及行为特质，可将历史阅读能力概括为"辨识与提取""理解与解释""整合与判断""运用与创新"四种类型，它们之间既具有相对独立性，又具有渐进性逻辑关系。四类历史阅读能力，可以实现学生良好历史阅读习惯的养成，促进学生历史阅读思维的进阶、历史阅读能力的升华和历史阅读素养的生成。

（一）辨识与提取：历史阅读习惯的养成

根据课题学习需求，辨别、认识阅读文本中的关键信息并加以梳理、提炼，是历史阅读教学的基础程序。基于历史阅读在信息的获取、辨别、认识、梳理和提炼能力上的要求，历史阅读教学可以引导学生在真实（准真实）问题情境之中，以多个文本显性或隐性信息的"辨识与提取"为突破口，培养学生良好的阅读习惯。将历史阅读放到问题情境之中的关键，是将直白、平淡的书本知识改造设计成鲜活、灵活且具有一定挑战性的真实（准真实）问题，其实质是让学生在解决问题的过程中阅读。以问题引领作为展开阅读教学的切入点，教师需要在分析教学内容的基础上，结合教学内容的逻辑层次，设置学生需要在阅读过程中解决的有层次性的问题。

问题情境导向下的"辨识与提取"需要培养学生利用相关、相似和相反的联想，在多个文本间建立文本内涵和言语形式联结的习惯；也需要培养紧扣问题、多方感受、显隐发微、分类梳理的习惯。[1]唯有如此，学生才能

---

① 何立新，王雁玲.阅读素养的教学逻辑与变革策略［J］.中国教育学刊，2017（4）：71-76.

发现多种文本间或显性或隐性的历史信息，才能根据问题解决需要进行定向归纳和概括，获得文本的中心思想和主要信息，概括文本有别于此前的知识与观点，在相关过程性描述文本中确定关键步骤。并且，问题情境导向下的"辨识与提取"还应注重培养学生全面认识历史材料的习惯，即在关注文本"说什么"的基础上，进一步延伸到"何时何地说"和"为何如此说"。这种全面的阅读习惯的培养甚为重要，它已经突破了单一化、碎片化的低阶思维活动与方式，进入多元、立体的高阶思维行为与活动中，是历史阅读素养提升的基础条件。

一位教师曾根据学生的兴趣及发展需要综合确定了"唐太宗纵囚"这一阅读主题，并围绕这一主题精选了5则阅读材料，设计了5个问题引导学生阅读、思考。

材料1　（贞观六年）十二月辛未，（太宗）亲录囚徒，归死罪者二百九十人于家，令明年秋末就刑。其后应期毕至，诏悉原之。

——（后晋）刘昫等《旧唐书》

材料2　（贞观）六年，亲录囚徒，闵死罪者三百九十人，纵之还家，期以明年秋即刑；及期，囚皆诣朝堂，无后者，太宗嘉其诚信，悉原之。

——（宋）欧阳修、宋祁等《新唐书》

材料3　是岁（贞观四年），天下断狱，死罪者二十九人，号称太平。此高祖、太宗致治之大略，及其成效如此。

——（宋）欧阳修、宋祁等《新唐书》

材料4　信义行于君子，而刑戮施于小人。刑入于死者，乃罪大恶极，此又小人之尤甚者也。宁以义死，不苟幸生，而视死如归，此又君子之尤难者也。方唐太宗之六年，录大辟囚三百余人，纵使还家，约其自归以就死。是以君子之难能，期小人之尤者以必能也。其囚及期，而卒自归无后者。是君子之所难，而小人之所易也。此岂近于人情哉？

——（宋）欧阳修《纵囚论》

材料5　或曰：罪大恶极，诚小人矣；及施恩德以临之，可使变而为君子。盖恩德入人之深，而移人之速，有如是者矣。曰：太宗之为此，所以求此名也。然安知夫纵之去也，不意其必来以冀免，所以纵之乎？又安知夫被纵而去也，不意其自归而必获免，所以复来乎？夫意其必来而纵之，是上贼下之情也；意其必免而复来，是下贼上之心也。吾见上下交相贼以成此名也，乌有所谓施恩德与夫知信义者哉？

——（宋）欧阳修《纵囚论》

（1）材料1、2记载的是同一件事，请简要介绍一下。

（2）材料1、2对同一件事的叙述有无差异？若有，请指出。

（3）阅读材料3后，对前两则材料有无新的认识？若有，请简要说明。

（4）材料4提出了怎样的质疑？你是否赞同？若不赞同，请说明理由。

（5）材料5提出了怎样的质疑？你是否赞同？若不赞同，请说明理由。

案例分析：

欧阳修的质疑有两个基点：一是普遍的常规情理，二是太宗的既往行为。死囚如期返回受刑，无一例外，确实异于常理，况且李世民又有不光彩的历史。李世民即位前发生过"玄武门之变"。对此，《旧唐书》载，"秦王以皇太子建成与齐王元吉同谋害己，率兵诛之"，即李世民出于自卫，被迫动手；而《新唐书》载，"秦王世民杀皇太子建成、齐王元吉"，即李世民除掉同胞，成功上位。后世的研究者多认为，唐太宗为美化过去而篡改历史。因此《纵囚论》认定：唐太宗为美化形象而策划纵囚。

弑兄杀弟的阴影挥之不去，"贞观之治"与宫廷政变不无关联，唐太宗为证明自己的能力而励精图治，这种解释也具有合理性。鉴于贞观初年的政治生态，加之太宗本人的政治智慧，纵囚可能有着深层次意图，因此应考察其背后的政治意图与历史逻辑。如果从追求德政与教化的角度来看，或许可以理解唐太宗此举的价值。

当然，这些都是推测，《纵囚论》也未提供相应证据。史学强调"言必有据""无证不信"。仅以贞观四年全国死囚数为凭，虽说无意证据的价值很大，但这只是一个旁证，毕竟"孤证难立"，至今尚无确证说明太宗"纵囚"系"伪作"。但从培养学生历史阅读习惯与史证意识的角度来看，这个思考过程就很有意义。[①]

（二）理解与解释：历史阅读思维的进阶

历史阅读思维的提升需要学会"理解"。阅读理解能力是历史阅读能力的关键层次，包括字面理解、浅层理解和深层理解三个层面。它要求学生在阅读中恰当地运用时序技能或养成时间意识、领悟延续与变迁以及历史现象的因果联系等，旨在确定文本及所涉及的重要概念的含义，并描述文本如何呈现信息。历史阅读教学既要让学生将想象置于特定的时空条件之下，将自己投射到历史之中，进入历史的情境、历史的时间和历史的空间，然后由此想象当时可能发生的一切，进行切身理解；也要学生学会对历史材料进行精加工处理，运用概括、比较、说明等方法对基本知识进行横向与纵向挖掘。

历史阅读思维的提升需要学会"解释"。历史解释以史料为依据，以历史理解为基础，包括理解材料中关于时序的不同表述（能从不同时序的表述中确定历史事物）；理解材料中的史实，并能从对应的史观的角度描述史实；能够根据阅读材料描述历史事实，理解、解释历史事实所体现的历史观点等。[②]历史阅读中的解释能力进一步强调历史分析能力（如应用历史评判工具和方法），旨在从来源、性质和目的等方面分辨不同的历史解释，分析形成不同解释的多种原因。因此，在历史阅读学习活动中应注意以下几点：

① 沈为慧.指向史料实证的历史阅读教学［J］.历史教学（上半月刊），2020（7）：35-40.
② 陈德运.美国《州共同核心标准》中的历史阅读素养［J］.中学历史教学参考，2021（7）：24-32.

其一，历史阅读中的历史解释必须以史料为依据，注重对史料的整理、甄别与互证，评估各种行为、事件的解释，确定哪些解释最符合史料证据，指出史料中不明确之处。其二，解释可以有多种呈现方式，但都必须符合历史发展的自身逻辑，因而要准确地掌握基本史实，才能进行深入的理解与进一步的分析和解释。其三，解释不是对史实进行碎片化的解构，而是通过想象、推理等思维活动，构建历史的完整图景。其四，解释指向运用与社会实践，强调学生在尽可能占有史料的基础上，通过历史阅读验证以往的观点或在历史与现实生活中进一步提出新的解释。①

（三）整合与判断：历史阅读能力的升华

历史知识是一个富有组织结构的整体性存在，离开知识的整体结构，任何知识都会失去其完整意义和深层力量。历史阅读中的整合，强调知识与观点的整合，即学生在连续的整体中去建构知识、形成"组块"的过程和行为。在阅读过程中，阅读主体有意识地将许多零散的信息单元整合成一个有更大意义的信息单位，并贮存在大脑中，这种心理活动称为"组块"。②因此，在历史阅读教学中，要引导学生整合和评估不同文本载体（包括文献、实物、图像、音像等）所呈现的历史内容，描述和评估文本中的论点和特定主张，包括论证的有效性和论据的相关性、充分性，进而在一个连续的整体中去建构历史知识与观点、沟通知识与知识、观点与观点之间的纵横联系，将庞杂、零散而且低位和浅表的知识与观点逐渐转变为具有关联结构、抽象扩展结构的历史知识与观点，推动学生整体认知与深度理解，实现信息的有意义整合，最终使整合的信息能够适应更大范围和更高层次问题情境，与历史学科核心素养的整体生成逻辑实现同构。历史阅读中的整合是具有关键意义的特质过程，是学生高阶思维发展、高品位阅读素养得以生成的关键行为。

阅读的过程就是主体唤醒、智慧生成的过程。学生主体意识的觉悟、历史智慧的发展，必须以判断能力的提升为基础。历史阅读教学可在"理解与解释"的基础上，引导学生基于其已有的知识和经验，对不同历史材料所蕴含的知识、观点、思想与情感，以及作者使用的方法、文本表达形式等，进行比较、分析与判断，即自求因果，自行关系，辨别真伪，从而合理断裁史事之性质。

（四）运用与创新：历史阅读素养的生成

历史教学的本质是探究，探究指向知识的生成与生长，探究的过程就是

---

①　张玲俐，鲁东海．历史解释的结构与功用：以"四大发明"的教学为例［J］．教学月刊·中学版（教学参考），2019（12）：56–60.

②　薛法根．言语智慧教学：基于组块的阅读教学策略［J］．江苏教育，2009（34）：24–28.

使非生命载体的知识向生命载体的知识转化的过程。[1]只有当学生面对新的应用情境时，才能更好地展示其理解能力。因此，历史阅读不仅要解决文本"说什么""何时何地说""为何如此说"的问题，更要解决"如何运用并充分运用其价值和意义"的问题，围绕选择与运用技能、能力展开和深入，最终实现历史阅读素养的创生。[2]

历史阅读能力具有发展性，历史阅读能力系统缺乏运用便会丢失意义与价值。历史阅读中的运用能力主要指运用所学知识提出问题、解决问题的能力以及知识迁移能力。历史阅读教学要为学生创造运用情境，引导学生有意识地在阅读中运用知识，并将从阅读中获得的知识运用到其他情境。换言之，就是要在教学中引导学生将在不同文本的比较阅读中获取的概念、原理、结论、思想、规律、方法等，应用到新的历史实践活动及场景中，以期解决实际问题。历史阅读教学还需要创新，即运用在不同文本比较阅读中建构的历史认识、历史规律、历史趋势与历史方法等，开展新的历史材料拓展阅读，并形成新的意义建构；或通过阅读历史材料形成思想观点、思维方法和历史证据等方面的意义建构，尝试验证已有的结论或提出新的认识。

"辨识与提取""理解与解释""整合与判断""运用与创新"四种特殊阅读能力一致指向学生高阶历史阅读思维能力的发展、完整历史阅读素养的生成和历史学科核心素养的全面发展，具有历史阅读所特有的行为特质和阶段特征。综合培养学生这四类历史阅读能力，是实现历史阅读素养教学的重要方法和途径。

● 思考与讨论

* 在教学过程中，应如何处理课程标准和教材的关系？怎样灵活运用初中教材化解高中教学课时不足的难题？

* 如何确保历史情境教学的权威性、科学性？历史教学应怎样避免历史虚无主义？

* 什么是历史意识？如何培养学生的历史意识？

* 史学研究史料与历史教学史料有何异同？在历史教学过程中应如何甄别、运用史料？

* 什么是历史阅读？为什么说"辨识与提取""理解与解释""整合与判断""运用与创新"具有历史阅读所特有的行为特质和阶段特征？

---

[1]　赵亚夫.中学历史教育学［M］.北京：北京师范大学出版社，2019：200-201.

[2]　赵亚夫.中学历史教育学［M］.北京：北京师范大学出版社，2019：194-195.

后　　记

　　本书为四川师范大学博士生导师陈辉教授主持的国家社科基金项目"改革开放 40 年来我国历史教科书国家认同建构"的研究成果之一。

　　参与本书编写的作者有高校课程与教学论教师和中学一线教师。本书编写分工如下：绪言，李松林（四川师范大学）；第一章，陈辉（四川师范大学）、马云飞（四川省教育科学研究院）；第二章，王本书（成都华阳中学）；第三章，刘松柏、何成荣、李桦（四川师范大学附属中学）；第四章，梁晓东（成都嘉祥教育科学研究院）；第五章，黄勇（四川省教育科学研究院）、任卫东（成都棠湖外国语学校）；第六章，张华中（江苏苏州高新区教育局教育发展中心）、张程远（江苏昆山市第一中学）、杨友红（四川师范大学）。

　　本书得以出版，特别感谢李松林教授参与撰稿，特别感谢高等教育出版社为本书的最终出版所做的编辑工作。

　　本书由主编陈辉修改、统稿并定稿。由于编者水平有限，书中难免存在不足之处，恳请读者和同行专家批评指正。

编者

2023 年 2 月

郑重声明

高等教育出版社依法对本书享有专有出版权。任何未经许可的复制、销售行为均违反《中华人民共和国著作权法》，其行为人将承担相应的民事责任和行政责任；构成犯罪的，将被依法追究刑事责任。为了维护市场秩序，保护读者的合法权益，避免读者误用盗版书造成不良后果，我社将配合行政执法部门和司法机关对违法犯罪的单位和个人进行严厉打击。社会各界人士如发现上述侵权行为，希望及时举报，我社将奖励举报有功人员。

反盗版举报电话 （010）58581999　58582371

反盗版举报邮箱 dd@hep.com.cn

通信地址 北京市西城区德外大街 4 号　高等教育出版社法律事务部

邮政编码 100120

读者意见反馈

为收集对教材的意见建议，进一步完善教材编写并做好服务工作，读者可将对本教材的意见建议通过如下渠道反馈至我社。

咨询电话 400-810-0598

反馈邮箱 gjdzfwb@pub.hep.cn

通信地址 北京市朝阳区惠新东街 4 号富盛大厦 1 座
　　　　　高等教育出版社总编辑办公室

邮政编码 100029